"双高"建设校企合作
高等职业教育交通运输

工程试验与检测

主　编　尹红燕　刘东霞　唐　莉
副主编　周　琰　王秋云　周维彬
主　审　罗天宇

西南交通大学出版社
·成　都·

内容简介

本书以"情境引领、任务驱动"为架构，以完成工作任务的行动来获取专业知识和技能，以实现专业课程的理论与实践教学一体化为目标，以工作任务、实训平台、典型案例为载体，旨在满足企业对高素质技能型人才的需求，通过校企合进行编写。本书体例新颖、内容翔实，可满足项目化教学的要求。

本书共 5 个学习情境，包括工程试验检测准备工作、施工准备阶段试验检测、道路施工试验检测、桥梁施工试验检测和工程竣工验收阶段试验检测。每个任务中设计了"知识准备"、"任务学习"、"任务实施"、"任务评价"等环节，为检测新手"入门"提供了行之有效的思路。

本书可作为职业院校道路桥梁工程技术、铁道工程技术、高速铁路工程技术、城市轨道交通工程技术及测量工程技术等相关专业的课程教材，也可作为从事交通建设工作人员的培训教材或自学资料。

图书在版编目（CIP）数据

工程试验与检测 / 尹红燕，刘东霞，唐莉主编.
成都：西南交通大学出版社，2025.3. --（"双高"建设校企合作双元开发新形态信息化教材）（高等职业教育交通运输类技能型人才培养实用教材）. -- ISBN 978-7-5774-0372-4

Ⅰ. U4

中国国家版本馆 CIP 数据核字第 2025A7U839 号

"双高"建设校企合作双元开发新形态信息化教材
高等职业教育交通运输类技能型人才培养实用教材
Gongcheng Shiyan yu Jiance

工程试验与检测

主　编 / 尹红燕　刘东霞　唐　莉	策划编辑 / 罗在伟
	责任编辑 / 姜锡伟
	封面设计 / GT 工作室

西南交通大学出版社出版发行
（四川省成都市金牛区二环路北一段 111 号西南交通大学创新大厦 21 楼　610031）
营销部电话：028-87600564　　028-87600533
网址：https://www.xnjdcbs.com
印刷　四川煤田地质制图印务有限责任公司

成品尺寸　185 mm×260 mm
印张　16　　字数　398 千
版次　2025 年 3 月第 1 版　　印次　2025 年 3 月第 1 次

书号　ISBN 978-7-5774-0372-4
定价　48.00 元

课件咨询电话：028-81435775
图书如有印装质量问题　本社负责退换
版权所有　盗版必究　举报电话：028-87600562

前言
PREFACE

交通工程是国民经济的重要命脉，党的二十大报告指出："高质量发展是全面建设社会主义现代化国家的首要任务。"在建设过程中，工程质量是关键，工程试验检测能用定量的办法科学地评定各材料、构件的质量，并能合理地控制和科学地评定工程的质量。

本书按照教育部颁发的《职业院校教材管理办法》，结合职业教育和职业院校学生的特点，根据工程流程中具体的工程任务进行编写，弱化检测基本理论知识，强化实践任务实施，实现教学内容、岗位要求、能力结构及考核机制的统一与融合。全书以最新的公路工程技术规范、标准为依据，结合教学改革和工程实践，提炼出各工程阶段典型的检测任务，并给出相应任务和实施要求，介绍了公路与桥梁工程试验检测的方法和程序，内容注重实践、精炼实用，重点突出路桥工程试验检测职业能力的培养。编者所在学校（重庆交通职业学院）被重庆市优质高等职业院校建设项目列为建设培育单位，交通建设专业群各专业均开设有"工程试验检测技术"专业核心课。本书编写人员根据"底层共享、中层分离、顶层互选"的课程设置思路，联合企业人员以校企合作方式编写内容，为工程试验检测技术课程改革提供教学载体。

本书共分 5 个学习情境，参与编写的人员有重庆交通职业学院尹红燕（学习情境二、学习情境三）、重庆交通职业学院刘东霞（学习情境四、学习情境五）、重庆交通职业学院唐莉（学习情境一）。重庆交通职业学院周琰、王秋云以及重庆交院和瑞工程检测技术有限公司周维彬协助主编完成对教材的整体规划和内容开发并参与了部分试验表格制定。全书由尹红燕统稿，重庆交通职业学院罗天宇主审。

本书在编写过程中，得到了重庆交通职业学院各级领导及相关部门的大力支持，学院校企合作单位重庆交院和瑞工程检测技术有限公司、中铁十局集团有限公司、中铁八局集团有限公司等单位的支持和技术指导，以及重庆交通职业学院道路桥梁工程技术专业往届校友的支持。交通建设专业群的教师团队为本书的出版付出了辛勤劳动，在此向各位表示衷心的感谢！在编写过程中，编者参阅了大量的文献资料，在此向书末参考文献及有关参考资料的作者们一并致以诚挚的敬意。

鉴于时间仓促，编者水平亦有限，书中难免存在疏漏与不妥之处，敬请读者批评指正。

编 者

2025 年 1 月

目 录
CONTENTS

学习情境一　工程试验检测准备工作

任务一　工程试验检测的目的…………………………………………………………003
任务二　工地试验室的组建及人员配备………………………………………………008
任务三　公路工程质量检验评定方法…………………………………………………016
任务四　试验检测数据的处理…………………………………………………………025

学习情境二　施工准备阶段试验检测

任务一　土工材料试验…………………………………………………………………037
　子任务一　土的组成及基本物理指标………………………………………………038
　子任务二　土的物理性质试验………………………………………………………048
　子任务三　土的颗粒分析试验………………………………………………………054
　子任务四　土的液塑限联合测定试验………………………………………………057
任务二　钢筋混凝土试验………………………………………………………………063
　子任务一　粗集料常规试验…………………………………………………………063
　子任务二　细集料常规试验…………………………………………………………073
　子任务三　水泥常规试验检测………………………………………………………079
　子任务四　钢筋常规试验……………………………………………………………086
　子任务五　混凝土抗压强度试验……………………………………………………090
　子任务六　回弹法测水泥混凝土抗压强度…………………………………………093
　子任务七　混凝土配合比设计………………………………………………………099
　子任务八　混凝土坍落度、稠度试验………………………………………………102
任务三　沥青混合料试验………………………………………………………………107
　子任务一　沥青混合料………………………………………………………………108
　子任务二　沥青混合料表观密度试验………………………………………………113
　子任务三　沥青混合料马歇尔稳定度试验…………………………………………119
　子任务四　沥青混合料动稳定度试验………………………………………………123

任务四　路面基层无机稳定结合料试验…………………………………………………… 129
　　子任务一　击实试验………………………………………………………………… 130
　　子任务二　水泥剂量测定（EDTA滴定试验）…………………………………… 136

学习情境三　道路施工试验检测

任务一　路基路面几何尺寸检测…………………………………………………………… 143
　　子任务一　路面几何尺寸检测……………………………………………………… 143
任务二　路基路面平整度检测……………………………………………………………… 148
　　子任务一　3m直尺测定路面平整度……………………………………………… 148
　　子任务二　连续式平整度测试……………………………………………………… 153
任务三　路面抗滑性能检测………………………………………………………………… 157
　　子任务一　手工铺砂法测定路面构造深度………………………………………… 158
　　子任务二　电动铺砂法测定路面构造深度………………………………………… 162
　　子任务三　摆式仪测定路面摩擦系数……………………………………………… 167
任务四　路基路面压实度检测……………………………………………………………… 172
　　子任务一　灌砂法测定路基压实度………………………………………………… 173
　　子任务二　环刀法测定路基压实度………………………………………………… 179
任务五　路面渗水系数测定………………………………………………………………… 184
任务六　路基路面回弹弯沉检测…………………………………………………………… 188

学习情境四　桥梁施工试验检测

任务一　桥梁地基承载力检测……………………………………………………………… 197
　　子任务一　按规范确定地基承载力………………………………………………… 199
　　子任务二　现场荷载试验确定地基承载力………………………………………… 203
任务二　桥梁桩基检测……………………………………………………………………… 208
　　子任务一　钻孔桩基施工过程检测………………………………………………… 209
　　子任务二　钻孔桩基完整性检测…………………………………………………… 217
任务三　桥梁荷载试验……………………………………………………………………… 226
　　子任务一　桥梁静荷载试验………………………………………………………… 229
　　子任务二　桥梁动荷载试验………………………………………………………… 236

学习情境五　竣工验收阶段试验检测

任务一　道路竣工验收阶段检测…………………………………………………………… 242
任务二　桥梁竣工验收阶段检测…………………………………………………………… 245

参考文献……………………………………………………………………………………… 248

学习情境一　工程试验检测准备工作

情境概述

一、职业能力分析

通过本情境的学习，期望学生能达到下列目标：

1. 知识目标

（1）了解工程试验检测的目的和意义。
（2）熟悉工地试验室的组建和人员配备情况。
（3）掌握工程试验检测的数据。
（4）掌握分项工程的质量评定。

2. 素质目标

（1）严格纪律、文明操作，培养良好的职业操守和安全环保意识。
（2）共同解决实际工程问题，培养自信心和社会责任感。
（3）分小组实施任务，培养沟通和团结协作的能力。

3. 技能目标

（1）能够查阅资料文献，获取相关信息。
（2）能够完成情境化的任务单元活动，解决实际问题。
（3）能够进行数据处理与质量评定。
（4）能自我评价并接受他人的评价。

二、学习情境描述

随着我国改革开放的深入和社会主义市场经济体制的建立，交通运输作为我国经济建设中重点投资建设的行业，持续以前所未有的规模和速度在发展。工程试验检测机构的职能就是依据国家和交通运输部门颁布的有关法律法规、技术标准、行业规范和相关规程，对工程项目或产品进行检测，根据检测的结果判断工程质量或产品质量状态。因此，完善工程试验检测的相关工作制度、制定试验检测工作细则、配置合理的试验检测人员具有非常重要的现实意义。在进行工程试验检测之前，要求检测人员熟悉工程试验检测的相关规定，能对检测的数据进行处理，并正确地判断工程的质量情况（合格或不合格）。

三、学习环境要求

学习环境要求在专业的校内实习实训基地进行,或是在校企合作的实际项目场地进行,要求学生能自行查找相关的标准和规范,老师提供实训指导书和任务单等资料。

学生4人一个小组,以"专业检测试验队"模式独立开展项目,课程完成后需提交任务书和实训总结。

任务一　工程试验检测的目的

任务背景

公路工程建设项目离不开工程试验检测，工程试验检测是公路工程施工质量控制和竣工验收评定工作中不可缺少的一个环节。随着我国交通建设的蓬勃发展，要想切实提高公路工程施工质量、缩短施工工期、降低工程投资，建设单位和各级公路管理部门必须意识到工程试验检测工作的重要性，建立健全工程质量控制检查制度。

工程试验检测是工程质量控制检查制度的关键环节，在提高工程质量，加快工程进度，降低工程造价，推广新技术、新工艺、新材料，推动公路工程施工技术进步等方面，都起到了极为重要的作用。可见，工程试验检测是评价工程质量缺陷和鉴定工程事故的手段。工程试验检测技术将检测基本理论、操作技能及公路工程学科基础知识融为一体，为工程设计、施工、验收评定、养护管理决策等提供主要依据。

知识目标

（1）熟悉我国建设工程标准的基本类型。
（2）了解工程试验检测有关的标准规范。
（3）掌握工程试验检测的目的和意义。

能力目标

（1）能够掌握工程试验检测的目的。
（2）能够根据所学知识分析实际工程的检测目的，并完成任务。

知识准备

一、工程试验检测的依据

工程试验检测工作是按照一定的标准进行的，无论是试验检测的项目，还是采用的试验方法，均应按照相关标准执行。因此，工程试验检测人员，应对我国的标准体系有一定的了解，以便能正确采用相应的标准来从事试验检测工作。

（1）我国工程建设标准分为国家标准、行业标准、地方标准和企业标准四级，编号由标准代号、标准发布顺序号和标准发布年号三部分组成。

① 国家标准，由国家标准化和工程建设标准化主管部门联合发布，在全国范围内实施。1991年以后，强制性标准代号采用"GB"，推荐性标准代号采用"GB/T"；发布顺序

号大于 50000 者为工程建设标准，小于 50000 者为工业产品等标准，如 GB 50011—2010、GB/T 50344—2019。

② 行业标准，由国家行业标准化主管部门发布，在全国某一行业内实施，同时报国家标准化主管部门备案。行业标准的代号随行业的不同而不同。例如：与"交通"相关的标准代号采用"JTG/T"；与"铁道"相关的标准代号采用"TB/T"。

③ 地方标准，由地方（省、自治区、直辖市）标准化主管部门发布，在某一地区内实施，同时报国家和行业标准化主管部门备案。地方标准的代号随发布标准的省、自治区、直辖市而定。标准代号在其后加"/T"，属于工程建设标准的，不少地区在"DB"后另加字母"J"，例如北京市 DBJ01-602—2004、河南省 DBJ41/T 046—2002。

④ 企业标准，由企业单位制定，在本企业内实施，并报当地标准化主管部门备案。企业标准代号为"QB"。

（2）公路与桥梁工程试验检测，必须以国家和交通运输部门颁布的相关法规、技术标准、设计施工规范和材料试验检测规程为依据。对于某些有关规范、规程暂无相关规定的新结构以及采用新材料和新工艺的公路、桥梁，可以借鉴国外或国内相关行业的相关规范、规程。

我国公路与桥梁工程设计、施工和试验检测涉及的标准主要包括：

① 专业通用标准：
《公路桥涵施工技术规范》（JTG/T 3650—2020）；
《公路桥涵地基与基础设计规范》（JTG 3363—2019）；
《公路钢筋混凝土及预应力混凝土桥涵设计规范》（JTG 3362—2018）；
《公路土工试验规程》（JTG 3430—2020）；
《公路工程沥青及沥青混合料试验规程》（JTG E20—2011）；
《公路工程结构可靠性设计统一标准》（JTG 2120—2020）；
《公路勘测规范》（JTG C10—2007）；
《公路桥梁抗震设计规范》（JTG/T 2231-01—2020）；
《公路隧道抗震设计规范》（JTG 2232—2019）；
《公路工程节能规范》（JTG/T 2340—2020）；
《公路工程信息模型应用统一标准》（JTG/T 2420—2021）；
《公路工程设计信息模型应用标准》（JTG/T 2421—2021）；
《公路工程施工信息模型应用标准》（JTG/T 2422—2021）；
《公路工程结构可靠性设计统一标准》（JTG 2120—2020）；
《公路工程质量检验评定标准 第一册 土建工程》（JTG F80/1—2017）；
《公路工程质量检验评定标准 第二册 机电工程》（JTG 2182—2020）。

② 专业专用标准：
《公路斜拉桥设计规范》（JTG/T 3365-01—2020）；
《预应力筋用锚具、夹具和连接器》（GB/T 14370—2015）；
《公路桥梁板式橡胶支座》（JT/T 4—2019）；
《公路桥梁盆式支座》（JT/T 391—2019）；
《公路桥梁板式橡胶伸缩装置》（JT/T 1269—2019）；

二、工程试验检测的目的和意义

1. 工程试验检测是评定修建道路所用材料路用性的主要手段

工程中所用的材料颇多，常见的有土、砂、碎石、水泥、沥青、钢筋等，不同的材料有不同的路用性能，必须通过试验检测来进行判断，如检测土的密实程度、钢筋的强度等。通过试验检测，工程能够充分地利用当地原材料，迅速推广应用新材料、新技术和新工艺，用定量的方法科学地评定各种材料和构件的质量。

2. 工程试验检测结果是描述工程设计参数的主要依据

不同的道路等级有不同的设计标准，我们在进行道路设计时必须通过试验检测来确定路基路面的几何尺寸和压实度、路面的平整度和抗滑性能等重要设计参数。

3. 工程试验检测是控制工程施工质量和评定竣工验收的重要手段

工程试验检测工作是公路桥涵工程施工技术管理中的一个重要组成部分。对于每一个工程项目，施工前要试验鉴定进场的原材料、成品和半成品构件是否符合国家质量标准和设计文件的要求，对其作出接受或拒绝的决定。从桥位放样到每一道工序的完成，均需要通过试验检测来判定其是否符合质量标准的要求，经检验合格后方可进行下一工序的施工，否则就需要采取补救措施或返工。因此，工程试验检测工作对于提高工程质量、加快工程进度、降低工程造价、推动公路桥涵工程施工技术进步等，都具有极为重要的作用。

4. 工程试验检测是评价工程质量缺陷和鉴定工程质量事故的重要手段

通过试验检测才能为质量缺陷或质量事故的判定提供依据，以便准确地判别质量缺陷和质量事故的性质、范围和程度，合理地评价质量事故的损失，明确质量事故的责任，从中总结经验教训。

5. 工程试验检测是档案管理的基本内容

工程试验检测资料是工程技术管理中的一个重要组成部分，是反映工程施工过程中各个环节施工情况和质量状况的基本数据和原始记录，是竣工资料的核心内容。做好工程试验检测资料的管理工作，对于档案管理来说具有重要意义。

6. 工程试验检测是管理人员和技术人员应具备的基本素质之一

随着工程技术等级的提高，各级公路管理部门和施工单位越来越重视工程质量检测、施工质量控制与工程验收等工作。这些工作均要求工作人员具备基本的工程试验检测能力。所以，试验检测能力也成了将来就业的基本素质之一。

工程实践经验证明，不重视工程试验检测和施工现场质量控制管理工作，是工程出现早期破坏的重要原因之一。因此，要想切实提高工程施工质量、缩短工程施工工期、降低工程投资，必须在建立健全工程质量控制制度的同时，配备一定数量的试验检测机构、设备和相应的专、兼职试验检测技术人员。

任务学习

随着公路建设管理体制的改革，工程建设普遍实行招投标和工程监理制度，形成政府监督、社会监理和企业自检的质量保证体系，而控制质量的重要手段则是依据相关的法律法规、技术标准、规范规程等进行工程试验检测。因此，工程试验检测在实际工程中的运用非常广泛。查阅相关资料文献，以实际案例为背景，研究工程试验检测的目的和意义，分组讨论并汇报研究成果。

任务实施

根据所学知识，查阅相关资料解决以下几个问题：

（1）确定本次任务要研究的工程实例。

（2）确定该工程实例用工程试验检测解决了什么问题。

（3）归纳总结工程试验检测在实际工程中的目的和意义。

任务评价

（1）学生自评，见表1-1。

表1-1 学生自评表

序号	评价内容	考评要点	考评等级 优	良	中	及格	不及格	问题说明
1	学习准备工作	（1）按时完成； （2）准备工作						
2	职业素养	（1）团结协作； （2）自主学习，没有抄袭； （3）时间观念强，不迟到/早退/旷课						
3	收集资料信息情况	（1）收集了很多相关资料； （2）学习总结归纳						
4	学习工作页	（1）书写工整，无错别字； （2）按时完成，无错误						
5	小组角色完成情况	能很好地完成角色职责						
6	与组员合作情况	能和组员通力合作						
评价结果								
评价者签名：			日期：					

（2）教师评价，见表1-2。

表1-2 教师评价表

序号	实训内容	配分	评分标准	扣分	得分
1	考勤，课堂表现	20	小组点名，根据课堂表现情况打分，缺勤个人得分为零，有睡觉、玩手机等违反课堂纪律情况的视情节扣分		
2	根据所学知识，按要求完成任务	80	能正确归纳总结工程试验检测在实际工程中的目的和意义		
合计					

任务二　工地试验室的组建及人员配备

任务背景

随着公路和铁路建设技术等级的提高，各级建设主管部门、交通运输行业主管部门和施工单位，已对加强施工质量检测、施工质量控制和验收工作予以高度重视。工程实践经验证明，不重视施工检测和施工现场质量控制管理工作，仅靠经验评估，是工程早期破坏的重要原因之一。因此，要想切实提高建设工程施工质量、缩短施工工期、降低工程造价，在建立健全工程质量控制检查制度的同时，必须重视工地试验室的组建，并配备一定数量的试验检测设备和相应的专、兼职试验检测技术人员。

工程试验检测技术人员一定要正确地认识各种试验检测的作用及其局限性。试验检测成果因试验方法和试验技巧熟练程度的不同，会有较大的差异。为了使试验检测能较正确地反映材料或工程的实际性质，要求试验人员必须掌握试验检测基本的理论、知识和技能，保证工程的质量。

知识目标

（1）了解工地试验室的主要工作。
（2）熟悉工地试验室组建的基本要求和类型。
（3）熟悉工地试验室人员配备的基本要求。
（4）掌握检测人员的基本工作内容。

能力目标

（1）能够掌握检测人员的基本工作内容和职业素养。
（2）能够根据实际工地试验室的组建情况，指出工地试验室组建的优点和改进措施，并完成任务评价。

知识准备

一、工地试验室的主要工作

试验检测在工程勘测设计、工程施工和质量控制中均占有重要位置。试验检测工作是工程质量控制以及验证施工成果的必要技术手段；节约原材料、降低工程成本、加快工程进度和推广新技术等，也必须以工程试验结论为依据。在施工生产中，工程试验检测工作均由工地试验室来完成。因此，工地试验室的主要工作包括：

（1）负责工程材料一般性能的试验，对本试验室不能进行试验的材料负责取样送检。
（2）负责混凝土、砂浆、防水材料等配合比的选择，确定路基填土最大密实度和最佳含水率。

（3）对本工地的施工质量进行监督指导，负责混凝土和砂浆检查试件试验、填土密实度检查等。

（4）协助选定工程材料的供应厂家，及时掌握工地材料的质量情况，指导材料的正确保管和合理使用。

（5）参与有关工程的质量检验及验工计价。

（6）做好各种工作记录，按时提交试验报告。负责本工地试验资料的整理和保管，参加工程竣工文件的编制，及时给出试验工作的各种统计报表。

二、工地试验室组建的条件

1. 工地试验室的合法资质

工地试验室是工程公司试验室的派出机构，应由派出单位授权，并对其试验检测工作质量承担责任。

2. 工地试验室的设置依据

无论是公路工程还是铁路工程的工地试验室，均应满足《试验室资质认定评审准则》的要求。

（1）对于公路工程，交通运输部在《公路水运工程试验检测管理办法》中明确规定，取得资质的检测机构，可设立工地临时试验室，承担相应公路水运工程的试验检测业务，并对其试验检测结果承担责任，且应对人员、管理体系、法律责任等予以明确。各个省、市（州）也制定了具体的规章制度。

（2）对于铁路工程，中国铁路总公司出台了《铁路建设项目工程试验室管理标准》（Q/CR 9204—2015），统一和规范了铁路行业的工程试验室管理工作，适用于铁路建设项目工程试验室管理。

此外，还可以根据工程实际情况，结合《公路水运工程试验检测信用评价办法》《公路水运工程建设第三方试验检测制度实施方案》和《交通建设工程项目管理指南》等试验检测管理办法的要求，组建工地试验室。

3. 工地试验室的设置原则

（1）授权组建的工地试验室必须执行国家有关法律、法规和工程技术标准、规范、规程，应当在母体试验室授权核准的业务范围内承担试验检测工作，为工程建设提供客观、公正、真实、准确的数据和报告。任何单位不得干预工地试验室独立、客观地开展试验检测活动。

（2）工地试验室设立实行登记备案制。试验室须有母体试验室授权并经当地质监站或建设单位审核通过的临时资质或批准文件，没有授权或没有登记备案的工地试验室，应严格按照国家有关法律、法规和工程技术标准、规范、规程取样，委托具有相应检测能力和检测资格的第三方检测机构进行试验检测，如实上报试验数据和报告。

（3）工地试验室实行授权负责人责任制。工地试验室授权负责人对工地试验室运行管理工作和试验检测活动全面负责,授权负责人必须是母体试验检测机构委派的正式聘用人员,且须持有试验检测工程师证书。

(4)派出单位试验检测机构加强对授权工地试验室的管理和指导。

三、工地试验室的组建

工地试验室须在开工前建设完成,建设规模及标准应满足招标文件的要求。工地试验室实行登记备案制度,由工地试验室提出备案申请,项目建设单位初审,项目质量监督机构登记备案。试验室建设完成后报建设单位验收。

工地试验室应选择修建在工程项目现场附近,选址时要考虑安全、环保及施工要求等因素。水电线路布设合理,自然采光和通风条件良好,排水畅通,并注意温度、湿度、噪声、振动、灰尘、高温、辐射等影响条件,消防设施及危险品管理必须符合相关规定。

工地试验室要根据授权试验检测项目需要,建设试验检测用房。办公室和各个功能试验室要实行分隔,布局合理。检测功能试验室主要包括土工试验室、化学试验室、集料室、水泥及水泥混凝土试验室、力学试验室、沥青及沥青混合料试验室、现场测定试验室、样品室、资料室等,各个功能试验室面积应不小于 20 m²,面积大小也可根据工程实际情况自行调整。

1. 办公室的布置

办公室和各个功能试验室要分开建设。办公室应配备相应的办公桌椅、电脑、打印机、复印机、资料柜以及文具用品等。办公室内的物品布置要合理,"组织机构图"、"各类检测人员的岗位职责"、"工程试验检测工作流程图"、"工地试验室管理制度"、"检测单位资质证书(影印件)"、"检测人员资格证书(影印件)"等框图应挂到墙上,并注意各个框图的整体协调性。

2. 功能试验室的布置

(1)仪器设备应布局合理、安装稳固、环境整洁、独立工作不受干扰。电子天平等精密仪器平时应用布罩覆盖。检测过程中或仪器设备在使用时具有温度、湿度要求的检测室,应安装空调、加湿器等温湿度调节设施,安放温湿度计,"温湿度控制记录"应悬挂于温湿度计附近。

(2)操作室应根据检测工作的需要砌筑牢固的操作台和水池,操作台面应采用光洁、耐磨、耐腐蚀材料,操作台下物品摆放整齐,可设置隔柜或隔板。

(3)"仪器使用及维护维修记录"应悬挂于相应的仪器设备附近,悬挂高度一致。

(4)各操作室内应设置样品临时存放区域,存放区域上方约 120 cm 处粘贴材料标识牌。试验室应建立危险品管理制度,有毒、有害及易燃物品应设专区入柜存放,配备带锁橱柜,实行双人双控制度。危险品出入库应有记录,反映领用数量、残留试剂去向等信息。应建立有毒物品废弃物、废液回收台账,联系专业供应商予以回收,留存回收记录等。

(5)万能试验机、压力试验机、自动击实仪(图 1-1)、摇筛机等设备,应整体浇筑水泥混凝土基座,底座用紧固螺丝安装到位,还应该为万能材料试验机和压力机加装防护网。

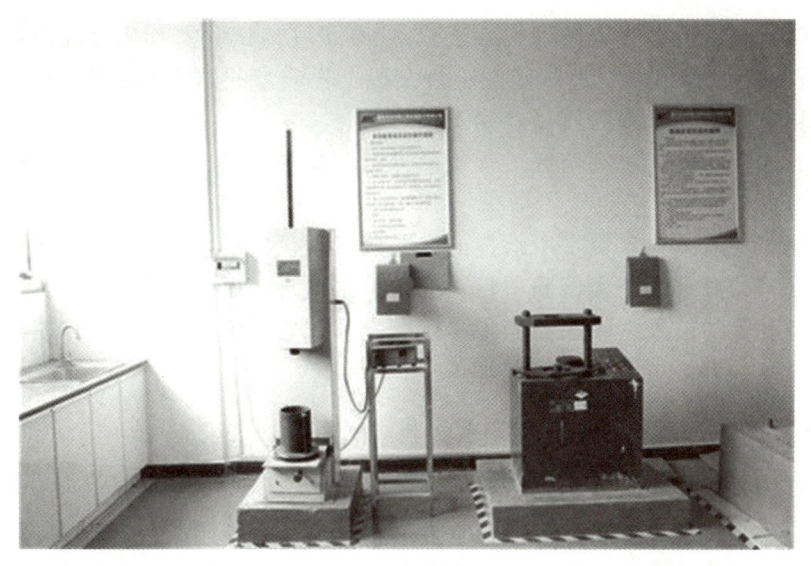

图 1-1　自动击实仪

（6）水泥混凝土室拌和机放置处，应设置排水设施，人工翻拌混凝土用的垫板应外表光滑不吸水。

（7）标养室应配置全自动温湿度控制设备，标养室门口墙体上悬挂"试件养护记录"。室内设置两个温湿度表，悬挂于室内对角墙体上。地面设置排水横坡和环形水槽，室内安放数量足够的水泥混凝土试件养护架，每个养护架具有一定刚度和宽度，无机结合料无侧限抗压强度试件浸水养护应砌水池。

（8）根据实际需要设立留样室，留样室中应配置样品架，样品按类别分区存放，留样样品应规范封签。

3. 其他注意事项

（1）工地试验室应配备齐全、现行有效的试验检测规程、施工技术规范等技术文件，并在规范、规程等技术文件表面加盖受控章。

（2）工地试验室应规范设置临时用电设施，试验室电路应为独立的专用线，在总闸及力学室、标养室应安装漏电保护器。

（3）工地试验室要配置消防设施，合理分布在各功能室外，灭火器悬挂离地一定高度或置于灭火器箱中。

（4）工地试验室要安装防盗设施，避免电脑、资料及仪器设备等失窃而造成损失。

（5）工地试验室的有毒、有害及易燃物品，应设专区存放，并由专人负责保管。在进行有害物品试验操作时，必须按要求佩戴相应的防护用品，加强操作人员的安全防护。

四、公路工程工地试验室

1. 工地试验室的类型

依据设置单位的不同，公路建设工程工地试验室一般有监理单位设置的试验室和施工单位设置的试验室，部分项目有建设单位设置的试验室。

监理单位试验室可以分为监理中心试验室、高级驻地试验室和项目经理部工地试验室。

监理中心试验室规模大，负责建设项目全线工程质量的监督和抽检工作，并指导安排高级驻地试验室对所辖工程的质量检测工作。

高级驻地试验室负责对本辖区工程质量进行监督和抽检，并按时向监理中心试验室上报试验报表、资料。

项目经理部工地试验室负责所承揽的合同段工程试验检测任务，按时向高级驻地试验室上报试验资料，对重大工程试验项目，还须上报监理中心试验室审批。

施工单位设置的试验室一般分为中心试验室和试验分室。对管段短、工程量小的项目可不设试验分室，直接由中心试验室管理。

2. 工地试验室资质、人员资格及配备

（1）各个省级质监机构对工地试验室设置的资质、人员资格及配备都有明确规定，在组建工地试验室时根据工程实际情况和各省的具体规定执行。

（2）试验室技术主管应具备工程师及以上技术职称、持有试验检测工程师证书、从事试验检测工作3年及以上，全面负责工地试验室的管理和试验检测工作。

（3）工地试验室的检测人员配备应能涵盖工程设计专业范围和内容，试验检测人员配备不得少于4人，有桥梁施工合同段的工地试验室检测人员配备不得少于5人。

（4）仪器设备应按照优化试验检测工作流程、整体布局合理、同步作业不形成干扰的原则进行布置。

（5）标准养护室应配置一定数量的试件存放架，其刚度和尺寸均应满足使用要求，且方便存取。

五、铁路工程工地试验室

1. 基本规定

（1）铁路建设项目工程试验室应是通过资质认定的母体试验室派出机构，其试验检测工作应在母体试验室资质认定的范围内；试验室的检测能力应满足现场试验检测工作的要求，施工单位与监理单位不得共用同一试验室。

（2）试验室须建立完善的岗位责任制度和各项管理制度。

（3）试验室应严格按标准或设计规定的项目和频次进行试验检测，执行有效的标准以及设计文件规定，把好原材料、成品、半成品以及实体质量的试验检测关。

（4）试验室应验收合格后方可投入使用，验收程序、申报格式及考核验收项目均应满足《铁路建设项目工程试验室管理标准》（Q/CR 9204—2015）的要求。

2. 工地试验室的类型

建设单位可不设试验室；施工单位、监理单位根据项目规模分别设立试验室；设计单位必要时可进行独立的试验检测工作。

施工单位试验室分为中心试验室和试验分室，对规模较小的项目可以只设中心试验室，不设试验分室，由中心试验室管理。试验分室的管理跨度一般在25 km以内。

监理单位应独立设置试验室，当监理标段长度不超过 60 km 时，可只设中心试验室；当监理标段长度超过 80 km 时，除应设置中心试验室外，还需增设试验分室，每个试验分室的管理跨度一般为 40 km；中心试验室宜设置在管段的中部且交通便利的位置。

3. 工地试验室资质、人员资格及配备

施工单位和监理单位的各级试验室由主任、技术主管、试验人员等组成。

（1）施工单位中心试验室检测人员不少于 8 人，且具有工程师及以上职称的不少于 2 人。

（2）监理单位中心试验室检测人员不少于 6 人，且具有工程师及以上职称的不少于 2 人。

（3）中心试验室技术主管应具备工程师及以上技术职称、从事本专业工作 5 年以上、持有铁路试验检测工程师证书。

（4）试验室人员应保持稳定，不得随意更换。主要试验人员变更应向建设单位主管部门提出书面申请。

六、试验检测人员的要求

（1）检测人员应熟悉检测任务、内容、项目，合理选择检测仪器，熟悉仪器的性能；使用精密、贵重、大型检测仪器设备者，应经过培训，考核合格并取得操作证书后方可上岗操作；会进行日常养护，进行一般或常规仪器的校验与校正。

（2）检测人员必须具有相应试验检测资格，具备现场操作能力。应掌握与所检测项目相关的技术标准，了解本领域国内外测试技术、检测仪器的现状及发展方向，并具有学习与应用国内外最新技术进行检测的能力。

（3）检测人员应能正确如实地填写原始记录。原始记录不得用铅笔填写，必须有检测人员、计算和校核人员的签名。原始记录如确需更改，作废数据上应画两条水平线，将正确数据填在上方，盖更改人的印章且原始记录保管期不得少于两年。检测结果必须由在本领域有 5 年以上工作经验者校核，校核者必须在检测记录和报告中签字，以示负责。

（4）检测人员应了解计量法常识及国际单位制基本内容，能运用数理统计方面的知识对检测结果进行数据处理。

（5）检测人员要坚持原则，对检测工作、数据处理工作持严肃态度，要以数据说话。

任务学习

工程试验检测体系是工程建设和管理中不可缺少的、重要的基础技术，是施工质量控制的"感觉器官"。按照工程建设程序的要求，工地试验室的组建是开工前的各项准备工作之一，是保证施工质量、促进工程进度的重要环节。按照工地试验室的组建标准，参观校内的检测实训室或者校企合作单位的检测试验室，找出试验室配置的优点或者提出改进措施。

任务实施

根据所学知识，参观校内的检测实训室或者校企合作单位的检测试验室并解决以下问题。

（1）以参观的检测试验室为例，指出该试验室的主要功能。

（2）介绍该试验室的配置情况以及仪器和人员是如何配备的。

（3）指出该试验室组建的优点或者提出改进措施。

任务评价

（1）学生自评，见表1-3。

表1-3　学生自评表

序号	评价内容	考评要点	考评等级					问题说明
			优	良	中	及格	不及格	
1	学习准备工作	（1）按时完成； （2）准备工作						
2	职业素养	（1）团结协作； （2）自主学习，没有抄袭； （3）时间观念强，不迟到/早退/旷课						
3	收集资料信息情况	（1）收集了很多相关资料； （2）学习总结归纳						
4	学习工作页	（1）书写工整，无错别字； （2）按时完成，无错误						
5	小组角色完成情况	能很好地完成角色职责						
6	与组员合作情况	能和组员通力合作						
评价结果								
评价者签名：						日期：		

（2）教师评价，见表1-4。

表1-4　教师评价表

序号	实训内容	配分	评分标准	扣分	得分
1	考勤，课堂表现	20	小组点名，根据课堂表现情况打分，缺勤个人得分为零，有睡觉、玩手机等违反课堂纪律情况的视情节扣分		
2	根据所学知识，按要求完成任务	80	能正确归纳总结工程试验检测在实际工程中的目的和意义		
			合计		

任务三　公路工程质量检验评定方法

任务背景

工程试验检测既是道路和桥梁施工技术管理中的一个重要组成部分，也是施工质量控制和竣工验收评定中不可缺少的一个主要环节。通过试验检测能充分地利用当地原材料，迅速地推广和应用新材料、新技术和新工艺，用定量的方法科学地评定各种材料和构件的质量，合理地控制并科学地评定工程质量。

二维码：工程质量评定讲解（视频）

随着公路和铁路建设技术等级的提高，工程质量检测、施工质量控制和验收工作引起了各级公路管理部门和施工单位的高度重视。作为工程试验检测人员或质量控制管理人员，在整个施工期间应吃透并领会设计文件，熟悉现行施工技术规范和试验检测规程，严格做好道路和桥梁用材料质量、施工控制参数、现场施工过程质量和分部分项工程质量验收四个关键环节的把关工作。

知识目标

（1）了解公路工程质量检验评定的依据。
（2）熟悉工程建设项目的划分。
（3）掌握公路工程质量检验评定的方法。

能力目标

（1）能够熟悉现行行业标准《公路工程质量检验评定标准　第一册　土建工程》（JTG F80/1—2017）中对公路工程质量评定的有关规定。
（2）能够运用公路工程质量检验评定方法对公路工程质量进行评定。

知识准备

一、公路工程质量检验评定的依据

公路工程质量检验评定的目的在于加强公路工程质量管理，统一公路工程质量检验标准和评定标准，保证工程质量，判断工程是否满足设计图纸与施工规范的技术标准要求。公路工程质量检验评定应作为竣工质量验收和技术档案管理的一项重要内容。现行行业标准《公路工程质量检验评定标准　第一册　土建工程》（JTG F80/1—2017）是对公路工程质量进行管理、监控和验收的法规性技术文件，是检验评定公路工程质量和等级的标准尺度，作为公路工程行业标准，自2018年5月1日起施行。

1. 该标准的适用范围

（1）该标准适用于各等级公路新建与改扩建工程施工质量的检验评定。

（2）该标准是公路工程施工质量的最低限值标准，公路工程施工质量检验评定应以该标准为准。

2. 该标准与相关规范的关系

公路工程质量检验评定应以《公路工程质量检验评定标准　第一册　土建工程》（JTG F80/1—2017）为准。质量标准与其他规范不一致时，宜以颁布年份最新者为准。在公路施工、质量管理和工程质量检验评定中，除应符合《公路工程质量检验评定标准　第一册　土建工程》（JTG F80/1—2017）的规定外，尚应符合国家和行业现行有关标准的规定。

3. 特殊工程

对特殊地区或采用新材料、新结构、新技术的工程，当该标准中缺乏适宜的质量检验标准时，可参照相关技术标准或根据实际情况制定相应的质量检验标准，并报主管部门批准。

二、工程质量检验评定的一般规定

公路工程质量检验评定应该按照分项工程、分部工程、单位工程逐级进行。在分项工程合格的基础上，逐级评定各相应分部工程、单位工程的合格率。

（一）基本建设工程

一个建设项目，为了进行施工管理和质量控制，可以分为单项工程、单位工程、分部工程和分项工程。

1. 单项工程

一个建设项目可以是一个单项工程，也可以包括许多个单项工程。单项工程是具有独立的设计文件、竣工后可以独立发挥生产能力或产生效益的工程，如民用建筑的教学楼、图书馆、学生宿舍、铁路或公路工程项目中的某个区段等都是单项工程。

2. 单位工程

单位工程是单项工程的组成部分，在合同段中，具有独立施工条件和结构功能的工程为单位工程。通常，单项工程包括不同性质的工程内容，根据其能否独立施工，将其划分为若干个单位工程，如某段铁路或公路工程中的一段路基、一座桥梁、一座隧道等都是单位工程。

3. 分部工程

分部工程是单位工程的组成部分。在单位工程中，按路段长度、结构部位及施工特点等划分的工程为分部工程，比如一座桥梁工程中的上部建筑和下部建筑工程，一座隧道工程中的洞身工程、洞口工程等均可以视为一个分部工程。

4. 分项工程

分项工程是分部工程的组成部分。在分部工程中，按照工程的施工工序、工艺或材料等因素划分的工程为分项工程。一般来说，分部分项工程是编制施工预算，制定检查施工作业计划，核算工、料费的依据，也是计算施工产值和投资完成额的基础，比如隧道洞身工程中的洞身开挖、喷射混凝土、排水、通风、照明工程等，均可以视为分项工程。

（二）单位工程、分部工程、分项工程的分类

单位工程、分部工程、分项工程应该在施工准备阶段进行划分，按照《公路工程质量检验评定标准　第一册　土建工程》(JTG F80/1—2017) 的规定，公路工程主要划分为路基工程、路面工程、桥梁工程、隧道工程。

1. 路基工程

小桥及符合小桥标准的通道、人行天桥、渡槽，大型挡土墙、组合挡土墙按座或处划分分部工程，涵洞、砌筑防护工程按路段划分分部工程，并列出各自所含的具体分项工程名称，便于及时对工程质量进行评定。排水工程应根据其数量、工程特点以及施工程序划分。

2. 路面工程

路面工程分为底基层、基层、面层、垫层、联结层、路缘石、人行道、路肩、路面边缘排水系统等分项工程，每 1~3 km 为一个分部工程。

3. 桥梁工程

桥梁按照桥长或跨径进行分类，上部构造和下部构造分部工程按规定桥跨范围划分，以求分部工程规模相近。

4. 隧道工程

《公路工程质量检验评定标准　第一册　土建工程》(JTG F80/1—2004) 中隧道工程的分部工程太多，新标准对分部工程进行了重新划分，将总体与装饰装修工程合并、明洞工程并入洞口工程、洞身衬砌包括支护（超前支护和初期支护）和二次衬砌。鉴于目前特长隧道数量增多，将辅助通道增列为分部工程。

（三）公路工程质量检验评定的规定

1. 分项工程

分项工程完成后，应根据施工技术标准进行检验，对工程质量进行评定。隐蔽工程在隐蔽前应检查合格。

2. 分部工程、单位工程

分部工程、单位工程完工后，应汇总评定所属分项工程、分部工程质量资料，检查外

观质量，对工程质量进行评定。

三、公路工程质量检验评定的方法

《公路工程质量检验评定标准　第一册　土建工程》（JTG F80/1—2017）规定：分项工程完工后，应根据标准进行检验，对工程质量进行评定，隐蔽工程在隐蔽前应检查合格；分部工程、单位工程完工后，应汇总评定所属分项工程、分部工程质量资料，检查外观质量，并对工程质量进行评定。

分项工程质量应确保所使用的原材料、成品、半成品及施工控制要点等符合基本要求，无外观质量缺陷，且质量保证资料真实齐全时，方能对分项工程质量进行检验评定。所以，分项工程质量检验应按照基本要求、实测项目、外观质量和质量保证资料这四部分检验项目分别检查。

1. 基本要求

分项工程所列的基本要求，对施工质量的优劣具有非常关键的作用，必须按照《公路工程质量检验评定标准　第一册　土建工程》（JTG F80/1—2017）中对分项工程所列基本要求逐项检查，不符合基本要求规定的，不得进行工程质量的检验评定；分项工程所用的各种原材料品种、规格、质量、混合料配合比、半成品、成品等，应符合有关技术标准规定并满足设计要求。

2. 实测项目

对检查项目按规定的检查方法和频率进行现场随机抽样检验并计算合格率，《公路工程质量检验评定标准　第一册　土建工程》（JTG F80/1—2017）中规定的检查方法为标准方法，采用其他高效检测方法应经过对比确认，以路段长度规定的检查频率为双车道路段的最低检查频率，对多车道路段应按照车道数与双车道之比相应增加检查数量。检查项目的合格率按下式计算：

$$检查项目合格率(\%) = \frac{检查合格的点(组)数}{该检查项目的全部检查点(组)数} \times 100\% \quad (1-1)$$

检查项目合格判定应符合下列规定：

（1）分项工程中涉及结构安全、耐久性和主要使用功能等起决定性作用的检查项目为关键项目（以"△"标识），关键项目的合格率应不低于95%，机电工程为100%，否则该检查项目为不合格，必须进行返工处理。

（2）分项工程中除关键项目外的检查项目为一般项目，一般项目的合格率不得低于80%，否则该检查项目为不合格。

（3）实测项目的规定极值是指任一单个检测值都不能突破的极限值，不符合要求时该检查项目为不合格。

3. 外观质量

在检测过程中，还应该对工程外观质量状况逐项进行全面检查，并满足规定要求，否则该检查项目为不合格。

4. 质量保证资料

施工单位应该有完整的施工原始记录、试验数据、分项工程自查数据等质量保证资料，并应将资料进行整理分析，提交齐全、真实和系统的施工资料和图表。工程监理单位负责提交齐全、真实和系统的监理资料。工程质量保证资料应包括下列内容：

（1）所用原材料、半成品和成品质量检验结果。
（2）材料配合比、拌和加工控制检验和试验数据。
（3）地基处理、隐蔽工程施工记录和大桥、隧道施工监控资料。
（4）各项质量控制指标的试验记录和质量检验汇总图表。
（5）施工过程中遇到的非正常情况记录及其对工程质量影响分析评价资料。
（6）施工过程中如发生质量事故，经处理补救后达到设计要求的认可证明文件等。

经上述检验项目评为不合格的，应进行整修或返工处理直至合格为止。

四、工程质量评定

《公路工程质量检验评定标准 第一册 土建工程》（JTG F80/1—2017）规定工程质量等级分为合格与不合格。分项工程、分部工程、单位工程的质量评定应有符合标准规定的按分项工程、分部工程和单位工程制定的检验评定用表等相关资料。

1. 分项工程质量评定

分项工程质量评定合格应符合检验记录完整、实测项目合格、外观质量满足要求等规定。

2. 分部工程质量评定

分部工程质量评定合格应符合评定资料完整、所含分项工程及实测项目全部合格、外观质量满足要求等规定。

3. 单位工程质量评定

单位工程质量评定合格应符合评定资料完整、所含分部工程全部合格、外观质量满足要求等规定。

评定为不合格的分项工程、分部工程，经返工、加固、补强或调测，满足设计要求后，可重新进行质量检验评定。

4. 合同段和建设项目质量评定

合同段和建设项目所含单位工程全部合格，该合同段评定为合格；所含合同段全部合格，该建设项目评定为合格。若合同段所属任一单位工程不合格，则合同段和建设项目为不合格。

公路工程质量检验项目参见《公路工程质量检验评定标准 第一册 土建工程》（JTG F80/1—2017）的规定。

任务学习

一、资料查找

查阅《公路工程质量检验评定标准 第一册 土建工程》（JTG F80/1—2017），得出某分项工程土方路基质量评定的相关规定如下：

1. 土方路基应符合的基本要求

（1）在路基用地和取土坑范围内，应清除地表植被、杂物、积水、淤泥和表土，处理坑塘，并按施工技术规范和设计要求对基底进行压实，表土充分利用。

（2）填方路基应分层填筑压实，每层表面平整，路拱合适，排水良好，不得有明显碾压轮迹，不得亏坡。

（3）应设置施工临时排水系统，避免冲刷边坡，路床顶面不得积水。

（4）在设定取土区内合理取土，不得滥开滥挖。完工后应按要求对取土坑和弃土场进行修整。

2. 土方路基的实测项目（表1-5）

表1-5 土方路基实测项目

项次	检查项目			规定值或允许偏差/%			检查方法和频率
				高速公路	其他公路		
				一级公路	二级公路	三、四级公路	
1△	压实度/%	上路床/m	0～0.3	≥96	≥95	≥94	每200m每压实层测2处
		下路床/m	轻、中、重交通荷载 0.3～0.8	≥96	≥95	≥94	
			特重、极重交通荷载 0.3～1.2	≥96	≥95	—	
		上路堤/m	轻、中、重交通荷载 0.8～1.5	≥94	≥94	≥93	
			特重、极重交通荷载 1.2～1.9	≥94	≥94	—	
		下路堤/m	轻、中、重交通荷载 >1.5	≥93	≥92	≥90	
			特重、极重交通荷载 >1.9				
2△	弯沉/（1/100 mm）			≤设计验收弯沉值			按弯沉值评定规定检查
3	纵断高程/mm			+10，-15	+10，-20		水准仪：中线位置每200m测2点
4	中线偏位/mm			50	100		全站仪：每200 m测两点，弯道加HY、YH两点

续表

项次	检查项目	规定值或允许偏差/% 高速公路 一级公路	规定值或允许偏差/% 其他公路 二级公路	规定值或允许偏差/% 其他公路 三、四级公路	检查方法和频率
5	宽度/mm	满足设计要求			尺量：每200 m测4点
6	平整度/mm	≤15	≤20		3 m直尺：每200 m测2处×5尺
7	横坡/%	±0.3	±0.5		水准仪：每200m测2个断面
8	边坡	满足设计要求			尺量：每200m测4点

注：① 表列压实度系按现行行业标准《公路土工试验规程》（JTG 3430—2020）重型击实试验所得最大干密度求得的压实度。评定路段内的压实度平均值下置信界限不得小于规定标准，单个测定值不得小于极值（表列规定值减5个百分点）。按测定值不小于表列规定值减2个百分点的测点占总检查点数的百分率计算合格率。
② 特殊干旱、潮湿地区或过湿土路基，可按路基设计、施工规范所规定的压实度标准进行评定。
③ 三、四级公路铺筑沥青混凝土或水泥混凝土路面时，路基压实度应采用二级公路标准。

3. 土方路基外观质量的规定

（1）路基边线与边坡不应出现单向累计长度超过50 m的弯折。
（2）路基边坡、护坡、碎落台不得有滑坡、塌方或深度超过100 mm的冲沟。

二、质量评定

根据《公路工程质量检验评定标准 第一册 土建工程》（JTG F80/1—2017）对土方路基质量评定的相关规定，先检查待测土方路基的基本要求和外观质量是否满足要求，再对土方路基的压实度、弯沉、纵断高程、中线偏位、宽度、平整度、横坡和边坡等8项实测项目的合格率进行分析，并评定其质量情况。

三、合格率评定

若该土方路基的压实度、弯沉、纵断高程、中线偏位、宽度、平整度、横坡和边坡等8项实测项目的合格率见表1-6，则该路段土方路基的关键项目压实度合格率低于95%，一般项目边坡合格率低于80%，评定该路段土方路基的质量不合格，应返工处理。

表1-6 土方路基实测项目的合格率

实测项目	压实度△	弯沉△	纵断高程	中线偏位	宽度	平整度	横坡	边坡
合格率/%	89	99	90	90	95	80	95	75

任务实施

根据所学知识和《公路工程质量检验评定标准 第一册 土建工程》(JTG F80/1—2017)的规定，对分项工程的质量情况进行评定。

某土方路基质量评定，经对压实度、弯沉、平整度等8项指标检测，各指标合格率见表1-7。

表1-7 某土方路基实测项目的合格率

检查项目	压实度△	弯沉△	纵断高程	中线偏位	宽度	平整度	横坡	边坡
合格率/%	96	90	85	90	85	75	90	85

（1）请评定该路段土方路基质量等级。

（2）如评定结果不合格，如何改进该土方路基的质量；如评定结果合格，为了进一步提高该土方路基的质量，还应采取什么措施。

任务评价

（1）学生自评，见表1-8。

表1-8 学生自评表

序号	评价内容	考评要点	考评等级（优/良/中/及格/不及格）	问题说明
1	学习准备工作	（1）按时完成；（2）准备工作		
2	职业素养	（1）团结协作；（2）自主学习，没有抄袭；（3）时间观念强，不迟到/早退/旷课		
3	收集资料信息情况	（1）收集了很多相关资料；（2）学习总结归纳		

续表

序号	评价内容	考评要点	考评等级					问题说明
			优	良	中	及格	不及格	
4	学习工作页	（1）书写工整，无错别字； （2）按时完成，无错误						
5	小组角色完成情况	能很好地完成角色职责						
6	与组员合作情况	能和组员通力合作						
评价结果								
评价者签名：						日期：		

（2）教师评价，见表1-9。

表1-9 教师评价表

序号	实训内容	配分	评分标准	扣分	得分
1	考勤，课堂表现	20	小组点名，根据课堂表现情况打分，缺勤个人得分为零，有睡觉、玩手机等违反课堂纪律情况的视情节扣分		
2	根据所学知识，按要求完成任务	80	能正确归纳总结工程试验检测在实际工程中的目的和意义		
			合计		

任务四　试验检测数据的处理

任务背景

在建设工程施工过程中，无论是原材料试验还是施工中的质量控制检验，都会取得大量的数据，对这些数据进行科学的分析，可以更好地评价原材料质量和工程质量。建设工程质量检验评定标准也分别提出了许多数理统计的特征值。因此，项目试验人员应具备数理统计方面的基本知识。

二维码：试验数据的统计分析（视频）

在进行试验成果的分析整理时，必须坚持理论与实际统一，且用数据说话的原则。以现场和工程的具体条件为依据，以测试所得的实际数据为基础，以数理统计分析为手段，区别不同条件，针对不同要求，采取不同方法。

知识目标

（1）了解误差的含义和来源。
（2）掌握数据修约的规则。
（3）掌握数据统计特征量的含义和计算方法。

能力目标

（1）能够根据数据修约的规则对数据进行修约。
（2）能够根据数理统计的基础知识对检测数据进行处理。

知识准备

一、工程试验检测数据的误差分析

（一）误差的含义

通常所说的误差包括两个方面的含义：

（1）误差表示测量值与真实值的差量，真实值往往是个未知量，可以指理论真实值、规定真实值和相对真实值，通常是一种由更精密的方法或仪器测定的数值，或者是一种数学期望值。

（2）误差表示一项试验估计值的不确定程度，或者说描述了一项测量的精度。

（二）误差的表示

根据表示方法的不同，误差可以分为绝对误差和相对误差。

1. 绝对误差

绝对误差是指实测值与被测量真值之差，即

$$\Delta L = L - L_0 \tag{1-2}$$

式中：ΔL——绝对误差；

L——实测值；

L_0——被测量的真值。

一般来说，绝对误差与测量时采用的单位相同，它能表示测量的数值是偏大还是偏小以及偏离程度，但不能确切地表示测量所达到的精确程度。

2. 相对误差

相对误差是指绝对误差与被测量真值的比值，即

$$\delta = \frac{\Delta L}{L_0} \times 100\% \tag{1-3}$$

式中：δ——相对误差。

一般来说，相对误差没有单位，通常以百分数表示，相对误差能真正反映出测量时所达到的精度。

注：① 绝对误差相等，相对误差并不一定相同。

② 同样的绝对误差，被测定的量较大时，相对误差就比较小，测定的准确度也就比较高。

③ 用相对误差来表示各种情况下测定结果的准确度更为确切。

④ 绝对误差和相对误差都有正值和负值，正值表示分析结果偏高，负值表示分析结果偏低。

⑤ 在实际工作中，真值实际上是无法获得的，常用纯物质的理论值、国家标准局提供的标准参考物质的证书上给出的数值、或多次测定结果的平均值当作真值。

（三）误差的分类

根据性质的不同，误差一般可以分为系统误差、随机误差（偶然误差）、过失误差（疏忽误差）三种类型。

1. 系统误差

在同一条件下，多次重复测试同一量时，误差的数值和符号有较明显的规律，由于这种误差多数情况下是由仪器或试验方法引起的，所以称为系统误差。系统误差一般在检测之前就已经存在，而且在试验检测过程中始终偏离一个方向，在同一个试验中其大小和符号相同。系统误差通常都容易识别，可以通过试验分析掌握其变化规律，在测量结果中进行修正。

2. 随机误差（偶然误差）

在相同条件下，多次重复测试同一量时，出现误差的数值和符号没有明显的规律，它

是由许多难以控制的微小因素造成的,具有较强的偶然性,所以称为随机误差或偶然误差。一般来说,对于单次测量,每个因素出现与否,以及这个因素所造成的误差大小、方向事先均无法知道;对于多次重复测量,试验结果中的误差分布遵循着某种统计规律,可以用数理统计方法进行分析和处理,从而获得可靠的试验结果。

随机误差(偶然误差)的分布有以下几个特征:
(1)在一定试验条件下,偶然误差的绝对值不会超过一定的限度。
(2)绝对值小的误差比绝对值大的误差出现的机会多。
(3)绝对值相等的正误差与负误差出现的概率几乎相等。

3. 过失误差(疏忽误差)

这类误差明显地偏离试验结果,它的发生主要是由试验人员测错、读错、记错或计算错误等疏忽大意、不小心造成或环境条件、试验对象的异常变化而引起的。含有过失误差的试验数据通常被称为坏值或异常值,是不能进行统计计算的,必须利用一定的准则先进行判断,然后从测得的数据中剔除。抽样检查中出现的异常值也可能是人为因素或检测对象存在问题导致的,必须找出其产生的真正原因,分清是试验因素、人为因素或者客观数据,以便进一步采取处理措施。

(四)误差的来源

1. 装置误差

装置误差是指主要由设备装置的设计制造、安装、调整与运用引起的误差,如试验机示错、等臂天平不等臂、仪器安装不垂直、偏心等。

2. 环境误差

环境误差是指由于环境因素达不到标准要求的状态所引起的误差,如混凝土养护条件达不到标准的温度、湿度要求等。

3. 人为误差

人为误差是指测试者生理上的最小分辨力和固有习惯引起的误差,如对准示值读数时,始终偏高或偏低等。

4. 方法误差

方法误差是指测试者未按规定的操作方法进行试验所引起的误差,如强度试验时试块放置偏心、加荷速度过快或过慢等。

值得注意的是,以上几种误差来源有时候是联合作用的,在进行误差分析时,可以作为一个独立的误差因素来考虑。

(五)测定值的精密度、准确度与精确度

1. 精密度

精密度表示测量结果中随机误差大小的程度,即对某量值进行多次重复测量时,各次

测量结果相符合的程度。

2. 准确度

准确度表示测量结果中系统误差大小的程度，也就是观测值与真值的相等程度，两者越相符准确度就越高。

3. 精确度

精确度表示测量结果中随机误差与系统误差的总合结果，即反映测量结果既精密又准确的程度。

二、有效数字和数据修约

1. 有效数字

在测量工作中，表示测量结果的数字位数和测量精度并没有必然的联系。如果不考虑测量误差，单从数值来考虑，在数学上"15"与"15.00"这两个数是相等的；但是作为表示测量结果的数值，二者相差则非常悬殊，用15表示测量结果的误差可能为±0.5，而15.00表示测量结果的误差可能为±0.005。

在数据的处理中，常常需要根据试验要求和实际所能表达的精度截取一定的数字位数，即有效数字。对于由截取得到的某一近似数，从第一个非零的数字起，到所截取的数位为止，所有数字均称为有效数字。例如，3.2、0.32、0.032、0.0032均为两位有效位数，0.0320为三位有效位数。

有效数字的概念也可以表述为由数字组成的一个数，除最末一位数字是不确切值或可疑值以外，其他数字皆为可靠值或确切值，则组成该数的第一个非零数字开始的所有数字（包括末位数字）称为有效数字，除有效数字以外的其余数字称为多余数字。例如，12.490为五位有效位数，10.00为四位有效位数。

2. 数据修约

在质量数据处理时，首先要按照试验检测数据的精度和规则对测量数据或计算结果的位数进行取舍，保留一定位数的有效数字，这个过程称为数值的修约，又称为近似数的截取。

在数据的处理中，当把一个近似数修约到需要的有效数字时，以数据中拟舍去部分最左边的第一个数字考虑，其规律如下：

（1）若数据中拟舍弃数字的最左边第一位数字小于5时，则将其连同后面的数字直接舍去，保留的数字不变。例如：将13.2476修约到一位小数，得13.2；将13.2476修约成两位有效数字，得13。

（2）若数据中拟舍弃数字的最左边第一位数字大于5时，则将其连同后面的数字直接舍去，要保留的数字末位加1。例如：将16.2676修约到一位小数，得16.3；将16.2676修约成四位有效数字，得16.27。

（3）若数据中拟舍弃数字的最左边第一位数字等于5，且其后面的数字不全为0时，则将其连同后面的数字直接舍去，要保留的数字末位加1。例如：将10.512修约到个数位，得11。

（4）若数据中拟舍弃数字的最左边第一位数字等于5，且其后面无数字或数字全为0时，若被保留的末位数字为奇数（1、3、5、7、9）则加1，若被保留的末位数字为偶数（2、4、6、8、0）则保持不变，然后去掉拟舍弃部分。例如：将5.75和5.8500分别保留2位有效数字，第2位数后面的数字都为5，且其后面没有数字或者数字全部为0，则5.75由于第2位数为奇数7，修约后为5.8；而5.8500由于第2位数为偶数8，修约后也为5.8。

（5）负数修约时，先将它的绝对值按上述四条规则进行修约，然后在修约值前加上负号。例如：将−255修约为十位数，得−26×10；将−245修约为十位数，得−24×10。

（6）对数据修约时，应该按照上述规则一次到位，不能对一个数字进行连续修约。

采用以上方法对数据进行修约后引入的舍入误差，变大和变小的机会是均等的，且不会超过所截取到的第 n 个数位上的半个单位（表1-10）。为了方便记忆，可以将上述修约规则归纳为以下几句口诀"四舍六入五考虑，五后非零则进一，五后皆零视奇偶，五前为偶应舍去，五前为奇则进一，不论数字多少位，修约一次要到位"。

表1-10　舍入误差

拟舍去部分最左边数字	0	1	2	3	4	5	6	7	8	9
舍入误差	0	−1	−2	−3	−4	+5（入） −5（舍）	+4	+3	+2	+1

三、工程试验检测数据的统计特征

工程质量检验的目的主要是判断产品或工序的某种质量特征是否合格，通常可以采取全数检验和抽样检验两种方法。全数检验是对每一检查对象逐一进行检验，检验的工作量大、费用高，且有些检验方法还存在破坏性；抽样检验是按数理统计方法从全部产品中抽取一部分试样进行检验，进而推断全部产品是否合格，抽样检验成本低、操作方便。在实际工程中，除特殊项目外，大多采用抽样检验。

（一）总体与样本

总体就是提供作为调查（或检查）的全体对象，或者称采取措施的对象，也常称为"批"，群体（批）大小常以"N"表示，亦称"批量N"。

个体就是组成总体的各个元素，被检批商品应为同一来源、同质的商品。

样本就是指从群体中（或批中）抽取的部分个体。抽取的样本数量为样本容量，常以"n"表示。一般来说，样本容量越大，可靠性越好，但检测所耗费的工作量也越大，成本也越高。样本容量与总体中所含个体的数量相等时，是一种极限情况。所以，全数检验是抽样检验的极限。

（二）数据的统计特征量

1. 算术平均值

算术平均值是表示一组数据集中位置最有用的统计特征量，经常用样本的算术平均值来代表总体的平均水平。总体的算术平均值用 μ 表示，样本的算术平均值则用 $\bar{x}$ 表示。如

果 n 个样本数据为 x_1、x_2、$\cdots$、x_n，那么，样本的算术平均值为

$$\bar{x} = \frac{1}{n}(x_1 + x_2 + \cdots + x_n) = \frac{1}{n}\sum_{i=1}^{n} x_i \tag{1-4}$$

2. 加权平均值

若对同一物理量用不同的方法或对同一物理量用不同的人去测定，测定的数据可能会受到某种因素的影响，这种影响的权重（W_i）必须给予考虑，一般采用加权平均的方法进行计算。其表达式为

$$W = \frac{W_1 x_1 + W_2 x_2 + \cdots + W_n x_n}{W_1 + W_2 + \cdots + W_n} \tag{1-5}$$

3. 中位数

在一组数据 x_1、x_2、$\cdots$、x_n 中，按其大小次序排序，以排在正中间的一个数表示总体的平均水平，称之为中位数，或称中值，用 M 表示。n 为奇数时，正中间的数只有一个；n 为偶数时，正中间的数有两个，则取这两个数的平均值作为中位数，即

$$M = \begin{cases} x_{\frac{n+1}{2}} & (n\text{为奇数}) \\ \frac{1}{2}(x_{\frac{n}{2}} + x_{\frac{n}{2}+1}) & (n\text{为偶数}) \end{cases} \tag{1-6}$$

4. 极差

在一组数据中最大值与最小值之差，称为极差，记作 R。

$$R = X_{\max} - X_{\min} \tag{1-7}$$

极差仅描述了一组数据的分布范围，并不能充分表达数据的分布信息，但由于极差的计算简单，通常用于数据量较少（$n < 10$）的情况。

5. 标准偏差

标准偏差有时也称标准离差、标准差或称均方差，它是衡量样本数据波动性（离散程度）的指标。在质量检验中，总体的标准偏差 σ 一般不易求得。样本的标准偏差 S 按下式计算。

$$S = \sqrt{\frac{(x_1 - \bar{x})^2 + (x_2 - \bar{x})^2 + \cdots + (x_n - \bar{x})^2}{n-1}} = \sqrt{\frac{\sum_{i=1}^{n}(x_i - \bar{x})^2}{n-1}} \tag{1-8}$$

6. 变异系数

标准偏差是反映样本数据的绝对波动状况，当测量较大的量值时，绝对误差一般较大；

而测量较小的量值时，绝对误差一般较小。因此，单用标准偏差反映样本的波动性不太准确，要用相对波动的大小，即变异系数，更能反映样本数据的波动性。

变异系数用 C_v 表示，是标准偏差 S 与算术平均值的比值，即

$$C_v = \frac{S}{\bar{x}} \times 100\% \tag{1-9}$$

（三）可疑数据的取舍

在一组条件完全相同的重复性试验中，个别的测量值可能会出现异常，当发现有某个过大或者过小的可疑数据时，应该按照数理统计的方法进行鉴别，并对数据进行取舍。常用的方法有拉依达法（三倍标准差法）、肖维纳特法、格拉布斯法等。

任务学习

【例 1-2】某分析天平称量两物体的质量各为 1.638 0 g 和 0.163 7 g，假定两者的真实质量分别为 1.638 1 g 和 0.163 8 g，求两者的绝对误差和相对误差。

【解】两者称量的绝对误差分别为

$$(1.638\ 0 - 1.638\ 1)\ g = -0.000\ 1\ g$$

$$(0.163\ 7 - 0.163\ 8)\ g = -0.000\ 1\ g$$

两者称量的相对误差分别为

$$\frac{-0.000\ 1}{1.638\ 1} \times 100\% = -0.006\%$$

$$\frac{-0.000\ 1}{0.163\ 8} \times 100\% = -0.06\%$$

【例 1-3】根据上述规则将数据 5.141 59、7.186 5、12.752、673.50、8 465 保留 3 位有效数字进行数据修约。

【解】5.141 59 ≈ 5.14（拟舍去部分 159 中最左边的数字为 1，小于 5，应舍弃）；

7.186 5 ≈ 7.19（拟舍去部分 65 中最左边的数字为 6，大于 5，应加 1）；

12.752 ≈ 12.8（拟舍去部分 52 中最左边的数字为 5，其后不为 0，应加 1）；

673.50 ≈ 674（拟舍去部分 50 中最左边的数字为 5，其后为 0，并且被保留的末位数字为奇数，应加 1）；

8 465 ≈ 846×10（拟舍去部分 5 后面无数字，并且被保留的末位数字为偶数，应舍弃）。

【例 1-4】某路面基层进行厚度测定的 10 个测点数据如下：20.4、19.6、19.9、20.0、20.1、19.5、19.8、19.2、20.3、19.7。求这组检测数据的算术平均值和中位数（单位：cm）。

【解】该组检测数据的算术平均值为

$$\bar{x} = (20.4 + 19.6 + 19.9 + 20.0 + 20.1 + 19.5 + 19.8 + 19.2 + 20.3 + 19.7) \div 10 = 19.8$$

该组检测数据按从大到小的次序排列为 20.4、20.3、20.1、20.0、19.9、19.8、19.7、19.6、19.5、19.2。则中位数为

$$M = \frac{1}{2} \times (19.9 + 19.8) = 19.85$$

【例 1-5】已知甲路基的平均弯沉值为 55.2，标准差为 4.13；乙路基的平均弯沉值为 60.8，标准差为 4.27。求两段路基弯沉值的变异系数。

【解】甲路段路基弯沉值的变异系数为

$$C_v = \frac{4.13}{55.2} \times 100\% = 7.48\%$$

乙路段路基弯沉值的变异系数为

$$C_v = \frac{4.27}{60.8} \times 100\% = 7.02\%$$

任务实施

某段中液限黏性土填筑的路基，试验室重型标准击实试验求得该土的最大干密度为 $\rho_{max}=1.82 \text{ g/cm}^3$，按道路等级和标准确定要求的压实度为 $K_0=94\%$（重型击实标准）。检测组已经对该路段进行了压实度质量测定，检测数据见表 1-11，要求按照 95% 的保证率计算该路段压实度代表值，并判断该路段的压实度质量情况。

表 1-11 某路段压实度实测数据

测点编号	湿密度/(g/cm³)	含水率/%	干密度/(g/cm³)	压实度/%
1	1.98	14.8	1.72	94.5
2	1.94	14.6	1.69	92.7
3	1.97	14.7	1.72	94.5
4	2.03	15.6	1.76	96.7
5	2.07	16.2	1.78	97.8
6	2.05	16.3	1.76	96.7
7	1.94	15.8	1.68	92.3
8	2.04	16.2	1.76	96.7
9	2.02	15.7	1.75	96.1
10	2.01	15.6	1.74	95.6
11	1.99	15.4	1.72	94.5
12	2.01	15.9	1.73	95.1

针对该路段中液限黏性土填筑的路基，要判断该路段的压实度质量情况，就必须按照

数理统计的知识先对实测数据进行数据处理，计算出压实度代表值再进行判断。

（1）计算压实度的平均值：

$$\overline{K} = \frac{1}{12} \times (94.5\% + 92.9\% + \cdots + 95.1\%) =$$

（2）计算压实度的标准差：

$$S = \sqrt{\frac{(k_1 - \overline{k})^2 + (k_2 - \overline{k})^2 + \cdots + (k_n - \overline{k})^2}{n-1}} =$$

（3）按照95%的保证率计算压实度的代表值：

$$K = \overline{K} - \frac{t_\alpha}{\sqrt{n}} S =$$

（4）根据计算的压实度代表值与要求的压实度进行比较，并判断该路段的压实度质量情况。

任务评价

（1）学生自评，见表1-12。

表1-12　学生自评表

序号	评价内容	考评要点	考评等级					问题说明
			优	良	中	及格	不及格	
1	学习准备工作	（1）按时完成； （2）准备工作						
2	职业素养	（1）团结协作； （2）自主学习，没有抄袭； （3）时间观念强，不迟到/早退/旷课						
3	收集资料信息情况	（1）收集了很多相关资料； （2）学习总结归纳						
4	学习工作页	（1）书写工整，无错别字； （2）按时完成，无错误						
5	小组角色完成情况	能很好地完成角色职责						
6	与组员合作情况	能和组员通力合作						
评价结果									
评价者签名：							日期：	

（2）教师评价，见表1-13。

表 1-13　教师评价表

序号	实训内容	配分	评分标准	扣分	得分
1	考勤，课堂表现	20	小组点名，根据课堂表现情况打分，缺勤个人得分为零，有睡觉、玩手机等违反课堂纪律情况的视情节扣分		
2	根据所学知识，按要求完成任务	80	能正确归纳总结工程试验检测在实际工程中的目的和意义		
			合计		

学习情境二　施工准备阶段试验检测

情境概述

一、职业能力分析

通过本情境的学习，期望学生能达到下列目标：

1. 知识目标

（1）掌握道路施工准备及施工阶段路基原地面土工材料的试验检测原理、步骤、试验数据处理。

（2）掌握桥梁施工准备阶段钢筋混凝土试验检测方法、步骤、评定。

（3）掌握沥青混合料试验检测方法、步骤、数据处理。

（4）掌握路面基层无机稳定结合料试验检测方法、步骤、数据处理。

2. 素质目标

（1）分小组任务实施，培养沟通和团队协作的能力。

（2）严格记录，文明操作，培养良好的职业操守和安全环保意识。

（3）吃苦耐劳、踏实肯干、遵守职业道德、具有社会责任感。

3. 能力目标

（1）能够规范进行土工材料试验并进行数据处理。

（2）能够进行钢筋混凝土试验并进行数据处理。

（3）能够进行沥青混凝土试验并进行材料评定，解决实际问题。

（4）能够进行击实试验并确定土样的最大干密度和最佳含水率；能够用乙二胺四乙酸（EDTA）滴定法测定无机结合料稳定材料中的水泥剂量。

（5）能够根据给定任务，制订试验实施方案，执行标准作业程序，完成数据处理与质量评定。

二、学习情境描述

接某公路工程检测中心委托，对待测路段进行土工材料试验、集料试验、水泥试验、混凝土试验、钢筋试验、沥青混合料试验和稳定结合料试验检测，要求根据项目资料制订试验检测实施方案，对待测路段进行检测并给出质量评定结果。

三、学习环境要求

学习环境要求在专业的校内实习实训基地进行,或是在校企合作的实际项目场地进行。要求有液塑限仪、烘箱、拉力试验机、摇筛机、负压筛、水泥净浆搅拌机、EDTA滴定设备等检测仪器,同时提供实训指导书和任务单等资料。

学生4人一个小组,以"专业检测试验队"模式独立开展项目,课程完成后需提交实训检测数据和实训总结。

任务一　土工材料试验

任务背景

土是岩石经过风化后，在不同条件下形成的自然历史的产物。它在工程中可作为建筑物（桥涵、楼房等）或构筑物（路基等）的地基，也可作为土工构筑物（路基、堤坝等）的填料和作为构筑物（渠道、黄土隧道等）的周围介质。地基土会出现地基的变形和稳定问题；用作填料，则存在土的压实和变形问题；用于介质，则需考虑土的渗流和抗渗稳定性问题。研究解决以上问题，涉及土的物理、力学、化学性能。要评价土的以上性能，须通过土工试验来获取土的各项性能指标。尤其在研究不良地基处理方案时，实测的试验指标是优选技术措施的重要依据。

路基工程开工前，施工单位试验室将路基工程边桩内的原地面取土做土工试验，试验检测工作分为两方面：一是路基原地面试验检测项目，二是取土场试验检测项目。路基原地面试验检测频率要求取样之前必须请监理工程师在场见证，一般 100 m（公路路基每千米）至少取 2 个试坑，每个试坑做一次全套土工试验，即每千米至少做 2 套全项土工试验；遇到特殊路段，为了保证试验数据的准确性，在土质变化较大时，应多取几个有代表性的点。

知识目标

（1）掌握土的三相组成及基本物理指标。
（2）掌握土的密度试验、比重试验及含水率试验的试验原理、仪器、步骤及注意事项。
（3）掌握土的颗粒分析试验的试验原理、仪器、步骤及注意事项。
（4）掌握土的液塑限测定试验的试验原理、仪器、步骤及注意事项。
（5）掌握数据处理方法。

能力目标

（1）能熟练掌握土工试验的检测程序。
（2）能够按作业安全要求小组合作完成土的密度、比重、含水率、颗粒分析、液塑限等检测任务。
（3）能正确填报检查记录表，按规定进行数据的分析。

子任务一 土的组成及基本物理指标

知识准备

一、土的三相体概念

土是由固体颗粒(固相)、水分(液相)和空气(气相)三相组成的,如图 2-1 所示。其中每种成分的质量、体积的相对比例有所增减,都会引起土的物理力学性质的变化。

土的三相比例不同,其性质不同。湿土,是一种非饱和土;若为黏土,多为可塑性土;气相比例为零时,处于饱和状态,此时粉细砂或粉土在震动下容易产生液化;液相为零时,为干土,此时黏土呈坚硬状态,砂土呈松散状态。

土的三个组成相的体积和质量的比例关系称为土的三相比例指标。土的三相比例指标反映了土的干燥与潮湿、疏松与紧密,是评价土的工程性质最基本的物理性质指标,也是工程地质勘察报告中不可缺少的基本内容。

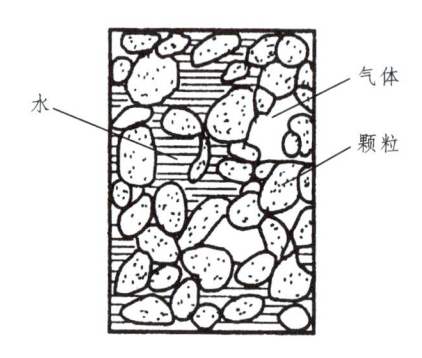

图 2-1 土的三相组成

二、土的基本物理指标

研究土的物理性质,需要掌握土的三个组成部分之间的比例关系。土的三相物质是混合分布的,为研究阐述和计算方便,一般用三相图表示,如图 2-2 所示,把土的固体颗粒、水、空气各自划分开来。气体的质量相对于其他两部分质量小很多,可忽略不计。

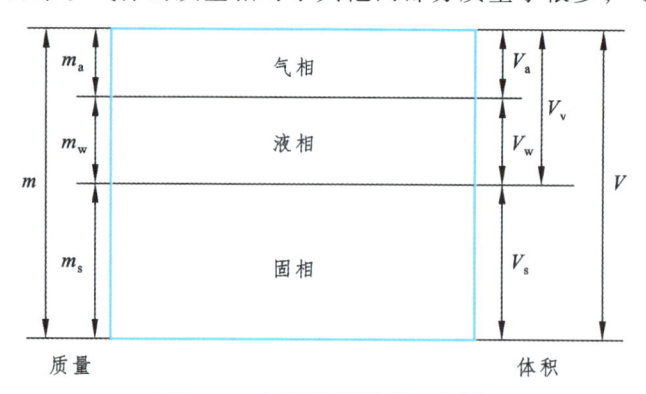

图 2-2 土的三相组成示意图

注:m——土的总质量($m=m_s+m_w$);

m_s——土的固体颗粒的质量;

m_w——土中水的质量;

m_a——土中气体的质量,$m_a \approx 0$;

V——土的总体积（$V=V_a+V_w+V_s$）；
V_s——土中固体颗粒的体积；
V_w——土中水所占的体积；
V_a——土中空气所占的体积；
V_v——土中空隙的体积（$V_v=V_a+V_w$）。

表达土的这三相之间关系的指标，称为土的物理性质指标。土的物理指标有9项，分别是密度、相对密度、含水率、干密度和干重度、饱和密度和饱和重度、有效重度、孔隙比、孔隙率及饱和度。

（一）密度

1. 土的质量密度

单位体积土的质量称为土的质量密度，简称土的密度，用符号 ρ 表示。其基本表达式为

$$\rho = \frac{m}{V} \tag{2-1}$$

式中：V——土的总体积（m³）；
　　　m——土的总质量（kg）。

土的密度也可用以下换算公式计算：

$$\rho = \rho_d(1+w) \tag{2-2}$$

或

$$\rho = \frac{d_s + S_r e}{1 + e} \cdot \rho_w \tag{2-3}$$

式中：ρ_d——土的干密度（kg/m³）；
　　　w——土的含水率（%）；
　　　e——土的孔隙比；
　　　d_s——土的相对密度；
　　　S_r——土的饱和度；
　　　ρ_w——蒸馏水的密度，一般取 ρ_w=1 000 kg/m³。

土的密度一般由试验方法（环刀法）直接测定，即根据待制环刀所取的土重除以环刀的容积。土的密度随土的矿物成分、孔隙大小和水的含量而不同，天然状态下土的密度一般为 1 600～2 100 kg/m³。

2. 土的重力密度

单位体积土所受的重力称为土的重力密度，简称土的重度，用符号 γ 表示，其基本表达式为

$$\gamma = \frac{G}{V} \tag{2-4}$$

或

$$\gamma = \rho g \tag{2-5}$$

式中：G——土的重力（重量）（N）；

V——土的体积（m³）；

ρ——土的密度（kg/m³）；

g——重力加速度，取 $g=10$ m/s²。

因为 $G=mg$，所以 $\gamma = \dfrac{mg}{V} = \rho g$。

土的重度也可用以下换算公式计算：

$$\gamma = \frac{d_s(1+0.01w)}{1+e} \tag{2-6}$$

或

$$\gamma = \frac{d_s + S_r e}{1+e} \tag{2-7}$$

式中：e、d、w、S_r 符号意义同前。

土的重度由试验方法测定后计算求得。一般土的重度为 16 000～20 000 N/m³。

（二）相对密度（比重）

土粒单位体积的质量与 4 ℃时蒸馏水的密度 ρ_w 之比称为土粒相对密度，又称比重，用符号 d_s 表示，其基本表达式为

$$d_s = \frac{m_s}{V_s \rho_w} \tag{2-8}$$

式中：V_s——土中固体颗粒的体积（m³）；

m_s——土中固体颗粒的质量（kg）。

土粒相对密度也可用以下换算公式计算：

$$d_s = \frac{S_r e}{w} \tag{2-9}$$

或

$$d_s = \frac{\rho_s}{\rho_w} \tag{2-10}$$

或

$$d_s = \frac{m_s}{V_s \gamma_w} \tag{2-11}$$

式中：ρ_s——土颗粒的密度（kg/m³）；

w、e、ρ、m_s、V_a、γ_w 符号意义同前。

土粒的相对密度一般由试验方法（比重瓶法）测定。它是没有单位的，一般黏性土为 2.7～2.80，砂土为 2.65～2.69。

（三）含水率

土中水的质量与颗粒质量之比（用%表示），称为土的含水率，用符号 w 表示，其基

本表达式为

$$w = \frac{m_w}{m_s} \times 100\% \qquad (2\text{-}12)$$

式中：m_s——土中固体颗粒的质量（kg）；

m_w——土中水的质量（kg）。

土的含水率也可用以下换算公式计算：

$$w = \frac{S_r e}{d_s} \times 100\% \qquad (2\text{-}13)$$

或

$$w = \left(\frac{\gamma}{\gamma_d} - 1\right) \times 100\% \qquad (2\text{-}14)$$

式中：γ_d——土的干重度（N/m³）；

d_s、S_r、e、γ 符号意义同前。

土的含水率由试验方法（烘干法）测定，根据烘干前后的质量差与烘干后土质量之比，即可求得。砂土的含水率在 0～40% 之间变化，黏性土的含水率在 20%～100% 之间变化。

（四）干密度和干重度

1. 干密度

土的单位体积内颗粒的质量，称为土的干密度，用符号 ρ_d 表示，其基本表达式为

$$\rho_d = \frac{m_s}{V} \qquad (2\text{-}15)$$

式中：V——土的总体积（m³）；

m_s——土的固体颗粒的质量（kg）。

土的干密度也可用以下换算公式计算：

$$\rho_d = \frac{\rho}{1+w} \qquad (2\text{-}16)$$

或

$$\rho_d = \frac{d_s}{1+e} \qquad (2\text{-}17)$$

式中：w、ρ、d_s 符号意义同前。

土的干密度通常由试验方法测定 ρ、w 后，计算求得。一般土的干密度为 1 300～1 800 kg/cm³。

2. 干重度

土的单位体积内颗粒的重力称为土的干重度，用符号 γ_d 表示，其基本表达式为

$$\gamma_d = \frac{G_s}{V} \qquad (2\text{-}18)$$

或 $$\gamma_d = \rho_d \cdot g \tag{2-19}$$

式中：G_s——土的固体颗粒的重力（重量）（N）；

V、ρ_d、g 符号意义同前。

土的干重度也可用以下换算式计算：

$$\gamma_d = \frac{\gamma}{1+w} \tag{2-20}$$

或 $$\gamma_d = \frac{d_s}{1+e} \tag{2-21}$$

式中：w、e、d_s 符号意义同前。

土的干重度由试验方法直接测定。一般土的干重度为 13～18 kN/m³。

（五）饱和密度和饱和重度

1. 饱和密度

土的孔隙完全被水充满时土的密度，称为土的饱和密度，用符号 ρ_{sat} 表示，其基本表达式为

$$\rho_{sat} = \frac{m_s + V_v \cdot \rho_w}{V} \tag{2-22}$$

式中：V_v——土中空隙的体积（m³）；

V、m_s、ρ_w 符号意义同前。

土的饱和密度也可用以下换算公式计算：

$$\rho_{sat} = \rho_d + \frac{e}{1+e} \tag{2-23}$$

或 $$\rho_{sat} = \frac{d_s + e}{1+e} \cdot \rho_w \tag{2-24}$$

式中：ρ_d、e、d_s、ρ_w 符号意义同前。

土的饱和密度，可由计算求得。一般土的饱和密度为 1 800～2 300 kg/m³。

2. 饱和重度

土中孔隙完全被水充满时土的重度，称为土的饱和重度，用符号 γ_{sat} 表示，其基本表达式为

$$\gamma_{sat} = \frac{G_s + V_v \cdot \gamma_w}{V} \tag{2-25}$$

式中：γ_w——水的重度，为 9.81 kN/m³，近似取 10 kN/m³。

土的饱和重度也可以用以下换算公式计算：

$$\gamma_{sat} = \rho_{sat} \cdot g \tag{2-26}$$

或

$$\gamma_{sat} = \frac{d_s + e}{1+e} \cdot \gamma_w \tag{2-27}$$

土的饱和重度可由计算求得。一般土的饱和重度为 18～28 kN/m³。

（六）有效重度

在地下水位以下的土体，受到水的浮力作用时土的重度，称为土的有效重度，简称浮重度，用符号 γ' 表示，其基本表达式为

$$\gamma' = \gamma_{sat} - \gamma_w \tag{2-28}$$

式中：γ_{sat}——土的饱和重度（kN/m³）；

γ_w——水的重度，近似取 γ_w=10 kN/m³。

土的有效重度也可以用以下换算公式计算：

$$\gamma' = \frac{(d_s - 1) \cdot \gamma_w}{1+e} \tag{2-29}$$

或

$$\gamma' = \frac{m_s - V_s \cdot \rho_w}{V} \cdot g \tag{2-30}$$

土的有效重度由计算求得。一般土的有效重度为 8～13 kN/m³。

（七）孔隙比

土中孔隙体积与土粒体积之比称为孔隙比，用符号 e 表示，其基本表达式为

$$e = \frac{V_v}{V_s} \tag{2-31}$$

式中：V_s——土中固体颗粒的体积（m³）；

V_v——土中孔隙的体积（m³）。

土的孔隙比也可以用以下换算公式计算：

$$e = \frac{d_s \cdot \rho_w (1+w)}{\rho} - 1 \quad 或 \quad e = \frac{d_s \gamma_w (1+w)}{\gamma} - 1 \tag{2-32}$$

$$e = \frac{d_s \rho_w}{\rho_d} - 1 \quad 或 \quad e = \frac{d_s \gamma_w}{\gamma_d} - 1 \tag{2-33}$$

或

$$e = \frac{n}{1-n} \tag{2-34}$$

土的孔隙比可由计算求得。一般黏性土的孔隙比为 0.5 ~ 1.2，砂土为 0.3 ~ 0.9。

（八）孔隙率

土中孔隙体积与土体积之比（用%表示），称为孔隙率，又称孔隙度，用符号 n 表示，其基本表达式为

$$n = \frac{V_v}{V} \times 100\% \tag{2-35}$$

式中：V——土的总体积（m³）；

V_v——土中孔隙的体积（m³）。

土的孔隙率也可以用以下换算公式计算：

$$n = \frac{e}{1+e} \times 100\% \tag{2-36}$$

或

$$n = \left[1 - \frac{\gamma}{d_s \gamma_w (1+w)}\right] \times 100\% \tag{2-37}$$

或

$$n = \left(1 - \frac{\gamma_d}{d_s \gamma_w}\right) \times 100\% \tag{2-38}$$

土的孔隙率可由计算求得。一般黏性土的孔隙率为 30% ~ 60%，砂土为 25% ~ 45%。

（九）饱和度

土中水的体积与孔隙体积之比称为饱和度，用符号 S_r 表示，其基本表达式为

$$S_r = \frac{V_w}{V_v} \times 100\% \tag{2-39}$$

式中：V——土中孔隙的体积（m³）；

V_v——土中水所占的体积（m³）。

土的饱和度也可以用以下换算公式计算：

$$S_r = \frac{w \cdot d_s}{e} \tag{2-40}$$

或

$$S_r = \frac{w \cdot \rho_d}{n} \tag{2-41}$$

或

$$S_r = \frac{w \cdot (\rho_s / \rho_w)}{e} \tag{2-42}$$

土的饱和度可由计算求得。一般土的饱和度为 0 ~ 1.0，孔隙全部为水所充填（$S_r=1$）的土称为饱和土；如土中不含水，则为干土，即 $V_v=0$，则 $S_r=0$。

上述物理性质指标中，ρ、d_s、w 三个指标须通过试验测定，通常称为试验指标；其他指标可由这 3 个指标换算计算得出，称为计算指标。

任务学习

【例 2-1】工程地基经试验测定，原状土样的体积 $V=70 \text{ cm}^3$，土的质量 $m=0.126 \text{ kg}$，土的固体颗粒的质量 $m_s=0.104\ 3 \text{ kg}$，土的相对密度 $d_s=2.68$。试求土样的密度、重度、干密度、含水率、孔隙比、饱和重度及有效重度。

【解】

土的密度：$\rho = \dfrac{m}{V} = \dfrac{0.126}{70} = \dfrac{0.001\ 8 \text{ kg}}{\text{cm}^3} = 1.8 \text{ t/m}^3$

土的重度：$\gamma = \rho g = 1.8 \times 10 = 18 \text{ kN/m}^3$

土的干密度：$\rho_d = \dfrac{m_s}{V} = \dfrac{0.104\ 3}{70} = \dfrac{0.001\ 49 \text{ kg}}{\text{cm}^3} = 1.49 \text{ t/m}^3$

土的干重度：$\gamma_d = \rho_d g = 1.49 \times 10 = 14.9 \text{ kN/m}^3$

土的含水率：$w = \dfrac{m - m_s}{m_s} = \dfrac{0.126 - 0.104\ 3}{0.104\ 3} = 0.208\ 1 = 20.81\%$

土的孔隙比：$e = \dfrac{V_v}{V_s} = \dfrac{d_s \rho_w}{\rho_d} - 1 = \dfrac{2.68 \times 1}{1.49} - 1 = 0.8$

土的饱和重度：$\gamma_{sat} = \rho_{sat} g = \dfrac{m_s + V_v \rho_w}{V} \cdot g = \dfrac{m_s + e V_s \rho_w}{V} \cdot g$

$= \dfrac{m_s + e \dfrac{m_s}{d_s}}{V} \cdot g = \dfrac{0.104\ 3 + 0.8 \times \dfrac{0.104\ 3}{2.68}}{70} \times 10$

$= 0.019\ 34 \text{ kg/cm}^3 = 19.34 \text{ kN/m}^3$

土的有效重度：$\gamma' = \gamma_{sat} - \gamma_w = 19.34 - 10 = \dfrac{9.34 \text{ kN}}{\text{cm}^3}$

【例 2-2】住宅楼房心回填夯实后的密度 $\rho=1.85 \text{ t/m}^3$，含水率 $w=14.5\%$，设计要求夯实后的干密度 $\rho_d=1.55 \text{ t/m}^3$。试问此房心填土是否符合设计质量要求。

【解】按式（2-16）计算可得干密度为

$$\rho_d = \dfrac{\rho}{1+w} = \dfrac{1.85}{1+0.145} = 1.62 \text{ t/m}^3$$

因夯实后的 ρ_d 大于要求的干密度 1.55 t/m^3，故符合设计质量要求。

【例 2-3】写字楼基坑钻探取得原状土样，经试验测得土的天然密度 $\rho=1.70 \text{ t/m}^3$，含水率 $w=13\%$，土颗粒的相对密度 $d_s=2.68$。试求土的孔隙比 e 和饱和度 S_r。

【解】按式（2-32）计算可得孔隙比为

$$e = \frac{d_s \rho_w (1+w)}{\rho} - 1 = \frac{2.68 \times 1 \times (1+0.13)}{1.70} - 1 = 0.781$$

按式（2-40）计算可得饱和度为

$$S_r = \frac{w d_s}{e} = \frac{0.13 \times 2.68}{0.781} = 0.446 \approx 44.6\%$$

其中，密度、颗粒密度、含水率是直接检测出来的，干密度、饱和密度、有效重度、孔隙比、孔隙率及饱和度这 6 项是计算出来的。通过试验测得的指标称为试验指标，有土的密度、土粒比重和土的含水率；其他指标称为计算指标。所以，土的物理性质试验包括土的密度试验、土的比重试验和土的含水率试验。

任务实施

针对某路基工程基坑原状土样进行室内试验，得到土的天然重度 γ=18.65 kN/m³，土粒相对密度 d_s=2.70，天然含水率 w=28%，代入公式，依次计算出土的孔隙比、孔隙率、饱和度、饱和土重度、干重度和有效重度，填写在下方空白处。

换算公式：

孔隙比： $e = \dfrac{V_v}{V_s} =$

孔隙率： $n = \left[1 - \dfrac{\gamma}{d_s \gamma_w (1+w)}\right] \times 100\% =$

或 $n = \dfrac{e}{1+e} \times 100\% =$

饱和度： $S_r = \dfrac{w d_s}{e} \times 100\% =$

饱和土重度： $\gamma_{sat} = \dfrac{(d_s + e)\gamma_w}{1+e} =$

干土重度： $\gamma_d = \dfrac{\gamma}{1+w} =$

有效重度： $\gamma' = \dfrac{(d_s - 1)\gamma_w}{1+e} =$

或 $\gamma' = \gamma_{sat} - \gamma_w =$

任务评价

（1）学生自评，见表2-1。

表2-1　学生自评表

序号	评价内容	考评要点	考评等级					问题说明
			优	良	中	及格	不及格	
1	学习准备工作	（1）按时完成； （2）准备工作						
2	职业素养	（1）团结协作； （2）自主学习，没有抄袭； （3）时间观念强，不迟到/早退/旷课						
3	收集资料信息情况	（1）收集了很多相关资料； （2）学习总结归纳						
4	学习工作页	（1）书写工整，无错别字； （2）按时完成，无错误						
5	小组角色完成情况	能很好地完成角色职责						
6	与组员合作情况	能和组员通力合作						
评价结果									
评价者签名：						日期：		

（2）教师评价，见表2-2。

表2-2　教师评价表

序号	实训内容	配分	评分标准	扣分	得分
1	考勤，课堂表现	20	小组点名，根据课堂表现情况打分，缺勤个人得分为零，有睡觉、玩手机等违反课堂纪律情况的视情节扣分		
2	根据所学知识，按要求完成任务	80	能正确归纳总结工程试验检测在实际工程中的目的和意义		
	合计				

子任务二 土的物理性质试验

> **知识准备**

一、土的密度

土的密度是指土的单位体积的质量。用天然状态原状土样测得的密度,称天然密度。一般常用环刀法或蜡封法测定黏性土的密度,两者的主要区别在于测定土的体积的方法不同。环刀法适用于较均一、可塑的黏性土;蜡封法适用于土中含有粗粒或坚硬易碎难以用环刀切割的土,或者试样量少,只有小块、形状不规则的土样。对于饱和松散土、淤泥、饱和软黏土、不易取出原状样的土,可采用放射性同位素在现场测定其天然密度。砂土、砾石土,可在现场挖坑用灌砂法测定。

二、土的比重

土的比重是指土粒在 100~105 ℃温度下烘烤至恒重时的重量与同体积 4 ℃时的蒸馏水重量的比值。

三、土的含水率

含水率是指土中水分质量与干土质量的比值。湿土在 100~105 ℃温度下长时间烘烤,土中水分完全被蒸发,土样减轻的质量与完全干燥后土样质量的比值,即为湿土的含水率,以百分率表示。

测定含水率的方法很多,其区别是使土样干燥的方法不同,常用的有下列几种方法。

1. 烘干法

将土样置于烘箱中烘烤除去水分。烘干法只能在试验室中有烘箱设备的条件下进行,一般适用于有机质含量小于 5% 的土,若有机质含量为 5%~10%,仍允许用此法,但需注明有机质含量。

2. 酒精燃烧法

将酒精倒入土样中,燃烧除去水分。此法适用于野外勘测及施工等大量测定含水率的情况。酒精燃烧法的测定速度较快,故又称快速法。

3. 砂土炒干法

砂土中结合水少,可以将它放在铝盒中置于电炉上炒干,直至完全干燥,测其含水率。

> 任务学习

一、土的密度测定（环刀法）

测定土的密度，用于计算土的干密度、压实度、孔隙比、孔隙率、饱和度等指标，适用于粉土和黏性土。

1. 基本原理（环刀法）

环刀法是用已知质量及容积的环刀，切取土样，使土样的体积与环刀容积一致，这样环刀的容积即为土的体积；称量后，减去环刀的质量即可得出土的质量，然后计算得出土的密度。

2. 主要仪器设备

（1）环刀（图2-3）：内径为 6~8 cm，高为 2~5.4 cm，壁厚为 1.5~2.2 cm。

图 2-3 环刀

（2）天平：感量为 0.1 g。
（3）其他：测径卡尺、切土刀、钢丝锯、凡士林油及玻璃板等。

3. 操作步骤

（1）测定环刀的质量及体积：用测径卡尺测量环刀的内径及高度，计算得出环刀的体积；然后，将环刀置于天平上称得环刀质量 m_1。

（2）切取土样：在环刀内壁上涂以薄层凡士林，将环刀刃口向下放在土样表面上，用修土刀把土样削成略大于环刀的土柱，然后垂直向下轻压环刀，边压边削，至土样高出环刀为止。先削环刀上端的余土，使土面与环刀边缘齐平，并置于玻璃板上；然后削环刀刃口一端的余土，使土面与环刀刃口齐平。若两面的土有少量剥落，可用切下的碎土轻轻补上。

（3）测定环刀和土样的质量：擦净环刀外壁，称量环刀和土样的质量 m_2，准确至 0.1 g。

（4）土的密度按下式计算：

$$\rho = \frac{m_2 - m_1}{V} \tag{2-43}$$

式中：ρ——土的密度（g/cm³）；
　　　m_2——环刀与土样的质量（g）；

m_1——环刀的质量（g）；

V——土的体积（cm³），计算准确至 0.01 g/cm³。

（5）平行测定：本试验须进行两次平行测定，取其结果的算术平均值，其平行差值不得大于 0.03 g/cm³。

4. 注意事项

（1）用环刀切取土样时，必须严格按试验步骤操作，不得急于求成、用力过猛或图省事不削成土柱，这样易使土样开裂扰动，结果事倍功半。

（2）修平环刀两端余土时，不得在试样表面往返压抹。对于较软的土，宜先用钢丝锯将土样锯成几段，然后用环刀切取。

二、土的比重试验（比重瓶法）

测定土的颗粒密度（土体内固体颗粒质量与颗粒体积的比值），用于计算土的孔隙比、孔隙度、饱和度等指标。比重瓶法适用于粒径小于 5 mm 的土。颗粒密度一般可采用经验值。

1. 主要仪器设备

（1）比重瓶：容量 100（或 50）mL。

（2）天平：称量 200 g，感量 0.001 g。

（3）恒温水槽：灵敏度 ±1 ℃。

（4）砂浴。

（5）真空抽气设备。

（6）温度计：刻度为 0 ~ 50 ℃，分度值为 0.5 ℃。

（7）其他：烘箱、蒸馏水、中性液体（如煤油）、孔径为 2 mm 及 5 mm 的筛、漏斗、滴管等。

2. 操作方法与步骤

（1）比重瓶洗净、烘干，将 15 g 烘干土装入 100 mL 比重瓶内（若用 50 mL 比重瓶，则装烘干土约 12 g），称量。

（2）排出土中空气。将装有干土的比重瓶注入蒸馏水至比重瓶的 1/2 处，摇动比重瓶，将土样浸泡 20 h 以上；再将比重瓶在砂浴中煮沸，煮沸时间自悬液沸腾时算起，砂及低液限黏土应不少于 30 min，高液限黏土应不少于 1 h，使土粒分散。注意沸腾后调节砂浴温度，不使土液溢出瓶外。

（3）如系长颈比重瓶，用滴管调整液面至刻度处（以弯月面下缘为准），擦干瓶外及瓶内壁刻度以上的水，称瓶、水、土总质量。如系短颈比重瓶，将纯水注满，使多余水分自瓶塞毛细管中溢出，将瓶外水分擦干后，称瓶、水、土总质量，称量后立即测出瓶内水的温度，准确至 0.5 ℃。

（4）根据测得的温度，从已绘制的温度与瓶、水总质量关系曲线中查得瓶水总质量。如比重瓶体积事先未经温度校正，则立即倾去悬液，洗净比重瓶，注入事先煮沸过且与试验时同温度的蒸馏水至同一体积刻度处，短颈比重瓶则注水至满，按本试验步骤（3）调整液面后,将瓶外水分擦干,称瓶、水总质量。

(5)如系砂土,煮沸时砂粒易跳出,允许用真空抽气法代替煮沸法排出土中空气,其余步骤与本试验步骤(3)、步骤(4)相同。

(6)对含有某一定量的可溶盐、不亲性胶体或有机质的土,必须用中性液体(如煤油)测定,并用真空抽气法排出土中气体。真空压力表读数宜为100 kPa,抽气时间2~2 h(直至悬液内无气泡为止),其余步骤同本试验步骤(3)、步骤(4)相同。

(7)本试验称量应准确至0.001g。

3. 结果整理

用蒸馏水测定时,按下式计算比重:

$$G_s = \frac{m_s}{m_1 + m_s - m_2} \times G_{wt} \quad (2\text{-}44)$$

式中：G_s——土的比重,计算至0.001;
  m_s——干土质量(g);
  m_1——瓶、水总质量(g);
  m_2——瓶、水、土总质量(g);
  G_{wt}——t ℃时蒸馏水的比重(水的比重可查物理手册),准确至0.001。

4. 精密度和允许差

本试验必须进行两次平行测定,取其算术平均值,以两位小数表示,其平行差值不得大于0.02。现场试验完毕后,由仪器保管责任人进行使用情况登记,并进行常规保养。

三、土的含水率试验(烘干法)

1. 主要仪器设备

(1)铝盒2个。
(2)天平：称量200 g,感量为0.01 g；称量1 kg,感量为0.1 g。
(3)烘箱：可采用电热烘箱或温度能保持105~110 ℃的其他能源烘箱。
(4)干燥器。

2. 操作步骤

(1)测湿土的质量：先称得铝盒的质量m_0后,选取代表性的土样,细粒土15~30 g,砂类土、有机质土为50 g,砂砾石2~2 kg,放入铝盒内,盖紧盒盖,称铝盒加湿土的质量m_1。

(2)烘干土样：打开盒盖,将盛有土样的铝盒放入烘箱,在100~105 ℃温度下烘干。烘干时间,细粒土不得少于8 h；砂类土不得少于6 h；有机质超过5%或含石膏的土,应将温度控制在60~70 ℃的恒温下,干燥12~15 h,烘干至恒重。

(3)测干土的质量：从烘箱中取出铝盒,盖上盒盖,立即放入干燥器中,冷却后称盒加干土的质量m_2,减去铝盒质量m_0,即得干土质量。

（4）含水率按下式计算：

$$w = \frac{m_1 - m_2}{m_2 - m_0} \times 100\%$$ （2-45）

式中：w——土的含水率（%）；

m_1——铝盒加湿土的质量（g）；

m_2——铝盒加干土的质量（g）；

m_0——铝盒的质量（g），计算准确至 0.1%。

3. 平行测定

每一土样须做两次平行测定，取其结果的算术平均值。允许平行误差值见表 2-3。

表 2-3　土的含水率测试允许平行误差值

含水率/%	允许平行误差值/%
<5	0.3
5～40	1.0
>40	2.0

4. 注意事项

（1）打开土样后，应立即取样称湿土质量，以免水分蒸发。

（2）土样必须按要求烘至恒重，否则影响测试精度。

（3）烘干的试样应冷却后称量，防止热土吸收空气中的水分，以及避免天平受热不均影响称量精度。

任务实施

分小组取土样完成烘干法测定含水率试验，并填写含水率试验记录（表 2-4），须做平行测定不少于两次。

表 2-4　含水率试验记录（烘干法）

工程编号			试验者	
土样说明			计算者	
试验日期			校核者	
盒　号				
盒质量/g				
盒+湿土质量/g				
盒+干土质量/g				
水分质量/g				
干土质量/g				
含水率/%				
平均含水率/%				

> 任务评价

（1）学生自评，见表2-5。

表2-5 学生自评表

序号	评价内容	考评要点	考评等级 优	良	中	及格	不及格	问题说明
1	学习准备工作	（1）按时完成； （2）准备工作						
2	职业素养	（1）团结协作； （2）自主学习，没有抄袭； （3）时间观念强，不迟到/早退/旷课						
3	收集资料信息情况	（1）收集了很多相关资料； （2）学习总结归纳						
4	学习工作页	（1）书写工整，无错别字； （2）按时完成，无错误						
5	小组角色完成情况	能很好地完成角色职责						
6	与组员合作情况	能和组员通力合作						
评价结果								
评价者签名：			日期：					

（2）教师评价，见表2-6。

表2-6 教师评价表

序号	实训内容	配分	评分标准	扣分	得分
1	考勤，课堂表现	20	小组点名，根据课堂表现情况打分，缺勤个人得分为零，有睡觉、玩手机等违反课堂纪律情况的视情节扣分		
2	根据所学知识，按要求完成任务	80	能正确归纳总结工程试验检测在实际工程中的目的和意义		
			合计		

子任务三　土的颗粒分析试验

知识准备

测定干土各粒组占该土总质量的百分数，以便了解土粒的组成情况。供砂类土分类、判断土的工程性质及建材选料之用。

土的颗粒组成在一定程度上反映了土的性质，工程上常依据颗粒组成对土进行分类。粗粒土主要是依据颗粒组成进行分类的；细粒土由于矿物成分、颗粒形状及胶体含量等因素，不能单以颗粒组成进行分类，而要借助于塑性图或塑性指数进行分类。颗粒分析试验可分为筛分法和密度计法，对于粒径大于 0.075 mm 的土粒可用筛分法测定；而对于粒径小于 0.075 mm 的土粒则用密度计法来测定。筛分法是将土样通过各种不同孔径的筛子，按孔径的大小将颗粒加以分组，然后称量，并计算出各个粒组占总量的百分数的方法。

任务学习

1. 主要仪器设备

（1）标准筛：孔径 10 mm、5 mm、2 mm、1.0 mm、0.5 mm、0.25 mm、0.075 mm。
（2）天平：称量 1 kg，分度值 0.1 g。
（3）振筛机。
（4）其他：毛刷等。

2. 操作步骤

（1）备土：从大于粒径 0.075 mm 风干松散的无黏性土中取出代表性的试样。
（2）取土：取干砂 500 g 称量准确至 0.1 g。
（3）摇筛：将称好的试样倒入依次叠好的筛子，放置到振筛机上进行筛分，筛分时间为 10 min 左右。
（4）称量：逐级称取留在各筛上的质量。

3. 试验注意事项

（1）将土样倒入依次叠好的筛子中进行筛分。
（2）筛分法采用振筛机，在筛分过程中应能上下振动，水平转动。
（3）称重后干砂总质量精确至 1 g。

4. 计算及制图

（1）小于某颗粒直径的土质量百分数按下式计算：

$$X = \frac{m_A}{m_B} \times 100\% \qquad (2\text{-}46)$$

式中：X——小于某颗粒直径的土质量百分数（%）；

m_A——小于某颗粒直径的土质量（g）；

m_B——所取试样的总质量（500 g）。

（2）用小于某粒径的土质量百分数为纵坐标，颗粒直径的对数值为横坐标，绘制颗粒大小级配曲线。

（3）在级配曲线上标明 d_{10}、d_{30}、d_{50} 和 d_{60}，并计算不均匀系数及曲率系数。

（4）确定土样名称。

任务实施

用筛分法，按照要求对所给土样分小组进行试验，分析土的颗粒组成，填写集料颗粒级配试验记录（表 2-7）并绘制级配曲线坐标图（图 2-4）。

表 2-7　集料颗粒级配试验记录表

样品种类					样品编号				
样品描述					试验依据				
试验条件		温度：____℃			是（　）			满足试验要求	
		湿度：____%			否（　）				
主要仪器设备									
取样/g					目测细度模数				
粒径＞10mm 的颗粒含量/%					10 筛余百分率/%				
I 试样质量/g			质量损失率/%		II 试样质量/g			质量损失率/%	
次数	筛孔尺寸/mm	5	2	1.0	0.5	0.25	0.075	＜0.075	细度模数 M_x
									单值	平均值
1	筛余质量/g									
	分计筛余/%									
	累计筛余/%									
2	筛余质量/g									
	分计筛余/%									
	累计筛余/%									
平均累计筛余/%										
备注：										

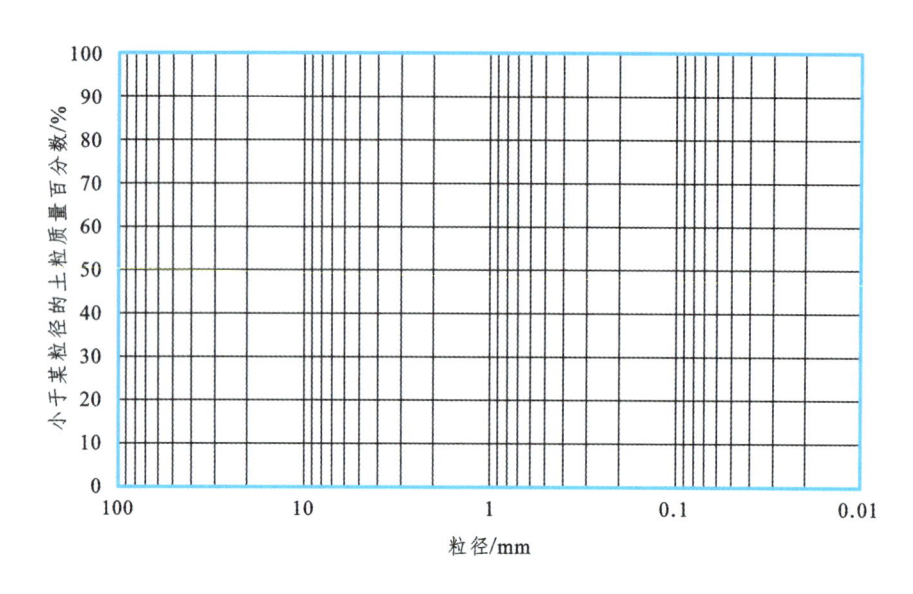

图2-4　级配曲线坐标图

任务评价

（1）学生自评，见表2-8。

表 2-8　学生自评表

序号	评价内容	考评要点	考评等级					问题说明
			优	良	中	及格	不及格	
1	学习准备工作	（1）按时完成； （2）准备工作						
2	职业素养	（1）团结协作； （2）自主学习，没有抄袭； （3）时间观念强，不迟到/早退/旷课						
3	收集资料信息情况	（1）收集了很多相关资料； （2）学习总结归纳						
4	学习工作页	（1）书写工整，无错别字； （2）按时完成，无错误						
5	小组角色完成情况	能很好地完成角色职责						
6	与组员合作情况	能和组员通力合作						
评价结果：									
评价者签名：						日期：		

（2）教师评价，见表2-9。

表2-9 教师评价表

序号	实训内容	配分	评分标准	扣分	得分
1	考勤，课堂表现	20	小组点名，根据课堂表现情况打分，缺勤个人得分为零，有睡觉、玩手机等违反课堂纪律情况的视情节扣分		
2	根据所学知识，按要求完成任务	80	能正确归纳总结工程试验检测在实际工程中的目的和意义		
合计					

子任务四 土的液塑限联合测定试验

知识准备

黏性土从一种状态变到另一种状态的含水率分界点称为界限含水率。流动状态与可塑状态间的分界含水率称为液限 W_L；可塑状态与半固体状态间的分界含水率称为塑限 W_p；半固体状态与固体状态间的分界含水率称为缩限 W_s。可采用联合测定仪测定液限和塑限。

塑性指数 I_p 是指黏性土处于可塑状态时的含水率变化范围。I_p 越大，可塑性越高，为高压缩性土。

液性指数 I_L 是指土的相对稠度，即土的天然含水率与界限含水率的关系。

根据 W_L、W_p 计算 I_p、I_L，为土的分类、工程设计、施工提供依据。本方法适用于粒径小于 0.5 mm，有机质含量小于 5% 的土样。

二维码：土的液塑限试验操作讲解（视频）

任务学习

1. 主要仪器设备

（1）液塑限联合测定仪（图2-5）：质量有 76 g 和 100 g 之分。

（2）分析天平（图2-6）：感量 0.01 g，称量 200 g。

（3）烘箱、干燥器、筛（孔径为 0.5 mm）、研钵。

（4）其他：标准筛（图2-7）、铝盒（图2-8）、凡士林（图2-9）、修土刀（图2-10）、毛玻璃板、碗、滴管、电吹风等。

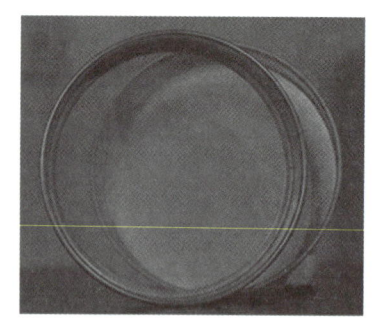

图 2-5 液塑限联合测定仪　图 2-6 分析天平（感量 0.01 g）　图 2-7 标准筛

图 2-8 铝盒　　　　　　　图 2-9 凡士林　　　　　　　图 2-10 修土刀

2. 操作步骤

（1）制备土样：按液限试验制备土样的要求，取代表性土样约 300 g，分放在 3 个调土皿中，加蒸馏水调制成 3 种不同含水率的土膏，并盖上湿布，静置 12 h 以上。3 种不同含水率分别控制圆锥入土深度大致在 17 mm、10 mm、3 mm，如图 2-11 所示。

图 2-11 制备土样

（2）装土进杯：将调土皿中任一含水率的土膏用调土刀充分搅拌均匀、密实后，填入调土杯中（图 2-12），填满后刮平表面（图 2-13）。

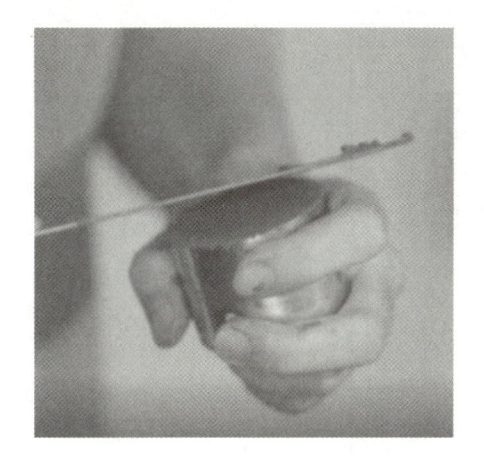

图 2-12　调土刀刮平表面　　　　　　　图 2-13　刮平效果

（3）将仪器放置在工作台上，调整水平螺旋脚，使气泡居中，将调土杯放在联台测定仪的升降杯座上。

（4）放锥入土：在圆锥上抹一薄层凡士林，接通电源，使电磁铁吸住圆锥；调整升降座，使圆锥尖接触试样面，接触指示灯亮则停止旋动。按测量键关闭电源，使圆锥失磁而自重下沉入土中，同时，实践音响发出嘟……的声音，约 5 s 后，可在显示屏上测读出 5 s 内圆锥的入土深度值。

（5）测含水率：取下调土杯，挖去针尖入土处的凡士林，取锥尖附近试样不少于 10 g，放入铝盒，测定含水率。

重复以上步骤，再测定另外两种试样的圆锥入土深度及相应含水率。液塑限联合测定应不少于 3 点（须用 3 种不同含水率的试样分别进行试验），3 点圆锥入土深度值宜分别为 3~4 mm、7~9 mm、15~17 mm。

3. 数据处理

绘制曲线：以含水率为横坐标，以 76 g 圆锥入土深度为纵坐标，在双对数坐标纸上绘制关系曲线，3 点应在一条直线上（图 2-14）。当 3 点不在一条直线上时，将高含水率的点与其余两点连成直线，并在入土深度 2 mm 处查得相应两点的含水率；当两点含水率差值小于 2%时，应以该两点含水率的平均值与高含水率的点连成一条直线，作为关系直线；否则，应对低含水率的点重新测量。

确定液、塑限（图 2-15）：在关系直线上查得入土深度为 17 mm 时所对应的含水率，即为 17 mm 液限（等效碟式仪液限），深度为 10 mm 时所对应的含水率为 10 mm 液限（锥式仪液限），深度为 2 mm 时所对应的含水率为塑限，取值至整数。

（1）塑性指数按下式计算：

$$I_p = W_L - W_p \tag{2-47}$$

式中：I_p——塑性指数，精确至 0.1；

W_L——液限（%）；

W_p——塑限（%）。

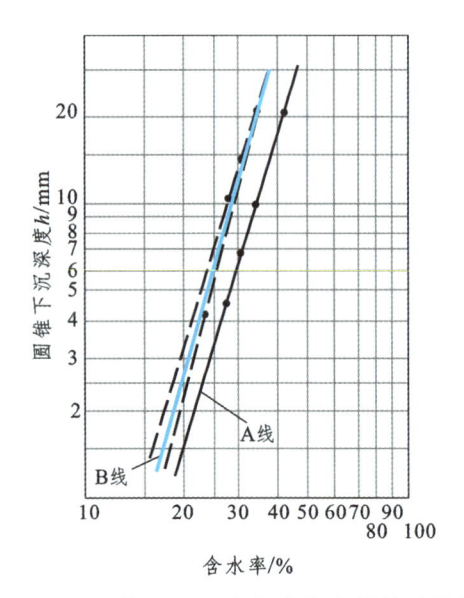

图 2-14 圆锥下沉深度与含水率的关系曲线

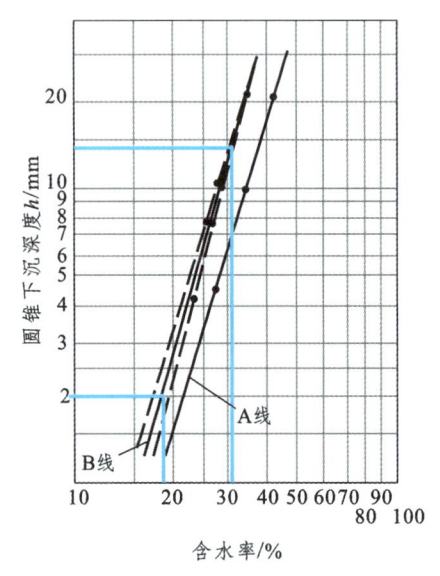

图 2-15 确定液、塑限

（2）液性指数按下式计算：

$$I_L = w_0 - W_p / I_p \qquad (2\text{-}48)$$

式中：w_0——天然含水率。

任务实施

用给定土样，配置成 3 种不同含水率的试样，液塑限联合测定仪测定圆锥入土深度，应分别在 3～4 mm、7～9 mm、15～17 mm，并测定土的含水率，填写含水率试验检测记录表（表 2-10），绘制锥入深度与含水率关系曲线（图 2-16），对应出给定土样的液限和塑限，并计算出塑性指数和液性指数。要求分小组进行试验。

表2-10 土界限含水率试验检测记录表（液限和塑限联合测定法）

检测单位名称：重庆交院和瑞工程检测技术有限公司				记录编号：JGLQ01005a		
工程名称						
工程部位/用途						
样品信息	来样时间： 样品数量：		样品名称： 样品状态：		样品编号：	
试验检测日期				试验条件		
检测依据				判定依据		
主要仪器设备及编号						
试验次数	1			2		
试验编号	1	2	3	4	5	6
入土深度1/mm						
入土深度2/mm						
入土深度平均值/mm						
盒号						
盒质量/g						
盒+湿土质量/g						
盒+干土质量/g						
水质量/g						
干土质量/g						
含水率/%						
平均含水率/%						
液限 W_L/%						
塑限 W_p/%						
塑性指数 I_p/%						
附加声明：						
检测：	记录：		复核：	日期：	年 月 日	

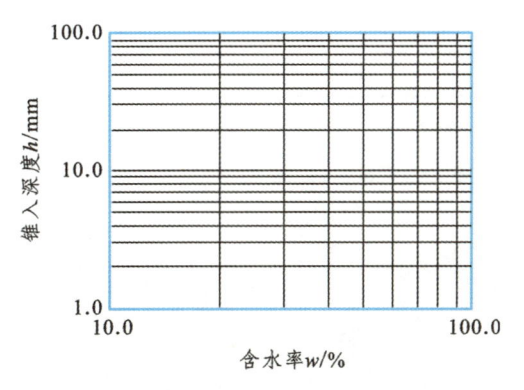

图2-16 锥入深度与含水率关系

任务评价

（1）学生自评，见表2-11。

表2-11 学生自评表

序号	评价内容	考评要点	考评等级 优	良	中	及格	不及格	问题说明
1	学习准备工作	（1）按时完成； （2）准备工作						
2	职业素养	（1）团结协作； （2）自主学习，没有抄袭； （3）时间观念强，不迟到/早退/旷课						
3	收集资料信息情况	（1）收集了很多相关资料； （2）学习总结归纳						
4	学习工作页	（1）书写工整，无错别字； （2）按时完成，无错误						
5	小组角色完成情况	能很好地完成角色职责						
6	与组员合作情况	能和组员通力合作						
评价结果								
评价者签名：			日期：					

（2）教师评价，见表2-12。

表2-12 教师评价表

序号	实训内容	配分	评分标准	扣分	得分
1	考勤，课堂表现	20	小组点名，根据课堂表现情况打分，缺勤个人得分为零，有睡觉、玩手机等违反课堂纪律情况的视情节扣分		
2	根据所学知识，按要求完成任务	80	能正确归纳总结工程试验检测在实际工程中的目的和意义		
			合计		

任务二　钢筋混凝土试验

任务背景

在建设工程施工过程中，特别是近年来，我国全面推进高速公路、高速铁路的建设，相继出现了许多大型的桥梁和涵洞，其设计美观大方，形成了一道亮丽的风景线。而随着现代社会的飞速发展，政府机关、业主对工程质量的要求也在不断提高，工程实体必须要做到内实外美，这就需要参建各方共同努力，对路桥工程进行质量控制，特别是对设计过程中采用的新材料、新工艺要进行重点控制，而试验检测工作便是施工控制的重要手段。公路与桥梁工程施工准备阶段的试验检测主要包括粗细集料试验、水泥常规检测、钢筋常规检测及钢筋混凝土其他方面的试验检测。

知识目标

（1）掌握粗集料常规检测指标及试验步骤。
（2）掌握细集料常规检测指标及试验步骤。
（3）掌握水泥常规检测试验的原理、仪器、步骤及注意事项。
（4）掌握钢筋常规试验的原理、仪器、步骤及注意事项。
（5）掌握混凝土抗压强度检测试验的原理、仪器、步骤及注意事项。
（6）掌握混凝土配合比试验、坍落度试验、稠度试验的方法、步骤。
（7）掌握数据处理的方法。

能力目标

（1）能完成钢筋混凝土试验的检测任务。
（2）能够按作业安全要求小组合作完成粗集料、细集料、水泥常规及钢筋常规试验检测任务；能完成混凝土抗压强度检测试验、混凝土配合比试验、混凝土坍落度和稠度试验检测任务。
（3）能正确填报检查记录表，按规定进行数据的分析。

子任务一　粗集料常规试验

知识准备

粗集料的试验主要包括筛分试验、密度试验、针片状含量试验、压碎值试验、含泥量及泥块含量试验等。集料（骨料）是指在混合料中起骨架和填充作用的粒料，包括碎石、砾石、机制砂、石屑、砂等。集料的类型：根据集料形成的过程可分为经自然风化、地质作用形成的卵石、砂砾石，人工机械加工而成的碎石；工业生产副产品矿渣根据粒径大小可分为粗集料和细集料；根据化学成分还可分为酸性集料和碱性集料。

粗细集料划分的粒径：在水泥混凝土中，粗、细集料的界限尺寸为 4.75 mm，但在沥青混合料中，界限尺寸通常为 2.36 mm。

集料试验检测频率：按照同一产地、同一规格、同一进厂时间，每 400 m³ 或 600 t 为 1 个验收批，不足 400 m³ 或 600 t 时，按 1 个验收批计。用小型工具运输时，以 200 m³ 或 300 t 为 1 个验收批，不足者按 1 个验收批计，每个验收批取样一组。

任务学习

一、粗集料的筛分试验

1. 试验目的

本试验主要测定结构混凝土所用粗集料的颗粒级配。目的是选用具有良好级配的粗集料，使颗粒空隙小，节约水泥，提高密实度，并使其具有良好的工作性能。

2. 主要仪器设备

（1）试验套筛：孔径为 90 mm、75 mm、63 mm、53 mm、37.5 mm、31.5 mm、26.5 mm、19 mm、16 mm、9.5 mm、4.75 mm、2.36 mm 的方孔筛，以及筛的底盘和盖各一只；试验所需筛的规格可根据需要选用。

（2）天平或台秤：感量不大于试样质量的 0.1%。

3. 试验步骤

（1）四分法缩分至要求的试样质量（表 2-13），取一份试样置于温度为（105±5）℃的烘箱中烘干至恒重。

表 2-13 筛分用的试验质量

公称最大粒径/mm	75	63	37.5	31.5	26.5	19	16	9.5	4.75
每份试样的最小质量/kg	10	8	5	4	2.5	2	1	1	0.5

（2）按筛孔大小排序，逐个将集料过筛，直至 1 min 内通过筛孔的质量小于筛上残余量的 1% 为止。如采用摇筛机筛分，则筛后应逐个由人工补筛。

（3）称每个筛上的筛余量，准确至总质量的 0.1%。各筛余量和筛底存量总和与筛分前试样总质量相比，相差不得超过 0.5%。

（4）计算各号筛分计筛余百分率（各号筛上的筛余量与试样总质量之比），准确至 0.1%。

（5）各号筛累计筛余百分率（该号筛及大于该号筛的各号筛分计筛余百分率之和），准确至 0.1%。

（6）各号筛通过百分率（100% 减去该号筛累计筛余百分率）准确至 0.1%。

（7）根据需要，绘制集料筛分曲线。

二、粗集料的表观密度试验

1. 概述

（1）试验目的：本试验通过测定粗集料的表观密度、表干密度、毛体积密度，为计算空隙率和混合料配合比设计提供依据。

（2）定义。

① 表观密度（视密度）：材料单位体积（包含材料实体及不吸水的闭口孔隙，但不包含能吸水的开口孔隙）的烘干质量。

② 表干密度：材料单位体积（包含材料实体、开口及闭口孔隙）的表干质量，即饱和面干状态，包括实体质量和吸入开口孔隙中的水质量。

③ 毛体积密度：材料单位体积（包含材料实体、开口及闭口孔隙）的烘干质量。

④ 吸水率：吸入集料开口孔隙中的水质量与集料实体质量之比。

测定方法有网篮法和容量瓶法，下面主要介绍网篮法。

2. 主要仪器设备

（1）天平或浸水天平：可悬挂吊篮，称量应满足试样数量要求，感量不大于最大称量的 0.05%。

（2）吊篮：耐锈蚀材料制成，直径和高度约为 150 mm，吊篮四周及底部用 1~2 mm 筛网编制且具有密集的孔眼溢流水槽。

（3）其他：烘箱、4.75 mm 方孔筛等。

3. 试验步骤

（1）将取来的试样用 4.75 mm 方孔筛过筛，用四分法缩至要求的试样质量（表 2-14），取两份试样分别放在水中浸泡，并洗净备用。

表 2-14　测定表观密度所需要的试样质量

公称最大粒径/mm	4.75	9.5	16	19	26.5	31.5	37.5	63	75
每份试样的最小质量/kg	0.8	1	1	1	1.5	1.5	2	3	3

（2）取试样一份装入干净的搪瓷盘中，注入洁净的水，水面至少应高出试样 20 mm，轻轻搅动石料，使附着在石料上的气泡完全溢出。在室温下保持浸水 24 h。

（3）将吊篮挂在天平的吊钩上，浸入溢流水槽中，向溢流水槽中注水，水面高度至水槽的溢流孔为止，将天平调零。吊篮的筛网应保证集料不会通过筛孔流失，对 2.36~4.75 mm 的粗集料应更换小孔筛网，或在网篮中放入一个浅盘。

（4）调节水温在 15~25 ℃范围内，将试样移入吊篮中，溢流水槽中的水面高度由水槽的溢流孔控制，维持不变。称取集料的水中质量（m_w）。

（5）提起吊篮，稍稍滴水后，将较细的粗集料（2.36~4.75 mm）连同浅盘一起取出，倾斜搪瓷盘，倒出余水；较粗的粗集料可直接倒在拧干的湿毛巾上，用毛巾吸走从集料中漏出的自由水，并用拧干的湿毛巾轻轻擦干集料颗粒的表面水，至表面看不到发亮的水迹，即为饱和面干状态。整个过程中不得有集料丢失，且已擦干的集料不得继续在空气中放置，防止集料干燥。

（6）在保持表干状态下，立即称取集料的表干质量（m_f）。

（7）将集料置于浅盘中，放入温度为（105±5）℃的烘箱中烘干至恒重（恒重是指在相邻两次称量间隔时间大于3 h的情况下，前后两次称量之差小于该项试验要求的精密度0.1%。一般在烘箱中烘烤的时间不得少于4~6 h）。取出浅盘，放在带盖的容器中冷却至室温后，称取集料的烘干质量（m_a）。

（8）对同一规格的集料应平行试验。

4. 相对密度计算

表观相对密度：
$$\gamma_a = \frac{m_a}{m_a - m_w} \qquad (2\text{-}49)$$

表干相对密度：
$$\gamma_s = \frac{m_f}{m_f - m_w} \qquad (2\text{-}50)$$

毛体积相对密度：
$$\gamma_b = \frac{m_a}{m_f - m_w} \qquad (2\text{-}51)$$

式中：m_a——试件干重（g）；

m_w——试件水中重（g）；

m_f——试件表干重（g）。

注：式中各值均计算至小数点后3位。

三、粗集料堆积密度及孔隙率试验

测定粗集料的堆积密度，包括测定自然堆积状态、振实状态、捣实状态下的堆积密度，以及堆积状态下的间隙率。

1. 主要仪器设备及试样

（1）天平或台秤：感量不大于称量的0.1%。

（2）容量筒：适用于粗集料堆积密度测定的容量筒应符合表2-15的要求。

表2-15 容量筒的规格要求

粗集料公称最大粒径/mm	容量筒容积/L	容量筒规格/mm 内径	容量筒规格/mm 净高	容量筒规格/mm 底厚	筒壁厚度/mm
≤4.75	3	155±2	160±2	5.0	2.5
9.5~26.5	10	205±2	305±2	5.0	2.5
31.5~37.5	15	255±2	295±2	5.0	3.0
≥53	20	355±2	305±2	5.0	3.0

（3）平头铁锹。

（4）烘箱：能控温（105±5）℃。

（5）振动台：频率为（3 000±200）次/min，负荷下的振幅为0.35 mm，空载时的振幅为0.5 mm。

（6）捣棒：直径 16 mm，长 600 mm，一端为圆头的钢棒。

（7）试验准备：按粗集料的取样方法取样、缩分，质量应满足试验要求，在温度为（105±5）℃的烘箱中烘干，也可以摊在清洁的地面上风干，拌匀后分成两份备用。

2. 试验步骤

（1）自然堆积密度。

取试样一份，置于平整干净的水泥地（铁板）上，用平头铁锹铲起试样，使石子自由落入容量筒内。此时，从铁锹的齐口至容量筒上口的距离应保持约 50 mm，装满容量筒并除去凸出筒口表面的颗粒，并以合适的颗粒填入凹处，使表面凸起部分和凹陷部分的体积大致相等，最后称取试样和容量筒的总质量（m_2）。

（2）振实密度。

① 人工振实。将试样分 3 层装入容量筒，每装完一层，在筒底垫一根直径为 25 mm 的圆筋，按住筒左右颠击各 25 下。将超出筒口的颗粒用钢筋在筒口以滚动的方式除去，并用合适的颗粒填入凹隙，保证凸出部分和凹陷部分的体积大致相同，最后称取试样和容量筒的总质量（m_3）。

② 机械振实。将试样一次装满容量筒，然后将容量筒固定在振动台上，启动电源，振动 2~3 min 将容量筒取下，最后称取试样和容量筒的总质量（m_3）。

（3）捣实密度试验。

将试样分 3 次装入容量筒，每层高度约占筒高的 1/3，用金属捣棒由筒边至中心均匀插捣 25 次，插捣深度约达到下层表面。最后一层捣实刮平后与筒口齐平，即凸出部分和凹陷部分的体积大致相同，最后称取试样和容量筒的总质量（m_4）。

（4）容量筒容积标定。

先称空容量筒的质量（m_1），将容量筒装满水，擦干筒外壁水分，再称水与容量筒的总质量（m_w）。测定水温，按照不同水温条件下温度修正系数对容量筒的容积作校正。

（5）计算。

① 容量筒的容积按下式计算：

$$V = \frac{m_w - m_1}{\rho_T} \qquad (2\text{-}52)$$

式中：V——容量筒的容积（m³）；

m_1——容量筒的质量（kg）；

m_w——容量筒与水的总质量（kg）；

ρ_T——试验温度为 T 时，水的密度（kg/m³）。

② 堆积密度（包括自然堆积、振实状态、捣实状态下的堆积密度）按下式计算至小数点后两位：

$$\rho = \frac{m_2 - m_1}{V} \qquad (2\text{-}53)$$

式中：ρ——与各种状态相对应的堆积密度（kg/m³）。

V——容量筒的容积（m³）；

m_1——容量筒的质量（kg）；

m_2——容量筒与试样的总质量（kg）。

③ 水泥混凝土用粗集料振实状态下的空隙率按下式计算：

$$V_c = \left(1 - \frac{\rho}{\rho_a}\right) \times 100\% \qquad (2-54)$$

式中：V_c——捣实状态下粗集料骨架间隙率（%）；

ρ_a——粗集料的表观密度（t/m³）；

ρ——按振实法测定的粗集料的自然密度（t/m³）。

（6）报告的测定值取两次平行试验结果的算术平均值。

（7）说明与注意问题。

① 要完全按照每种密度测定的要求装填试样，以免不必要的振捣或所要求的振捣达不到标准，引起试验误差。

② 通过捣实密度计算出的 VCADRC，用作 SMA 混合料的配合比设计参数。

③ 容量筒应根据集料的公称最大粒径按照表中的规格选择，也可就大不就小，即小级的粒径可选择大一级的容量筒，但反之则不可。

四、粗集料的针片状颗粒含量试验

1. 试验目的与适用范围（规准仪法）

本方法适用于测定水泥混凝土使用的粒径在 4.75 mm 以上粗集料的针状及片状颗粒含量，以百分率计。本方法测定的针片状颗粒，是指利用专用规准仪测定的粗集料颗粒最小厚度（或直径）方向与最大长度（或宽度）方向的尺寸之比小于一定比例的颗粒。在测定的粗集料中，针片状颗粒的含量可用于评价集料的形状及其在工程中的适用性。

2. 主要仪器设备

（1）水泥混凝土集料针状规准仪和片状规准仪尺寸应符合表 2-16 的要求。

表 2-16 针状规准仪和片状规准仪尺寸

粒级/mm	4.75～9.5	9.5～16	16～19	19～26.5	26.5～31.5	31.5～37.5
针状规准仪上对应的立柱之间的间距宽/mm	17.1（B1）	30.6（B2）	42.0（B3）	54.6（B4）	69.6（B5）	82.8（B6）
片状规准仪上相对应的孔宽/mm	2.8（A1）	5.1（A2）	7.0（A3）	9.1（A4）	11.6（A5）	13.8（A6）

（2）天平或台秤：感量不大于称量值的 0.1%。

（3）标准筛：孔径分别为 4.75 mm、9.5 mm、16 mm、26.5 mm、31.5 mm、37.5 mm 的方孔筛，根据需要选用。

3. 试验准备

将试样在室内风干至表面干燥，并用四分法缩分至规定的质量（表 2-17），称量（m_0），然后筛分成表 2-17 所规定的粒级备用。

表 2-17 针、片状试验所需的试样质量

公称最大粒径/mm	9.5	16	19	26.5	31.5	37.5
试样的最少质量/kg	0.3	1	2	3	5	10

4. 试验步骤

（1）目测挑出接近立方体形状的规则颗粒，将目测有可能属于针、片状颗粒的集料按规定的粒级用规准仪逐粒对试样进行针状颗粒鉴定，挑出针状颗粒（颗粒长度大于针状规准仪上相应间距而不能通过者）。

（2）逐粒对通过针状规准仪上相应间距的非针状颗粒试样进行片状颗粒鉴定，挑出片状颗粒（厚度小于片状规准仪上相应孔宽能通过者）。

（3）称量由各粒级挑出的针状和片状颗粒的总质量（m_1）。

5. 结果整理

碎石或砾石中针、片状颗粒含量按下式计算，精确至 0.1%。

$$Q_e = \frac{m_1}{m_0} \times 100 \qquad (2\text{-}55)$$

式中：Q_e——试样的针、片状颗粒含量（%）；
m_1——试样中所含针、片状颗粒的总质量（g）；
m_0——试样总质量（g）。

试验要平行测定两次，计算两次结果的算术平均值，如两次结果之差小于平均值的 20%，取算术平均值为试验值；如大于或等于 20%，应追加测定一次，测定值取三次结果的算术平均值。

五、粗集料压碎值试验

1. 试验目的与适用范围

集料压碎值用于衡量石料在逐渐增加的荷载下抗压碎的能力，是衡量石料力学性质的指标，以评定其在公路工程中的适用性。

2. 主要仪器设备

（1）石料压碎值试验仪：由内径为 150 mm、两端开口的钢制圆形试筒、压柱和底板组成，试筒内壁、压柱的底面及底板的上表面等与石料接触的面都应进行热处理，使表面硬化，达到维氏硬度 65 度，并保持光滑状态。

（2）金属棒：直径 10 mm，长 450~600 mm，一端加工成半球形。

（3）天平：称量 2~3 kg，感量不大于 1 g。

（4）标准筛：筛孔尺寸 13.2 mm、9.5 mm、2.36 mm 筛各一个。

（5）压力机：500 kN，应能在 10 min 内达到 400 kN。

（6）金属筒：圆柱形，内径 112 mm、高 179.4 mm，容积 1 767 cm³。

3. 试验准备

（1）采用风干石料，用 13.2 mm 和 9.5 mm 标准筛过筛，取 9.5～13.2 mm 的试样 3 组各 3 kg 供试验用。如过于潮湿需加热烘干时，烘箱温度不得超过 100 ℃，烘干时间不超过 4 h。试验前石料应冷却至室温。

（2）每次试验的石料数量应满足按下述方法夯击后石料在试筒内的深度为 100 mm。

在金属筒中确定石料数量的方法：将试样分 3 次（每次数量大体相同）均匀装入试模中，表面整平，用金属棒的半球端在石料表面均匀捣实 25 次，然后用金属棒作为直刮刀将表面仔细整平。最后称取量筒中试样质量（m_0），以相同质量的试样进行压碎值的平行试验。

4. 试验步骤

（1）将试筒安放在底板上。

（2）将要求质量的试样分 3 次均匀放入试模中，表面整平，用金属棒的半球端在石料表面均匀捣实 25 次。最后用金属棒作为直刮刀将表面仔细整平。

（3）将装有试样的试模放到压力机上，同时将压头放入试筒内石料面上，注意使压头摆平，勿挤压试模侧壁。

（4）启动压力机，均匀地施加荷载，在 10 min 内达到总荷载 400 kN，稳压 5 s，然后卸荷。

（5）将试模从压力机上取下，取出试样。

（6）用 2.36 mm 标准筛筛分压碎的全部试样，可分几次筛分，均需筛到在 1 min 内无明显筛出物为止。

（7）称取通过 2.36 mm 筛孔的全部细料质量（m_2），准确至 1 g。

5. 结果整理

石料压碎值按下式计算，准确至 0.1%：

$$Q_a = \frac{m_1}{m_0} \times 100 \qquad (2\text{-}56)$$

式中：Q_a——石料压碎值（%）；

m_0——试验前试样质量（g）；

m_1——试验后通过 2.36 mm 筛孔的细料质量（g）。

以上 3 个试样的压碎测定值取平行试验结果的算术平均值。

六、粗集料的含泥量及泥块含量试验

1. 试验目的

本试验是测定碎石或砾石中粒径小于 0.075 m 的尘屑、淤泥和黏土的总含量及 5 mm 以上泥含量。

2. 主要仪器设备

（1）台秤：感量不大于称量的 0.1%。

（2）烘箱：能控温（105±5）℃。

（3）标准筛：孔径为 1.25 mm、0.075 mm（用于水泥混凝土的集料）或 1.18 mm、0.075 mm(用于沥青路面的集料)的方孔筛各 1 只；测泥块含量时，则用 2.36 mm 及 4.75 mm 的方孔筛各 1 只。

（4）容器：容积约 10 L 的桶或搪瓷盘、浅盘、毛刷等。

3. 试验准备

将试样用四分法缩分至规定的质量，置于温度为（105±5）℃的烘箱内烘干至恒重，取出冷却至室温后，分成两份备用。

4. 试验步骤

（1）含泥量试验步骤如下：

① 称取试样 1 份装入容器内，加水浸泡 24 h，用手（毛刷）在水中淘洗颗粒，使尘屑、黏土与较粗颗粒分开，并使之悬浮于水中；缓缓地将浑浊液倒入 1.25 mm（或 1.18 mm）及 0.075 m 的套筛上，滤去小于 0.075 m 的颗粒。试验前筛子的两面应先用水湿润，在整个试验过程中，应注意避免大于 0.075 mm 的颗粒丢失。

② 再次加水于容器中，重复上述步骤，直到洗出的水清澈为止。

③ 用水冲洗余留在筛上的细粒，并将 0.075 mm 筛放在水中（使水面高于筛内颗粒）来回摇动，以充分洗涤小于 0.075 mm 的颗粒，而后将两只筛上余留的颗粒和容器中已经洗净的试样一并装入浅盘，置于温度为（105±5）℃的烘箱中烘干至恒重，取出冷却至室温后称取其质量。

（2）泥块含量试验步骤如下：

① 取试样 1 份，用 4.75 mm 方孔筛将试样过筛，称取筛去 4.75 mm 以下颗粒后的试样质量。

② 将试样在容器中摊平，加水，使水面高出试样表面，24 h 后将水放掉，用手捻压泥块，然后将试样放在 2.36 mm 筛上用水冲洗，直至洗出的水清澈为止。

③ 小心地取出 2.36 mm 筛上的试样，置于温度为（105±5）℃的烘箱中烘干至恒重，取出冷却至室温后称其质量。

5. 计算

（1）碎石或砾石的含泥量按下式计算：

$$Q_n = \frac{m_0 - m_1}{m_0} \times 100\% \qquad (2\text{-}57)$$

式中：Q_n——碎石或砾石的含泥量（%）；

m_0——试验前烘干试样质量（g）；

m_1——试验后烘干试样质量（g）。

（2）碎石或砾石的泥块含量按下式计算：

$$Q_k = \frac{m_2 - m_3}{m_2} \times 100\% \qquad (2\text{-}58)$$

式中：Q_k——碎石或砾石的含泥量（%）；

m_2——试验前烘干试样质量（g）；

m_3——试验后烘干试样质量（g）。

以上两种试样的测定值取两次试验结果的算术平均值，两次结果的差值超过0.1%时，应重新取样进行试验。

任务实施

选取粗集料试样，分别进行集料筛分试验、密度试验、堆积密度及孔隙率试验、粗集料的针片状颗粒含量试验、粗集料压碎值试验以及含泥量及泥块含量试验，并填写表2-18。

表2-18 粗集料试验检测报告（水泥混凝土用）

检测单位名称（专用章）：					报告编号：BGLQ02001F	
施工/委托单位				工程名称		
工程部位/用途						
样品信息						
检测依据				判定依据		
主要仪器设备名称及编号						
产地				种类		
型号规格				掺配比例/%		
取样地点				代表数量		
序号	检测项目	技术指标			试验检测结果	结果判定
		Ⅰ类	Ⅱ类	Ⅲ类		
1	压碎指标/%	＜18	＜20	＜30		
2	坚固性/%	＜5	＜8	＜12		
3	吸水率/%	＜1.0	＜2.0	＜2.5		
4	针片状颗粒含量/%	＜5	＜15	＜25		
5	含泥量/%	＜0.5	＜1.0	＜1.5		
6	泥块含量/%	0	＜0.5	＜0.7		
7	有机物含量（比色法）	合格	合格	合格		
8	硫化物及硫酸盐含量/%	＜0.5	＜1.0	＜1.0		
9	岩石抗压强度/MPa	火成岩＞80，水成岩＞30				
10	表观密度/（kg/m³）	＞2 500				
11	松散堆积密度/（kg/m³）	＞1 350				
12	空隙率/%	＜47				
13	碱集料反应	无裂缝、酥裂、胶体外溢等，膨胀率小于0.10%。				
14	颗粒级配（公称粒级：　～　mm）					
筛孔尺寸/mm						
累计筛余百分率/%						
级配范围/%						
检测结论：						

任务评价

（1）学生自评，见表2-19。

表2-19　学生自评表

序号	评价内容	考评要点	考评等级 优	考评等级 良	考评等级 中	考评等级 及格	考评等级 不及格	问题说明
1	学习准备工作	（1）按时完成； （2）准备工作						
2	职业素养	（1）团结协作； （2）自主学习，没有抄袭； （3）时间观念强，不迟到/早退/旷课						
3	收集资料信息情况	（1）收集了很多相关资料； （2）学习总结归纳						
4	学习工作页	（1）书写工整，无错别字； （2）按时完成，无错误						
5	小组角色完成情况	能很好地完成角色职责						
6	与组员合作情况	能和组员通力合作						
评价结果								
评价者签名：						日期：		

（2）教师评价，见表2-20。

表2-20　教师评价表

序号	实训内容	配分	评分标准	扣分	得分
1	考勤，课堂表现	20	小组点名，根据课堂表现情况打分，缺勤个人得分为零，有睡觉、玩手机等违反课堂纪律情况的视情节扣分		
2	根据所学知识，按要求完成任务	80	能正确归纳总结工程试验检测在实际工程中的目的和意义		
			合计		

子任务二　细集料常规试验

知识准备

细集料的试验主要包括筛分试验、堆积密度试验、表观密度试验和含泥量试验。筛分试验的目的是测定砂的颗粒级配，并确定砂的粗细程度；堆积密度试验是测定砂在自然状态下的堆积密度和紧装密度，并以此计算出砂的空隙率；表观密度试验是测定砂的表观相对密度和表观密度，通过测定细集料的表观密度，为计算细集料空隙比和混合料配合比设计提供依据；含泥量试验仅用于测定天然砂中粒径小于 0.075 mm 的尘屑、淤泥和黏土的含量，不适用于人工砂、石屑等矿粉成分较多的细集料。

细集料试验检测频率按照同一产地、同一规格、同一进厂时间，每 400 m³ 或 600 t 为 1 个验收批，不足 400 m³ 或 600 t 时，按 1 个验收批计。用小型工具运输的，以 200 m³ 或 300 t 为 1 个验收批，不足者亦按 1 个验收批计，每个验收批取样 1 组。

任务学习

一、细集料筛分试验

1. 主要仪器设备

标准方孔砂套筛、摇筛机、天平（称量 1 kg，感量不大于 0.5 g）、浅盘、烘箱、干燥器、毛刷等。

2. 试验步骤

（1）将试样过 9.5 mm 方孔筛，算出筛余百分率，然后将试样在潮湿状态下充分拌匀，用四分法将试样缩分至每份不少于 550 g 的质量，共两份，在温度为（100±5）℃的烘箱中烘干至恒重后，取出冷却至室温。

（2）准确称取烘干的干砂试样 500 g（m_1），准确至 0.5 g。放入套筛最上面 4.75 mm 的筛里，用摇筛机将套筛摇约 10 min 后，再按照筛孔大小顺序逐个进行手筛，每只筛每分钟的筛出量不超出该筛上剩余的 0.1%时停止筛分，将筛出的颗粒并入下一号筛继续筛分，直至各号筛全部筛完为止。

（3）称取各筛筛余试样的质量，准确至 0.5 g。各号筛的筛余量和底盘中的剩余量总和与筛分前试样总量相差不得超过 1%。

（4）试验数据分析。

① 砂的细度模数 M_x 按下式计算：

$$M_x = \frac{(A_{0.15} + A_{0.3} + A_{0.6} + A_{1.18} + A_{2.36}) - 5A_{4.75}}{100 - A_{4.75}} \qquad (2\text{-}59)$$

② 根据数据绘制筛分曲线。
③ 判定试验砂的级配分布情况和砂的级别。

二、细集料堆积密度试验

1. 主要仪器设备与材料

普通黄砂（江砂）、台秤（天平）、1 L 容量筒、标准漏斗、料勺、烘箱、直尺等。

2. 试验方法原理、计算公式

标准漏斗法计算公式：

$$\rho=\frac{m_2-m_1}{V} \tag{2-60}$$

式中：ρ——砂的堆积密度（g/cm³）；

m_1——容量筒的质量（g）；

m_2——容量筒和砂在堆积状态下时的总质量（g）；

V——容量筒的容积（cm³）。

3. 试验步骤

（1）称取 1 L 容积筒的质量 m_1，称前将筒内壁清除干净。

（2）在标准漏斗内，装满黄沙，漏斗下方放置 1 L 的容量筒。

（3）打开漏斗的漏砂阀门，让砂自然流入容量筒并堆积成峰状，迅速关上阀门。

（4）用刮刀将砂峰刮平，并称取砂和容量筒的总质量 m_2。

4. 记录数据并计算

按规定用两份试样测试两次，测定值取两次结果的算术平均值。

三、细集料表观密度试验

1. 主要仪器设备与材料

（1）天平：称量 1 kg，感量不大于 1 g。

（2）容量瓶：500 mL。

（3）烘箱：能控温在（105±5）℃。

（4）烧杯：500 mL。

（5）蒸馏水。

（6）其他：干燥器、浅盘、铝制料勺、温度计等。

（7）试验材料：细集料，粒径小于 2.36 mm 的天然砂、人工砂（包括机制砂）。

2. 试验准备

将缩分至 650 g 左右的试样放入温度为（105±5）℃的烘箱中烘干至恒重后，取出冷却至室温，分成两份备用。

3. 试验步骤

（1）称取烘干的试样约 300 g（m_0），装入盛有半瓶蒸馏水的容量瓶中。

（2）摇转容量瓶，使试样在水中充分晃动排出气泡，塞紧瓶塞，静置 24 h 左右，然后用滴管添水，使水面与瓶颈刻度线平齐，再塞紧瓶塞，擦干瓶身外部水分，称其总质量（m_1）。

（3）倒出瓶中的水和试样，将瓶的内外壁洗净，再向瓶内注入与上一次水温相差不超过 2 ℃的蒸馏水至瓶颈刻度线，塞紧瓶塞，擦干瓶身外部水分，称其总质量（m_2）。

注意：在砂的表观密度试验过程中，应测量并控制水的温度，试验的各项称量可以在

15~25 ℃的温度范围内进行，但从试样加水静置的最后 2 h 起到试验结束，其间的水温相差不应超过 2 ℃。

4. 计算

砂的表观密度按下式计算至小数点后 3 位：

$$\rho'_s = \left(\frac{m}{m_0 + m_2 - m_1} \right) \times \rho_w \qquad (2\text{-}61)$$

式中：ρ'_s——砂的表观密度（g/cm³）；

　　　m_0——试样的烘干质量（g）；
　　　m_1——水及容量瓶总质量（g）；
　　　m_2——试样、水及容量瓶总质量（g）；
　　　ρ_w——水在 4 ℃时的密度，取值为 1 g/cm³。

测定值取两次平行试验结果的算术平均值，如两次结果之差大于 0.01 g/cm³ 时，应重新取样进行试验。

砂的空隙率按下式计算：

$$V_v = \left(1 - \frac{\rho}{\rho'_s} \right) \times 100\% \qquad (2\text{-}62)$$

式中：V_v——砂的空隙率（无量纲）；

　　　ρ_s——砂的表观密度（g/cm³）；
　　　ρ——砂的堆积密度（g/cm³）。

四、细集料含泥量试验

1. 主要仪器设备与材料

（1）天平：称量 1 kg，感量不大于 1 g。
（2）烘箱：能控温在（105±5）℃。
（3）标准筛：孔径 0.075 mm 及 1.18 mm 的方孔筛。
（4）其他：容量筒、浅盘等。
（5）试验材料：细集料，粒径小于 2.36 mm 的天然砂、人工砂（包括机制砂）。

2. 试验准备

用四分法将试样缩分至每份约 1 kg 的质量，置于温度为（105±5）℃的烘箱中烘干至恒重后，取出冷却至室温，最后称取约 400 g（m_0）的试样两份备用。

3. 试验步骤

（1）取烘干的试样一份置于容量筒中，并注入洁净的水，使水面高出砂面约 200 mm，充分拌和均匀后,浸泡 24 h,然后用手在水中淘洗试样,使尘屑、淤泥和黏土与砂粒分离,并悬浮于水中,缓缓地将浑浊液倒入 1.18 mm 至 0.075 mm 的套筛上,滤去小于 0.075 mm 的颗粒。试验前筛子的两面应先用水湿润,在整个试验过程中应注意避免砂粒丢失。

注意:不得直接将试样放在 0.075 mm 的筛上用水冲洗,或将试样放在 0.075 mm 的筛上后在水中淘洗,以免误将小于 0.075 mm 的砂粒当作泥冲走。

(2)再次加水于容量筒中,重复上述过程,直至筒内砂样洗出的水清澈为止。

(3)用水冲洗剩留在筛上的细粒,并将 0.075 mm 筛放在水中(使水面略高出砂粒表面)来回摇动,以充分洗除小于 0.075 mm 的颗粒;然后将两筛上筛余的颗粒和容量筒中已经洗净的试样一并装入浅盘,置于温度为(105±5)℃的烘箱中烘干至恒重后,取出冷却至室温,最后称取试样的质量(m_1)。

4. 计算

砂的含泥量按下式计算,并精确至 0.1%:

$$Q_n = \frac{m_0 - m_1}{m_0} \times 100\% \qquad (2\text{-}63)$$

式中:Q_n——砂的含泥量(%);
$\quad\quad m_0$——试验前的烘干试样质量(g);
$\quad\quad m_1$——试验后的烘干试样质量(g)。

测定值取两个试样试验结果的算术平均值。两次结果的差值超过 0.5%时,应重新取样进行试验。

任务实施

进行筛分试验、堆积密度试验、表观密度试验和含泥量试验,获取相应试验指标并完成表 2-21。

表 2-21 细集料试验检测报告

检测单位名称(专用章): 重庆交院和瑞工程检测技术有限公司		报告编号:	BGLQ02006F
施工/委托单位		工程名称	
工程部位/用途			
样品信息	样品名称: 样品状态:	样品编号: 来样时间:	样品数量:
检测依据		判定依据	
主要仪器设备及编号			
试验检测日期		生产厂家	
委托编号		检测类别	
规格类型/mm		代表数量	

续表

序号	检测参数	技术要求	检测结果	结果判定
1	水洗法＜0.075mm 颗粒含量/%			
2	泥块含量/%			
3	棱角性试验（流动时间）/s			
4	含水率/%			
5	砂当量/%			
6	亚甲蓝值/（g/kg）			
7	碱活性/%			
8	坚固性/%			
9	硫化物及硫酸盐含量/%			
10	密度试验结果			

检测参数	技术要求	检测结果	结果判定	检测参数	技术要求	检测结果	结果判定
表观密度/（g/cm^3）				表观相对密度			
表干密度/（g/cm^3）				表干相对密度			
毛体积密度/（g/cm^3）				毛体积相对密度			
堆积密度/（g/cm^3）				紧装密度/（g/cm^3）			
空隙率/%				吸水率/%			

11	颗粒分析						
筛孔尺寸/mm	9.5	4.75	2.36	1.18	0.6	0.3	0.15	0.075
通过百分率/%								
规定级配上限/%								
规定级配下限/%								

检测结论：

任务评价

（1）学生自评，见表 2-22。

表 2-22　学生自评表

序号	评价内容	考评要点	考评等级 优	良	中	及格	不及格	问题说明
1	学习准备工作	（1）按时完成； （2）准备工作						
2	职业素养	（1）团结协作； （2）自主学习，没有抄袭； （3）时间观念强，不迟到/早退/旷课						
3	收集资料信息情况	（1）收集了很多相关资料； （2）学习总结归纳						
4	学习工作页	（1）书写工整，无错别字； （2）按时完成，无错误						
5	小组角色完成情况	能很好地完成角色职责						
6	与组员合作情况	能和组员通力合作						
评价结果								
评价者签名：			日期：					

（2）教师评价，见表 2-23。

表 2-23　教师评价表

序号	实训内容	配分	评分标准	扣分	得分
1	考勤，课堂表现	20	小组点名，根据课堂表现情况打分，缺勤个人得分为零，有睡觉、玩手机等违反课堂纪律情况的视情节扣分		
2	根据所学知识，按要求完成任务	80	能正确归纳总结工程试验检测在实际工程中的目的和意义		
合计					

子任务三　水泥常规试验检测

知识准备

水泥，指加水拌和成塑性浆后能胶结砂、石等适当材料，并能在空气和水中硬化的粉状水硬性胶凝材料。桥梁工程通常采用的水泥主要有硅酸盐水泥、普通硅酸盐水泥、矿渣硅酸盐水泥、火山灰质硅酸盐水泥、粉煤灰硅酸盐水泥等品种。

079

水泥从加水开始到失去流动性（从液体状态发展到较致密的固体状态）的过程称为水泥的凝结过程，这个过程所需要的时间称为凝结时间。凝结时间分初凝时间和终凝时间。初凝时间为水泥加水拌和至标准稠度的净浆，完全失去可塑性所需的时间；终凝时间为水泥加水拌和至标准稠度的净浆，完全失去可塑性并开始产生强度所需的时间。国家标准规定，水泥的凝结时间，是标准稠度的水泥净浆在规定温度及湿度环境下，用水泥净浆凝结时间测定仪测定的。

水泥浆体硬化后体积变化的均匀性称为水泥的体积安定性，即水泥硬化浆体能保持一定形状、不开裂、不变形、不溃散的性质。体积安定性不良的水泥应作不合格品处理，不得应用于工程中，否则将导致严重后果。

导致水泥安定性不良的主要原因，一般是熟料中存在游离氧化钙、游离氧化镁或掺入石膏过多等，其中游离氧化钙是一种最常见、影响最严重的因素。熟料中所含游离氧化钙或氧化镁都是过烧的，结构致密，水化很慢，加之为熟料中其他成分所包裹，使得其在水泥已经硬化后才进行熟化，生成六方板状的 $Ca(OH)_2$ 晶体，这时体积膨胀 97% 以上，从而导致不均匀体积膨胀，使水泥石开裂。当石膏掺量过多时，水泥硬化后，残余石膏与水化铝酸钙继续反应生成钙矾石，体积增大约 1.5 倍，从而导致水泥石开裂。

强度是评价硅酸盐水泥质量的又一个重要指标，水泥的强度是按照国家标准《水泥胶砂强度检验方法（ISO 法）》中的方法制作的水泥胶砂试件，在温度为（20±1）℃的水中养护到规定龄期时检测的强度值。其中，标准试件尺寸为 4 cm×4 cm×16 cm，胶砂中水泥与标准砂之比为 1∶3（m_W/m_C=0.5），标准试验龄期分别为 3 d 和 28 d。分别检验其抗压强度和抗折强度。按照测定结果，将硅酸盐水泥分为 42.5、42.5R、52.5、52.5R、62.5、62.5R 六个强度等级（R 指早强型）。

碱含量是指水泥中含有较多的强碱物 Na_2O 或 K_2O 时，容易发生不良反应，对结构造成危害。因而国家标准规定，水泥中的含碱量不得大于 0.6%，氯离子含量≤0.06%，不溶物、烧失量、三氧化硫、氧化镁、氯离子、凝结时间、安定性、强度中任何一项不符合标准，均判定为不合格。

利用负压筛法和标准稠度用水量代入法可对水泥的细度和标准稠度用水量进行测定。

水泥的凝结时间、强度、收缩等，都与水泥的细度有关，因此水泥的细度是评定水泥质量的一个指标。水泥的凝结时间和安定性测定等都与它们的用水量有关。为了便于检验，必须人为规定一个标准稠度，统一用标准稠度的水泥净浆进行检验。该试验的主要目的是为凝结时间和安定性试验提供标准稠度的水泥净浆，也可用来检验水泥的需水性。

水泥试验检测频率：

（1）散装水泥：对同一水泥厂生产、同期出厂的同品种、同强度等级的水泥，以一次进厂（场）且同一出厂编号的水泥为 1 个验收批，且 1 个验收批的总量不得超过 500 t。随机从不少于 3 个罐的水泥中各取出等量水泥，经混拌均匀后，再从中称取不少于 12 kg 的水泥作为检验试样。

（2）袋装水泥：对同一水泥厂生产、同期出厂的同品种、同强度等级的水泥，以一次进厂（场）且同一出厂编号的水泥为 1 个验收批，且 1 个验收批的总量不得超过 100 t。随机从不少于 20 袋的水泥中各取出等量水泥，经混拌均匀后，再从中称取不少于 12 kg 的水泥作为检验试样。

任务学习

一、水泥细度、标准稠度用水量试验

1. 主要仪器设备

80 μm 负压筛、负压筛析仪、天平（分度值不大于 0.05 g）、水泥净浆搅拌机、维卡仪（标准法）、量水器（最小刻度 0.1 mL，精度 1%）、铲子、小刀、玻璃板等。

2. 水泥细度试验步骤

（1）检查负压系统，压力应在 4 000～6 000 Pa 范围内。

（2）称取过筛（0.9 mm 方孔筛）水泥试样 25 g，置于洁净的负压筛中，盖上筛盖并放在筛座上。

（3）启动负压筛析仪并连续筛析 2 min，在此期间如有试样黏附于筛盖，可轻轻敲击筛盖使试样落下。

（4）筛析完毕取下，用天平称取筛余物的质量，精确至 0.05 g。

（5）水泥试验筛余百分数按下式计算：

$$F = (R_s / M) \times 100\% \qquad (2\text{-}64)$$

式中：F——水泥试样的筛余百分数；

R_s——水泥筛余物的质量（g）；

M——水泥试验的质量（g），计算结果精确到 0.1%。

3. 标准稠度用水量（代用法）试验步骤

（1）调整试杆接触玻璃板时指针对准零点。

（2）称取水泥试样 500 g，量取 142.5 mL（精确到 0.5 mL）的净水。

（3）用湿布将搅拌锅和搅拌叶片擦湿，将拌合水倒入搅拌锅内，然后在 5～10 s 内将称量好的 500 g 水泥试样加入水中，防止水和水泥溅出。

（4）将锅放在搅拌机的锅座上，升至搅拌位置，启动搅拌机，低速搅拌 120 s，停止 15 s，同时将叶片和锅壁上的水泥浆刮入锅中，接着高速搅拌 120 s 后停机。

（5）搅拌结束后，立即将水泥净浆装入锥模内，用小刀插捣并振动数次后，刮去多余净浆，抹平后迅速放到试锥下面固定位置上。将试锥降至净浆表面处，拧紧螺丝 1～2 s 后，突然放松，让试锥垂直自由地沉入净浆中，到试锥停止下沉或释放试锥 30 s 时记录试锥下沉深度。整个操作应在搅拌后 1.5 min 内完成。

（6）根据测得的试锥下沉深度 S（mm），计算得到标准稠度用水量 P%。

$$P = 33.4 - 0.185S$$

当试锥小于 13 mm 时，应改用调整水量法测定。

4. 标准稠度用水量（标准法）试验步骤

（1）调整试杆接触玻璃板时指针对准零点。

（2）用湿布将搅拌锅和搅拌叶片擦湿，将拌合水倒入搅拌锅内，然后在 5～10 s 内将称量好的 500 g 水泥试样加入水中，防止水和水泥溅出。

（3）将锅放在搅拌机的锅座上，升至搅拌位置，启动搅拌机，低速搅拌 120 s，停止 15 s，同时将叶片和锅壁上的水泥浆刮入锅中，接着高速搅拌 120 s 后停机。

（4）搅拌结束后，立即将水泥净浆装入置于玻璃底板上的试模内，用小刀插捣并振动数次后，刮去多余的净浆，抹平后迅速将试模和底板移到标准稠度测定仪下，并将中心定在试杆下，降低试杆直至与水泥净浆表面接触，拧紧螺丝 1～2 s 后，突然放松，使试杆垂直自由地沉入净浆中。在试杆停止下沉或释放试杆 30 s 时记录试杆距底板之间的距离，升起试杆后，立即擦净，整个操作应在搅拌后 1.5 min 内完成。以试杆沉入净浆并距底板（6±1）mm 的水泥净浆为标准稠度净浆。

（5）其拌合用水量为标准稠度用水量 $P\%$，按水泥质量的百分比（$m_水/m_{水泥}$）计，保留 1 位小数。

（6）当试杆距玻璃板小于 5 mm 时，应适当减水，重复水泥浆拌制和上述过程；若距离大于 7 mm，则应适当加水，并重复水泥浆的拌制和上述过程。

二、水泥胶砂强度试验

1. 主要设备仪器

（1）胶砂搅拌机：采用行星式搅拌机。

（2）胶砂振实台：使用时应固定在高度约 400 mm 的混凝土基座上。

（3）试模及下料漏斗：试模为可装卸的三联模，可同时成型三条截面为 40 mm×40 mm、长 160 mm 的棱形试体。

（4）电动抗折试验机。

（5）抗压试验机和抗压夹具。

① 抗压试验机应具有（2 400±200）N/s 的加荷能力，误差在 1% 以内。

② 抗压夹具由硬质钢材制成，规格为 40 mm×40 mm。

（6）养护箱：温度（20±1）℃，相对湿度不小于 90%。

（7）刮平刀：断面为三角形，有效长度为 26 mm。

（8）小刀：刀刃长以至少 5 cm 为宜。

2. 环境要求

（1）记录试验室内温度、相对湿度和养护水温度。

（2）温度应为（20±2）℃，相对湿度不低于 50%，养护水温度为（20±1）℃。试体带模养护的养护箱或雾室温度应保持在（20±1）℃，相对湿度不低于 90%。

（3）试验室空气温度、相对湿度及养护水温度在工作期间每天至少记录 1 次。养护箱或雾室的温度与相对湿度至少每 4 h 记录 1 次，在自动控制的情况下记录次数可以酌减至每天记录 2 次。自动控制所设定的温度应为给定温度范围的中值。

3. 试验步骤

(1) 试验水泥从取样到试验要保持 24 h，应把它贮存在基本装满或气密的容器里，这个容器应不与水泥起反应。

(2) 拌合水为自来水，仲裁试验或重要试验用蒸馏水。

(3) 试验用砂使用 ISO 标准用砂。

(4) 胶砂制备。

(5) 水泥与标准砂质量比为 1∶3，水灰比统一为 0.5∶1。1 锅胶砂成 3 条试体，每锅材料需用水泥（450±2）g、标准砂（1 350±5）g、水（225±1）g。

(6) 把水加入锅内，再加入水泥，将锅放在固定架上，上升至固定位置，开动机械，低速搅拌 30 s，在第二个 30 s 开始的同时均匀加入砂，然后高速转 30 s，停机 90 s，在第一个 15 s 内用胶砂刮具将叶片和锅壁上的胶砂刮入锅中，再高速搅拌 60 s，制成胶砂。

(7) 试件的制备。

(8) 将胶砂分两层装入试模，装第一层时，每个槽约放 300 g，接着振实 60 下。再装第二层，再振实 60 下。

(9) 移开试模，用刮平刀刮去超过试模的部分，并将试体表面抹平。

(10) 去掉留在模子四周的胶砂，在试模上注明唯一性编号，立即将做好标记的试模放入雾室。

(11) 试件的养护。对于 24 h 龄期的，应在破型试验前 20 min 脱模；对于 24 h 以上龄期的，经 20~24 h 养护后，取出试模并脱模，在试体上注明唯一性编号、模编号、测试时间和龄期。注意：两个龄期及以上的试体，应将同一试模中的 3 条试体分在两个以上的龄期。

(12) 将做好标记的试体水平或竖直放在（20±1）℃的水中养护，水平放置时刮平面朝上，试体间隔及试体表面水深不少于 5 mm。

(13) 经养护后，取出并测定试体的抗压强度和抗折强度。试体的龄期从水泥加水搅拌开始试验时算起，不同龄期强度试验在下列时间里进行：24 h±15 min；48 h±30 min；72 h±45 min；7 d±2 h；大于 28 d±8 h。

4. 强度计算

(1) 抗折强度试验。

每一龄期取 3 条试体做抗折试验。试体放入夹具前，应使杠杆成平衡状态，使得试体折断时，杠杆尽可能处于平衡状态。试体放入夹具内，应使侧面与夹具相接触。抗折试验加荷速度为（50±10）N/s。

(2) 抗压试验。

取抗折试验后的两个断块立即进行抗压试验。试体的侧面作为受压面，底面紧靠抗压夹具定位销，且夹具对准压力机压板的中心。抗压试验加荷速度为（2 400±200）N/s。

抗折强度按下式计算：

$$R_\mathrm{f} = \frac{1.5 F_\mathrm{f} L}{b^3} \tag{2-65}$$

式中：R_f——抗折强度（MPa）；

F_f——折断时施加于柱体中部的荷载（N）；

L——支撑圆柱之间的距离（mm）；

b——柱体正方形面的边长（mm）。

注：试验结果取一组3个柱体抗折强度测定值的算术平均值。当3个强度值中有一个超过平均值（±10%），应除去后再取平均值作为抗折强度试验结果，并精确至0.1 MPa。

抗压强度按下式计算：

$$R_c = \frac{F_c}{A} \quad (2\text{-}66)$$

式中：R_c——抗压强度值（MPa）；

F_c——破坏时的最大荷载（N）；

A——受压面积（mm²）。

注：试验结果取一组3个柱体的6个抗压强度测定值的算术平均值。如6个测定值中有一个超过平均值（±10%），应除去这个结果，以其他5个测定值的平均值为结果；如其他5个测定值中再有超过平均值（±10%）的，则此组结果作废。以上测定值均须精确至0.1 MPa。

任务实施

对给定试样进行水泥细度、标准稠度用水量试验和水泥胶砂强度试验，获取相应试验指标，完成实训任务书，并填写表2-24。

表2-24 水泥试验检测报告

检测单位名称（专用章）：重庆交院和瑞工程检测技术有限公司			报告编号：	BGLQ04001F
施工/委托单位		工程名称		
工程部位/用途				
样品信息	样品名称：	样品编号：		样品数量：
	样品状态：	来样时间：		
检测依据		判定依据		
主要仪器设备名称及编号				
试验检测日期		规格型号		
委托编号		检测类别		
生产厂家		出厂批号		
生产日期		代表数量		
序号	检测参数	技术要求	检测结果	结果判定
1	密度/（kg/m³）			
2	比表面积/（m²/kg）			
3	细度/%			
4	标准稠度用水量/%			

续表

序号	检测参数		技术要求	检测结果	结果判定
5	凝结时间/min	初凝			
		终凝			
6	安定性/mm				
7	抗折强度/MPa	3 d			
		28 d			
	抗压强度/MPa	3 d			
		28 d			
8	胶砂流动度/mm				
9	烧失量/%				
10	氯离子含量/%				
11	碱含量/%				
12	三氧化硫含量/%				

检测结论：

任务评价

（1）学生自评，见表 2-25。

表 2-25　学生自评表

序号	评价内容	考评要点	考评等级					问题说明
			优	良	中	及格	不及格	
1	学习准备工作	（1）按时完成； （2）准备工作						
2	职业素养	（1）团结协作； （2）自主学习，没有抄袭； （3）时间观念强，不迟到/早退/旷课						
3	收集资料信息情况	（1）收集了很多相关资料； （2）学习总结归纳						
4	学习工作页	（1）书写工整，无错别字； （2）按时完成，无错误						
5	小组角色完成情况	能很好地完成角色职责						
6	与组员合作情况	能和组员通力合作						
评价结果								
评价者签名：						日期：		

（2）教师评价，见表2-26。

表2-26 教师评价表

序号	实训内容	配分	评分标准	扣分	得分
1	考勤，课堂表现	20	小组点名，根据课堂表现情况打分，缺勤个人得分为零，有睡觉、玩手机等违反课堂纪律情况的视情节扣分		
2	根据所学知识，按要求完成任务	80	能正确归纳总结工程试验检测在实际工程中的目的和意义		
合计					

子任务四 钢筋常规试验

知识准备

钢筋进场时，应按照现行国家标准《钢筋混凝土用钢　第2部分：热轧带肋钢筋》（GB/T 1499.2—2018）等的相关规定抽取试件做力学性能检验，其质量必须符合有关标准规定。验收方法包括检查产品合格证、出厂检验报告和进场复验报告。钢筋常规试验检测项目包括钢筋原材料的屈服点、抗拉强度和伸长率及冷弯试验。

拉伸试验是指在承受轴向拉伸荷载下测定材料特性的试验方法。利用拉伸试验得到的数据可以确定材料的弹性极限、伸长率、弹性模量、比例极限、面积缩减量、拉伸强度、屈服点、屈服强度和其他拉伸性能指标。

钢筋反向弯曲试验装置应符合现行国家标准《钢筋混凝土用钢　第2部分：热轧带肋钢筋》（GB/T 1499.2—2018）中冷弯试验和平面反面弯曲试验的规定和要求。

钢筋焊接在建筑施工中一般分为闪光对焊、电阻点焊、电弧焊、电渣压力焊、预埋件T型接头埋弧压力焊、钢筋气压焊。

钢筋检测的频率为同一厂别、同炉号、同级别、同一进厂时间的钢筋，每60 t为1个验收批，不足60 t的，亦按1个验收批计。

任务学习

一、钢筋拉伸试验

1. 低碳钢拉伸试验

（1）准备试件。用刻线机在原始标距范围内刻划圆周线（或用小钢冲打小冲点），将标距内分为等长的10格，用游标卡尺在试件原始标距内的两端及中间两个相互垂直的方向上各测一次直径，取其算术平均值作为该处截面的直径；然后选用3处截面直径的最小值来计算试件的原始截面积 A（取 3 位有效数字）。

（2）调整试验机。根据低碳钢的抗拉强度（σ_b）和原始横截面积估算试件的最大荷载，配置相应的摆锤，选择合适的测力度盘，启动试验机，使工作台上升 10 mm 左右，以消除工作台系统自重的影响，调整主动指针对准零点，从动指针与主动指针靠拢，调整好自动绘图装置。

（3）装夹试件。先将试件装夹在上夹头内，再将下夹头移动到合适的夹持位置，最后夹紧试件下端。

（4）检查与试车。请试验指导教师检查以上步骤完成情况，启动试验机，预加少量荷载（荷载对应的应力不能超过材料的比例极限），然后卸载到零，以检查试验机工作是否正常。

（5）进行试验。启动试验机，缓慢而均匀地加载，仔细观察测力指针转动和绘图装置绘出图的情况。注意捕捉并记录屈服荷载值，用以计算屈服点应力值（σ_s），屈服阶段注意观察滑移现象，过了屈服阶段，可以加快加载速度，即将达到最大值时，注意观察"缩颈"现象。试件断后立即停车，记录最大荷载值。

（6）取下试件和记录纸。

（7）用游标卡尺测量断后标距。

（8）用游标卡尺测量缩颈处最小直径（d_1）。

2. 铸铁拉伸试验

（1）准备试件。除不必刻线或打小冲点外，其余与低碳钢拉伸试验相同。

（2）调整试验机和自动绘图装置，装好试件，对以上工作进行检查（与低碳钢拉伸试验时的步骤相同）。

（3）进行试验。启动试验机，缓慢均匀地加载，直至试件被拉断。关闭试验机，记录拉断时的最大荷载值，取下试件和记录纸。

二、钢筋弯曲试验

（1）首先在万能试验机上，用冷弯冲头装置把钢筋弯曲至 30°。

（2）安装新标准的钢筋反复弯曲装置，可以安装在任何品牌的万能试验机上。把前面弯到 90°的钢筋放到反复弯曲装置上再反向弯曲到 20°，试验结束。

钢筋反向弯曲试验装置是对钢筋进行平面正、反向弯曲试验的专用设备，该设备技术参数和指标符合钢筋平面反向弯曲方法的要求。该产品广泛应用于冶金、机械制造、建筑施工、工程监理、技术质量监督等单位，以检验各种钢筋正向、反向弯曲的机械性能。钢筋反向弯曲试验装置、钢筋反向弯曲试验夹具适用于《钢筋混凝土用钢 第 2 部分：热轧带肋钢筋》（GB/T 1499.2—2018），是一种结构简单、工作稳定可靠、能提供准确且有足够承载力的反向弯曲支点的夹具。钢筋反向弯曲装置是根据现行国家标准《钢筋混凝土用钢 第 2 部分：热轧带肋钢筋》（GB/T 1499.2—2018）的标准而设计的，克服了正向弯曲 90°、反向弯曲 20°的难题。此装置具有数字显示指示功能，能精确到 0.01°，准确度高，且可以直接放到各种液压万能试验机上使用，有效地解决了反向弯曲试验问题，使整个试验过程简便、安全、高效、准确，降低了试验室的试验成本。

三、焊接钢筋力学性能试验

1. 取样方法

（1）闪光对焊：在同一工作班内，由同一焊工完成的 300 个同级别、同直径的钢筋焊接接头，应作为 1 个验收批，同一班内不足 300 个接头时，也按 1 个验收批计。

焊接接头机械性能试验包括拉伸试验和弯曲试验，应从每批成品中切取 6 个试件，3 个做拉伸试验，3 个做弯曲试验。拉伸试件长度一般 ≥ 500 mm（500～650 mm）；冷弯试件长度一般 ≥ 250 mm（250～350 mm）。

验收方法：

① 接头处不得有横向裂纹。

② 与电极接触面的钢筋表面，Ⅰ～Ⅲ级钢筋焊接时不得有明显烧伤；Ⅳ级钢筋焊接时不得有烧伤；负温闪光对焊时，对于Ⅱ～Ⅳ级钢筋，均不得有烧伤。

③ 接头处的弯折角不得大于 4°。

④ 接头处的钢筋轴线偏移，不得大于钢筋直径的 0.1 倍，且不得大于 2 mm。

（2）电阻点焊：凡钢筋级别、直径及尺寸均相同的焊接制品，即为同一类型制品，每 200 件为 1 个验收批。

热轧钢筋点焊做抗剪试验，试件为 3 件，长度一般 ≥ 600mm；冷拔低碳钢丝焊点，除做抗剪试验外，还应对较小钢丝做拉伸试验，试件为 3 件，试件长度一般 ≥ 500 mm（500～650 mm）。

（3）电弧焊：在现场安装条件下，每一楼层中以 300 个同类型接头（同钢筋级别、同接头类型、同焊接位置）作为 1 个验收批，不足 300 个时，按 1 个验收批计。

从每批成品中切取 3 个接头做拉伸试验，试件长度一般 ≥ 500 mm（500～650 mm）。

（4）电渣压力焊：在一般构筑物中，每 300 个同类型接头（同钢筋级别、同焊接位置）作为 1 个验收批；在现浇混凝土框架结构中，每一楼层中以 300 个同类型接头作为 1 个验收批。从每批成品中切取 3 个接头做拉伸试验，试件长度一般 ≥ 500 mm（500～600 mm）。

验收方法：

① 接头焊包均匀，不得有流疱、裂纹，焊包自钢筋表面至其外边缘宽度 ≥ 2 mm、厚度 ≥ 4 mm。

② 焊接时钢筋表面不得有明显烧伤，其零线不得接在构件主筋上。

③ 接头处的钢筋轴线偏移不得大于钢筋直径的 0.1 倍，且不得大于 2 mm。

④ 接头处的弯折角不得大于 4°。

任务实施

进行钢筋的拉伸试验，获取相应试验指标，完成实训任务书，并填写表 2-27。

表 2-27　钢筋原材料试验检测记录表

检测单位名称：重庆交院和瑞工程检测技术有限公司		记录编号：	
工程名称			
工程部位/用途			
样品信息	样品名称： 样品状态：	样品编号： 来样时间：	样品数量：
试验检测日期		试验条件	
检测依据		判定依据	
主要仪器设备名称及编号			
钢筋种类		生产厂家	

试件编号	牌号	公称直径/mm	公称截面积/mm²	屈服强度		抗拉强度		断后伸长率			最大力下总伸长率		
				屈服荷载/N	屈服强度 R_{eL}/MPa	最大力 F_m/N	抗拉强度 R_m/MPa	原始标距 L_0/mm	断后标距 L_u/mm	断后伸长率 A/%	原始标距 L_0/mm	断后标距 L_u/mm	最大力下总伸长率 A_{gt}/%

附加声明：

任务评价

（1）学生自评，见表 2-28。

表 2-28　学生自评表

序号	评价内容	考评要点	考评等级					问题说明
			优	良	中	及格	不及格	
1	学习准备工作	（1）按时完成； （2）准备工作						
2	职业素养	（1）团结协作； （2）自主学习，没有抄袭； （3）时间观念强，不迟到/早退/旷课						
3	收集资料信息情况	（1）收集了很多相关资料； （2）学习总结归纳						
4	学习工作页	（1）书写工整，无错别字； （2）按时完成，无错误						
5	小组角色完成情况	能很好地完成角色职责						
6	与组员合作情况	能和组员通力合作						
评价结果								
评价者签名：			日期：					

(2)教师评价，见表2-29。

表2-29 教师评价表

序号	实训内容	配分	评分标准	扣分	得分
1	考勤，课堂表现	20	小组点名，根据课堂表现情况打分，缺勤个人得分为零，有睡觉、玩手机等违反课堂纪律情况的视情节扣分		
2	根据所学知识，按要求完成任务	80	能正确归纳总结工程试验检测在实际工程中的目的和意义		
合计					

子任务五 混凝土抗压强度试验

知识准备

混凝土抗压强度是指在外力的作用下，单位面积上能够承受的压力，亦指抵抗压力破坏的能力。抗压强度在建筑工程中一般分为立方体抗压强度和棱柱体（轴心）抗压强度。

所谓立方体抗压强度，是按照现行国家标准《混凝土结构工程施工质量验收规范》(GB 50204—2015)制作的边长为 150 mm 的标准立方体试件，在温度为（20±2）℃、相对湿度为 95% 以上的潮湿环境或不流动 $Ca(OH)_2$ 饱和溶液中养护的条件下，经 28 d 养护，采用标准试验方法测得的混凝土极限抗压强度，用 f_{cu} 表示。

测定混凝土立方体的抗压强度，以检验材料的质量，确定、校核混凝土配合比，并为控制施工质量提供依据。

任务学习

一、立方体混凝土试件制备

1. 主要仪器设备

边长为 150 mm 的立方体试模、振动台、捣棒、平头铁锹、铁泥板、金属直尺等。

2. 制作方法

（1）擦拭干净试模内壁，并在试模内壁涂一薄层机油作隔离层，以便脱模。

（2）从每组混凝土拌合物中，一次性分装 3 个边长为 150 mm 的立方体试模。

（3）将装有混凝土拌合物的试模放在振动台上，振动至拌合物表面出现水泥浆为止，并记录振动时间。

（4）振动结束后，用馒刀沿试模边沿刮去多余的拌合物，并抹平试模表面，编号。

3. 试件养护

（1）试件成型后，覆盖表面防止水分蒸发，并在温度为（20±5）℃的室内静置 24～48 h，拆模。

（2）拆模后的试件立即放入温度为（20±2）℃、相对湿度在90%以上的标准养护室养护，试件放在试件架上，彼此相隔 10～20 mm，避免用水直接冲淋试件。

二、测试抗压强度

1. 主要仪器设备

200T 计算机控制全自动压力试验机。

2. 试验方法

（1）从养护室取出一组（3个1组）试样，表面擦拭干净，并量出尺寸（精确至 1 mm），试件的受压面积 A（mm²）按其与压力机上、下接触面的平均值计算。

（2）试件放在试验机的上、下承压面间，受压面应与成型时的顶面垂直，试件中心对准下压板的中心。

（3）启动开关，试验机自动连续加压直至破坏，并记录破坏荷载值 F（N）。

三、试验数据处理

（1）混凝土立方体试件的抗压强度按下式计算：

$$f_{cu} = \frac{F}{A} \text{（MPa）} \tag{2-67}$$

注：计算结果精确至 0.1 MPa。

（2）测定值取3个试样抗压强度值的算术平均值。如最大值和最小值中有一个与中间值的差值超过中间值的15%，则取中间值为结果；如最大值和最小值与中间值的差值均超过中间值的15%，则该组试验结果无效。

（3）混凝土强度等级小于 C60 时，非标准试件的抗压强度应乘以尺寸换算系数（表2-30），并应在报告中注明，计算结果精确至 0.1 MPa。

表 2-30　混凝土立方体抗压强度尺寸换算系数

试件尺寸/mm	尺寸换算系数	试件尺寸/mm	尺寸换算系数
100×100×100	0.95	200×200×200	1.05

四、结果分析讨论

说明：因立方体试件需养护脱模，当堂不能测试抗压强度留待下次试验做。

任务实施

根据试验规程，制作混凝土立方体试件，并测定混凝土立方体的抗压强度，评定其质量，完成实训任务书，并填写表 2-31。

表 2-31 水泥混凝土立方体试件抗压强度试验检测报告

检测单位名称（专用章）：重庆交院和瑞工程检测技术有限公司			报告编号：	BGLQ05006F	
施工/委托单位			工程名称		
工程部位/用途					
样品信息	样品名称： 样品数量：		样品编号： 样品状态：		
检测依据			判定依据		
主要仪器设备名称及编号					
委托编号			检测类别		
混凝土种类			强度等级		
规格尺寸/（mm×mm×mm）			养护条件		
试件编号	成型日期	龄期/d	试验日期	技术要求/MPa	检测结果/MPa
检测结论：					

任务评价

（1）学生自评，见表 2-32。

表 2-32 　学生自评表

序号	评价内容	考评要点	考评等级					问题说明
			优	良	中	及格	不及格	
1	学习准备工作	（1）按时完成； （2）准备工作						
2	职业素养	（1）团结协作； （2）自主学习，没有抄袭； （3）时间观念强，不迟到/早退/旷课						
3	收集资料信息情况	（1）收集了很多相关资料； （2）学习总结归纳						
4	学习工作页	（1）书写工整，无错别字； （2）按时完成，无错误						
5	小组角色完成情况	能很好地完成角色职责						
6	与组员合作情况	能和组员通力合作						
评价结果								
评价者签名：							日期：	

（2）教师评价，见表 2-33。

表 2-33 　教师评价表

序号	实训内容	配分	评分标准	扣分	得分
1	考勤，课堂表现	20	小组点名，根据课堂表现情况打分，缺勤个人得分为零，有睡觉、玩手机等违反课堂纪律情况的视情节扣分		
2	根据所学知识，按要求完成任务	80	能正确归纳总结工程试验检测在实际工程中的目的和意义		
			合计		

子任务六　回弹法测水泥混凝土抗压强度

知识准备

回弹法是采用回弹仪的弹簧驱动重锤，通过弹击混凝土表面，以重锤被反弹回来的距离计算出回弹值（反弹距离与弹簧初始长度之比），作为强度相关指标来推算混凝土强度的一种方法。

> **任务学习**

1. 主要仪器设备

（1）混凝土回弹仪（ZC3-A 型），如图 2-17 所示。

图 2-17　ZC3-A 型混凝土回弹仪

二维码：回弹仪操作讲解（视频）

（2）酚酞酒精溶液：浓度为 1%。
（3）钢砧，如图 2-18 所示。

图 2-18　钢砧

（4）其他：卷尺、钢尺、凿子、锤、毛刷（图 2-19）等。

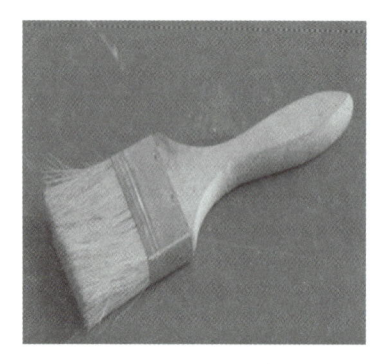

图 2-19　毛刷

2. 仪器使用前的准备工作

回弹仪在使用前应进行率定试验（图 2-20），且应符合下列规定：

图 2-20　率定试验

（1）率定试验应在室温 5～35 ℃的条件下进行。
（2）钢砧表面应干燥、清洁，并应固定平放在刚度大的物体上。
（3）回弹值应取连续向下弹击 3 次的稳定回弹结果的平均值。
（4）率定试验应分 4 个方向进行，且每个方向弹击前，弹击杆应旋转 90°，每个方向的回弹平均值均应为 80±2。

3. 回弹值测量

测量回弹值时（图 2-21），回弹仪的轴线应始终垂直于混凝土检测面，并应缓慢施压、准确读数、快速复位。对于一般构件，测区数量不宜少于 10 个，每一测区应读取 16 个回弹值，每个测点的回弹值读数应精确至 1。测点宜在测区范围内均匀分布，相邻两测点的净距离不宜小于 20 mm；测点距外露钢筋、预埋件的距离不宜小于 30 mm；测点不应在气孔或外露石子上，同一测点应只弹击一次。

图 2-21　测量回弹

4. 碳化深度值测量

（1）回弹值测量完毕后，应在有代表性的测区上测量碳化深度值，测点数不少于构件测区数的 30%，应取其平均值作为该构件每个测区的碳化深度值。

（2）碳化深度值的测量应符合下列规定：

① 可采用工具在测区表面形成直径约为 15 mm 的孔洞，其深度应大于混凝土的碳化深度。

② 应清除孔洞中的粉末和碎屑，且不得用水擦洗。

③ 应采用浓度为 1%～2%的酚酞酒精溶液滴在孔洞内壁的边缘处，当已碳化与未碳化界限清晰时，应采用碳化深度测量仪测量已碳化与未碳化的混凝土交界面到混凝土表面的垂直距离，并应测量 3 次，每次读数应精确至 0.25 mm。

④ 应取 3 次测量结果的平均值作为检测结果，并应精确至 0.5 mm。

（3）新浇筑的混凝土 3 个月之内一般无碳化，一般情况下不需要进行碳化深度的检测。

5. 回弹值计算

（1）计算测区平均回弹值时，应从该测区的 16 个回弹值中剔除 3 个最大值和 3 个最小值，其余的 10 个回弹值按下式计算：

$$R_m = \frac{\sum_{i}^{n} R_i}{10} \tag{2-68}$$

式中：R_m——测区平均回弹值；

R_i——第 i 个测点的回弹值。

（2）非水平方向检测混凝土浇筑面时，测区的平均回弹值应按下式修正：

$$R_m = R_{ma} + R_{aa} \tag{2-69}$$

式中：R_{ma}——非水平方向检测时测区的平均回弹值；

R_{aa}——非水平方向检测时回弹值修正值。

（3）水平方向检测混凝土浇筑表面或底面时，测区的平均回弹值应按下列公式修正：

$$R_m = R_m^b + R_a^b \tag{2-70}$$

$$R_m = R_m^t + R_a^t \tag{2-71}$$

式中：R_a^t、R_a^b——水平方向检测混凝土浇筑表面、底面时，测区的回弹平均值；

R_m^t、R_m^b——混凝土浇筑表面、底面回弹值的修正值。

（4）当回弹仪为非水平方向且测试面为混凝土的非浇筑侧面时，应先对回弹值进行角度修正，并应对修正后的回弹值进行浇筑面修正。

6. 混凝土强度计算

（1）构件第 i 个测区混凝土强度换算值，可按试验所求得的平均回弹值（R_m）及碳化深度值（d_m），查表或计算得出。

（2）构件的测区混凝土强度平均值应根据各测区的混凝土强度换算值计算。当测区数为 10 个及以上时，还应计算强度标准差。平均值及标准差应按下列公式计算：

$$m_{f_{cu}^c} = \frac{\sum_{i=1}^{n} f_{cu,i}^c}{n} \tag{2-72}$$

式中：$m_{f_{cu}^c}$ ——混凝土强度换算值（MPa）；

$f_{cu,i}^c$ ——第 i 个测区混凝土强度换算值（MPa）。

$$S_{f_{cu}^c} = \sqrt{\frac{\sum_{i=1}^{n} (f_{cu,i}^c)^2 - n(m_{f_{cu}^c})^2}{n-1}} \tag{2-73}$$

式中：$S_{f_{cu}^c}$ ——混凝土强度标准差（MPa）。

（3）构件的现龄期混凝土强度推定值应符合下列规定：

① 当构件测区数少于 10 个时，按下式计算：

$$f_{cu,e} = f_{cu,min}^c \tag{2-74}$$

式中：$f_{cu,min}^c$ ——构件中最小的测区混凝土强度换算值（MPa）。

② 当构件的测区强度之中出现小于 10.0MPa 时，应按下式计算：

$$f_{cu,e} < 10.0 \text{ MPa} \tag{2-75}$$

③ 当构件测区数不少于 10 个时，应按下式计算：

$$f_{cu,e} = m_{f_{cu}^c} - 1.645 S_{f_{cu}^c} \tag{2-76}$$

式中符号意义同前。

④ 当批量检测时，应按下式计算：

$$f_{cu,e} = m_{f_{cu}^c} - k f_{cu}^c \tag{2-77}$$

式中：K ——推定系数，宜取 1.645，当需要推定区间时，可按国家现行有关标准的规定取值。

（4）对按批量检测的构件，当该批构件混凝土强度标准差出现下列情况之一时，该批构件应全部按单个构件检测。

① 该批构件混凝土强度平均值小于 25MPa、$S_{f_{cu}^c}$ 大于 4.5MPa 时。

② 该批构件混凝土强度平均值不小于 25MPa 且不大于 60MPa、$S_{f_{cu}^c}$ 大于 5.5MPa 时。

任务实施

根据试验规程，用 ZC3-A 型回弹仪测定混凝土构件的回弹值，进行数据处理，得到混凝土强度的推算值，评定其质量，完成实训任务书，并填写表 2-34 和表 2-35。

表 2-34　回弹法测试原始记录表

编号	回弹值																	碳化深度/mm
测区	1	2	3	4	5	6	7	8	9	10	11	12	13	14	15	16	平均值	
1																		
2																		
3																		
4																		
5																		
6																		
7																		
8																		
9																		
10																		

表 2-35　回弹法检测混凝土抗压强度记录表

编号			工位号	
样品描述			试验依据	
主要仪器设备				

	测区项目	1	2	3	4	5	6	7	8	9	10
回弹值	测区平均值										
	角度修正值										
	角度修正后										
	浇筑面修正值										
	浇筑面修正后										
测区强度值换算值 f_{cu}^c /（N/mm²）											

强度推定值/（N/mm²）$f_{cu,e}$=	平均值 $m_{f_{cu}^c}$=	标准差 $S_{f_{cu}^c}$=	最小值 $f_{cu,min}^C$=

备注：

任务评价

（1）学生自评，见表2-36。

表2-36　学生自评表

序号	评价内容	考评要点	考评等级					问题说明
			优	良	中	及格	不及格	
1	学习准备工作	（1）按时完成； （2）准备工作						
2	职业素养	（1）团结协作； （2）自主学习，没有抄袭； （3）时间观念强，不迟到/早退/旷课						
3	收集资料信息情况	（1）收集了很多相关资料； （2）学习总结归纳						
4	学习工作页	（1）书写工整，无错别字； （2）按时完成，无错误						
5	小组角色完成情况	能很好地完成角色职责						
6	与组员合作情况	能和组员通力合作						
评价结果							
评价者签名：							日期：	

（2）教师评价，见表2-37。

表2-37　教师评价表

序号	实训内容	配分	评分标准	扣分	得分
1	考勤，课堂表现	20	小组点名，根据课堂表现情况打分，缺勤个人得分为零，有睡觉、玩手机等违反课堂纪律情况的视情节扣分		
2	根据所学知识，按要求完成任务	80	能正确归纳总结工程试验检测在实际工程中的目的和意义		
合计					

子任务七　混凝土配合比设计

知识准备

普通水泥混凝土就是一种复合材料，是以水泥和水组成的水泥浆体为黏结介质，将分散其间的不同粒径的粗、细集料胶结起来（必要时加入适量外加剂），在一定条件下，硬化成为具有一定力学性能的人造石材。

一、普通水泥混凝土的组成材料

普通水泥混凝土的形成过程为：水泥+水→水泥浆+砂→水泥砂浆+石子→混凝土拌合物→硬化混凝土。水泥混凝土的五组分是水泥、水、砂、石、外加剂。混凝土的配合比是指混凝土各组成材料用量之比，主要有"质量比"和"体积比"两种表示方法，工程中常用"质量比"表示。配合比设计应满足结构物设计要求的强度、施工要求的和易性、环境要求的耐久性，在这三个前提下满足经济性（节约水泥、降低成本）。

二、普通混凝土配合比设计方法（以抗压强度为指标的计算方法）

混凝土配合比设计的步骤：计算初步配合比；提出基准配合比；确定试验室配合比；换算施工配合比。

（1）确定混凝土的配制强度 $f_{cu,0}$。

（2）确定水灰比（m_W/m_C）。

（3）选定单位用水量。

（4）计算单位水泥用量。

（5）选定砂率。

（6）计算粗、细集料的单位用量。

任务学习

1. 试配、调整提出基准配合比

（1）试配：按初步配合比称取工程中实际采用的材料进行拌和，分别测定其和易性。注意集料的称量均以干燥状态为基准，如不是干燥集料配制，则应在用水量中扣除集料中超过的含水率，集料增量也应相应增加。

（2）调整：调整和易性，确定基准配合比，测拌合物的坍落度，并检查其黏聚性和保水性能。如实测坍落度小于或大于设计要求，可保持水灰比不变，增加或减少适量水泥浆；如出现黏聚性和保水性不良，可适当提高砂率；每次调整后须再试拌，直到符合要求为止。记录好各种材料调整后用量，并测定混凝土拌合物的实际表观密度。

2. 检验强度，确定试验室配合比

（1）制作试件，检验强度。3组试件，1组为基准配合比，其他2组在保证用水量不变的条件下，在原水灰比基础上分别增加及减少0.05，砂率值也可做适当的调整，并测定其工作性和表观密度，保证其合格。每种配合比至少制作一组（3块）试件，在标准养护28 d条件下进行抗压强度测试。

（2）确定试验室配合比。根据试验得出的混凝土强度与其相应的水灰比关系，用作图法或计算法求出与混凝土配制强度（$f_{cu,0}$）相对应的水灰比，确定1 m³ 混凝土中的组成材料用量：

① 单位用水量（m_W）应在基准配合比用水量的基础上，根据制作试件时测得的坍落度或维勃稠度进行调整确定。

② 水泥用量（m_c）应以用水量乘以选定出来的水灰比计算确定。

③ 粗集料和细集料用量（m_s、m_g）应在基准配合比的基础上，按选定的水灰比进行调整后确定。

3. 施工配合比换算

假定现场砂、石子的含水率分别为 $a\%$ 和 $b\%$，则可得出施工配合比中 1 m³ 混凝土的各组成材料用量。

任务实施

根据试验规程，对给定材料进行配合比设计，完成实训任务书，并填写表 2-38。

表 2-38　水泥混凝土配合比设计试验检测报告

检测单位名称（专用章）：重庆交院和瑞工程检测技术有限公司				报告编号：	
施工/委托单位				工程名称	
工程部位/用途					
样品信息	样品名称：		样品编号：		
	样品数量：		样品状态：	来样时间：	
检测依据				判定依据	
主要仪器设备及编号					
试验检测日期				配制强度/MPa	
委托编号				检测类别	
设计强度/MPa				设计坍落度/mm	
原材料信息					
材料名称	规格	生产厂家/产地		样品编号	
试验情况					
搅拌及振捣方式		棍度		实测坍落度/mm	
表观密度/（kg/m³）		黏聚性		龄期/d	7	28
养护方法		保水性		抗压强度/MPa	
抗渗性能		含砂情况		抗折强度/MPa	
选定配合比					
材料名称					
每立方米用量/kg					
质量比					
检测结论：					

任务评价

（1）学生自评，见表 2-39。

表 2-39　学生自评表

序号	评价内容	考评要点	考评等级 优	良	中	及格	不及格	问题说明
1	学习准备工作	（1）按时完成； （2）准备工作						
2	职业素养	（1）团结协作； （2）自主学习，没有抄袭； （3）时间观念强，不迟到/早退/旷课						
3	收集资料信息情况	（1）收集了很多相关资料； （2）学习总结归纳						
4	学习工作页	（1）书写工整，无错别字； （2）按时完成，无错误						
5	小组角色完成情况	能很好地完成角色职责						
6	与组员合作情况	能和组员通力合作						
评价结果								
评价者签名：				日期：				

（2）教师评价，见表 2-40。

表 2-40　教师评价表

序号	实训内容	配分	评分标准	扣分	得分
1	考勤，课堂表现	20	小组点名，根据课堂表现情况打分，缺勤个人得分为零，有睡觉、玩手机等违反课堂纪律情况的视情节扣分		
2	根据所学知识，按要求完成任务	80	能正确归纳总结工程试验检测在实际工程中的目的和意义		
		合计			

子任务八　混凝土坍落度、稠度试验

知识准备

混凝土坍落度主要是指混凝土的塑化性能和可泵性能。影响混凝土坍落度的因素主要有级配变化、含水率、衡器的称量偏差、外加剂的用量，以及容易被忽视的水泥温度等。

坍落度是指混凝土的和易性，具体来说就是保证施工正常进行的性能，其中包括混凝土的保水性、流动性和黏聚性。

坍落度的测试方法是用一个上口 100 mm、下口 200 mm、高 300 mm 喇叭状的坍落度筒，分 3 次均匀填装入混凝土，每次填装后用捣锤沿筒壁均匀由外向内捣击 25 下，捣实后抹平，然后拔起筒，混凝土因自重产生坍落现象，用筒高减去混凝土坍落后最高点的高度，称为坍落度。如果差值为 100 mm，则坍落度为 100。

在检测混凝土和易性中的流动性时，混凝土坍落度大于 10 mm，指标为坍落度与坍落扩展度，采用坍落度筒检测；坍落度小于 10 mm，指标为稠度，采用混凝土维勃稠度仪检测。

任务学习

一、混凝土拌和物坍落度试验

1. 主要仪器设备

坍落度仪一套、直尺、馒刀、小铲、钢平板等。

2. 试验步骤

（1）用水润湿坍落度筒及其他有关用具，将坍落度筒放在不吸水的底板上，用脚踩住两边踏脚板，使装料时位置固定平衡。

（2）将拌和均匀的混凝土料用小铲分三层均匀地装入筒内，捣实后，使每层高度为筒高的三分之一左右。每层用捣棒插捣 25 次，插捣时捣棒稍倾斜地沿截面上均匀地由外向中心进行，各次插捣应在截面上均匀分布。插捣底层时，捣棒贯穿整个深度；插捣第二层和顶层时，捣棒应插透本层至下一层的表面。

（3）浇灌顶层时，混凝土浆应高出筒口。顶层插捣完后，用馒刀刮去多余的混凝土并抹平。

（4）清除筒边底板上的混凝土浆，垂直平衡地提起坍落筒，测量筒高与混凝土坍落后最高点之间的高度，其差值即为坍落度（结果精确至 5 mm）。然后观察混凝土的黏聚性和保水性、棍度和含砂情况，方法如下：

① 黏聚性：用捣棒在已坍落的拌合物锥体侧面轻轻敲打，锥体逐渐下沉，则黏聚性良好，否则反之。

② 保水性：水分从拌合物中析出的情况，分"多量""少量""无"三级评定。"多量"表示提起坍落筒后，有较多水分从底部析出；"少量"表示提起坍落筒后，有少量水分从底部析出；"无"表示提起坍落筒后，没有水分从底部析出。

③ 棍度：按插捣混凝土拌合物时难易程度评定，分"上""中""下"三级。"上"表示插捣容易；"中"表示插捣时稍有石子阻滞的感觉；"下"表示很难插捣。

④ 含砂情况：按拌合物外观含砂多少而评定，分"多""中""少"三级。"多"表示用馒刀抹拌合物表面时，一两次即可使拌合物表面平整无蜂窝；"中"表示抹五六次才可使表面平整无蜂窝；"少"表示抹面困难，不易抹平，有空隙及石子外露等现象。

3. 坍落度试验的要求

（1）坍落度筒、底板润湿无明水，将坍落度筒放置在坚实水平面上，双脚踏紧脚踏板，坍落度筒在装料时保持位置稳定。

（2）混凝土拌合物分3层均匀地装入坍落度筒内，每装一层，用捣棒由边缘向中心螺旋状均匀插捣25次，捣实后每层试样高度约为筒高的三分之一。

（3）插捣底层时，捣棒贯穿至底部；插捣第二层和顶层时，捣棒插透本层至下层表面为止。

（4）浇灌顶层时混凝土高出筒口，低于锥形漏斗，插捣过程中混凝土低于筒口时，须随时添加。

（5）顶层捣完后，取下锥形漏斗，用镘刀刮去多余的混凝土拌合物，抹平表面，并清除筒周围铁板上的混凝土。

（6）在3~7 s内，将坍落度筒垂直平稳地提起，并轻放于试样一旁，当试样不再继续坍落或坍落时间达30 s时，用钢尺量测筒高与混凝土试样坍落后最高点之间的高度差，作为该混凝土拌合物的坍落度值。

（7）从开始装料到提起坍落度筒的整个过程应不间断进行，并在150 s内完成。

（8）坍落度筒提离后，混凝土拌合物若发生崩坍或一边剪坏现象，则重新取样另行测定；若第二次试验仍出现上述现象，则表示该混凝土和易性不好，须予以记录。

（9）混凝土拌合物坍落度值测量精确至1 mm，结果修约至5 mm。

二、混凝土稠度试验

1. 适用范围

本方法可用于骨料最大公称粒径不大于40 mm、维勃稠度在5~30 s的混凝土拌合物维勃稠度的测定。

2. 主要仪器设备的要求

（1）维勃稠度仪应符合现行行业标准《维勃稠度仪》（JG/T 250）的规定。

（2）秒表精度不低于0.1 s。

3. 试验方法

将坍落度筒放在直径为240 mm、高度为200 mm的圆筒中，圆筒安置在专用的振动台上，按坍落度试验方法将新拌混凝土装入坍落度筒内，提起坍落度筒，将附有滑杆的透明圆盘放在混凝土拌合物顶部。启动振动台并记录时间，从开始振动到透明圆盘底面被水泥浆布满瞬间止，秒表所记录的经历时间，即为新拌混凝土的维勃稠度值（精确至1 s）。

4. 试验步骤的要求

（1）将维勃稠度仪放置在坚实水平的地面上，用湿布把容器、坍落度筒、喂料斗内壁及其他用具润湿。

（2）将喂料斗提到坍落度筒上方扣紧，校正容器位置，使其中心与喂料斗中心重合，然后拧紧固定螺钉。

（3）将混凝土试样用小铲分3层经喂料斗均匀地装入筒内。

（4）把喂料斗转离，垂直提起坍落度筒，混凝土试体不产生横向扭动。

（5）把透明圆盘转到混凝土圆台体顶面，完全放松测杆螺钉，降下圆盘，使其轻轻接触到混凝土顶面。

（6）拧紧定位螺钉，开启振动台的同时用秒表计时，在透明圆盘的底面被水泥浆布满的瞬间停止计时，并关闭振动台。

任务实施

根据试验规程，对给定材料进行坍落度试验，完成实训任务书，并填写表2-41。

表 2-41 水泥混凝土稠度试验检测记录表（坍落度法）

检测单位名称	重庆交院和瑞工程检测技术有限公司				记录编号		JGLQ05001a			
工程名称										
工程部位/用途										
样品信息	来样时间： 样品数量：				样品名称： 样品状态：			样品编号：		
试验检测日期						试验条件				
检测依据						判定依据				
主要仪器设备及编号										
混凝土种类						搅拌方式				
试样编号	坍落度测值/mm	坍落度平均值/mm	扩展度测值/mm			扩展度平均值/mm	棍度	黏聚性	保水性	含砂情况
			最大直径	最小直径	平均值					
附加声明：										

任务评价

（1）学生自评，见表2-42。

表2-42　学生自评表

序号	评价内容	考评要点	考评等级 优	良	中	及格	不及格	问题说明
1	学习准备工作	（1）按时完成； （2）准备工作						
2	职业素养	（1）团结协作； （2）自主学习，没有抄袭； （3）时间观念强，不迟到/早退/旷课						
3	收集资料信息情况	（1）收集了很多相关资料； （2）学习总结归纳						
4	学习工作页	（1）书写工整，无错别字； （2）按时完成，无错误						
5	小组角色完成情况	能很好地完成角色职责						
6	与组员合作情况	能和组员通力合作						
评价结果								
评价者签名：				日期：				

（2）教师评价，见表2-43。

表2-43　教师评价表

序号	实训内容	配分	评分标准	扣分	得分
1	考勤，课堂表现	20	小组点名，根据课堂表现情况打分，缺勤个人得分为零，有睡觉、玩手机等违反课堂纪律情况的视情节扣分		
2	根据所学知识，按要求完成任务	80	能正确归纳总结工程试验检测在实际工程中的目的和意义		
			合计		

任务三　沥青混合料试验

任务背景

沥青混合料是一种复合材料，主要由沥青、粗骨料、细骨料、矿粉组成，有的还加入聚合物和木纤维素；这些不同质量和数量的材料混合可形成不同的结构，并具有不同的力学性质。以这种材料铺筑的路面称为沥青混凝土路面，它直接受车辆荷载作用和大气因素的影响，同时沥青混合料的物理、力学性质受气候因素与时间因素影响较大，因此，为了能给车辆提供稳定、耐久的服务，要求沥青路面必须具有高温稳定性、低温抗裂性、水稳定性、耐疲劳性等重要特征，如图 2-22 所示。

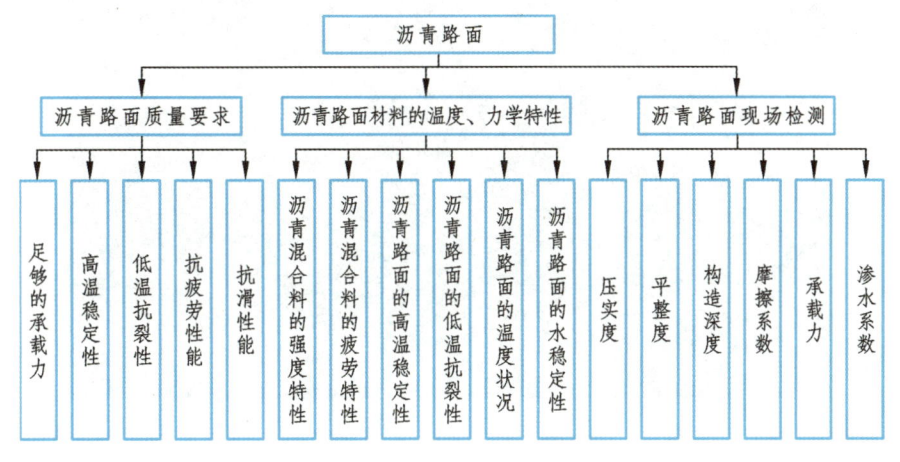

图 2-22　沥青路面性能要求

知识目标

（1）掌握沥青混合料的组成、分类、技术特征等。
（2）掌握沥青混合料表观密度试验的试验原理、仪器、步骤及注意事项。
（3）掌握沥青混合料马歇尔稳定度试验的试验原理、仪器、步骤及注意事项。
（4）掌握沥青混合料动稳定度试验的试验原理、仪器、步骤及注意事项。
（5）掌握数据的处理方法。

能力目标

（1）能够按作业安全要求分小组合作完成沥青混合料表观密度试验、马歇尔试验、动稳定度试验等检测任务。
（2）能正确填报检查记录表，按规定进行数据分析。

子任务一　沥青混合料

知识准备

沥青混合料（图2-23）是一种复合材料，主要由沥青、粗骨料、细骨料、矿粉组成，有的还加入聚合物和木纤维素；这些不同质量和数量的材料混合可形成不同的结构，并具有不同的力学性质。

图 2-23　沥青混合料

沥青混合料的优点：

（1）沥青混合料是一种黏弹塑性材料，具有良好的力学性能，铺筑的路面平整无缝，振动小，噪声低，行车舒适。

（2）路面平整且有一定的粗糙度，耐磨好，无强烈反光，有利于行车安全。

（3）施工方便，施工时不需要养护，能及时开通交通。

（4）维修简单，旧沥青混合料可再生利用。

沥青混合料的缺点：

（1）沥青路面容易老化。

（2）感温性差（夏季和冬季）。

（3）污染、造价及养护费用高。

一、沥青混合料的类型

工程上最常用的沥青混合料有两类：一是沥青混凝土混合料，是由适当比例的粗集料、细集料及填料组成的符合规定级配的矿料，与沥青结合料拌和、压实后剩余空隙率小于10%

的混合料，简称沥青混凝土，以"AC"表示，采用圆孔筛时用"LH"表示；二是沥青碎石混合料，是由适当比例的粗集料、细集料及填料（或不加填料）与沥青拌和、压实后剩余空隙率在10%以上的混合料，简称沥青碎石混合料，以"AM"表示。

沥青混合料的分类还可以从不同角度进行，下面介绍几种常用的分类方式。

1. 按胶结材料种类分

沥青混合料按胶结料种类分为石油沥青混合料和煤沥青混合料。

2. 按施工温度分

（1）热拌热铺沥青混合料，即沥青与矿质集料（简称矿料）在热态下拌和，热态下铺筑。

（2）常温沥青混合料，即采用乳化沥青或稀释沥青与矿料在常温下拌和、铺筑。

3. 按集料级配类型分

（1）连续级配沥青混合料，即混合料中的矿质集料是按级配原则从大到小各级粒径按比例搭配组成的。

（2）间断级配沥青混合料，即集料级配组成中缺少一个或若干个粒级。

4. 按混合料密实度分

（1）密级配沥青混合料，指连续级配、相互嵌挤密实的集料与沥青拌和、压实后，剩余空隙率小于10%的混合料。

（2）开级配沥青混合料，指级配主要由粗集料组成，细集料较少，集料相互拨开，压实后剩余空隙率大于15%的开式混合料。

（3）半开级配沥青混合料，指由粗、细集料及少量填料（或不加填料）与沥青拌和、压实后，剩余空隙率在10%~15%的半开式混合料，也称为沥青碎石混合料。

5. 按集料最大粒径分

（1）粗粒式沥青混合料，指集料最大粒径为26.5 mm或31.5 mm的混合料。

（2）中粒式沥青混合料，指集料最大粒径为16 mm或19 mm的混合料。

（3）细粒式沥青混合料，指集料最大粒径为9.5 mm或13.2 mm的混合料。

（4）砂粒式沥青混合料，指集料最大粒径等于或小于4.75 mm的混合料。

二、组成结构

沥青混合料按矿质混合料的组成分为三种结构类型，如图2-24所示。

（1）悬浮-密实结构：连续型密级配，细料多、粗料少；高温稳定性差，黏聚力（c）较高，内摩擦角（φ）较小（如AC）。

（2）骨架-空隙结构：连续型开级配，细料少、粗料多；高温稳定性较好，黏聚力（c）较低，内摩擦角（φ）较大。

（3）密实-骨架结构：断型密级配，粗料、细料较多；高温稳定性好，黏聚力（c）较高，内摩擦角（φ）较大（如SMA）。

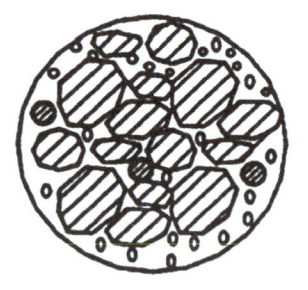

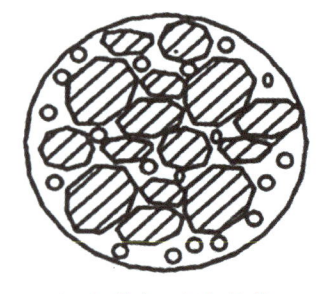

（a）悬浮-密实结构　　　　　（b）骨架-空隙结构　　　　　（c）密实-骨架结构

图 2-24　沥青混合料按矿质混合料的组成分类

三、沥青混合料技术性质

沥青混合料技术性质主要分为高温稳定性、低温抗裂性、耐久性、抗滑性、施工和易性等。

1. 高温稳定性

沥青混合料的高温稳定性指沥青混合料在夏季高温（通常为 60 ℃）条件下，经车辆荷载长期作用后，不产生车辙和波浪等病害的性能。其评价方法有马歇尔试验、车辙试验等。

（1）马歇尔试验：评价指标为稳定度、流值和马歇尔模数。

① 稳定度（MS）：标准试件在规定温度和加荷速度下，在马歇尔仪中最大的破坏荷载，单位为 kN。

② 流值（FL）：达到最大破坏荷载时试件的垂直变形，单位为 mm。

③ 马歇尔模数（T）：稳定度除以流值的商，单位为 kN/mm，间接反映沥青混合料的抗车辙能力。

（2）车辙试验：评价指标为动稳定度。

动稳定度：将沥青混合料制成 300 mm×300 mm×50 mm 的标准试件，在 60 ℃温度条件下，以一定荷载的轮子（轮压为 0.7 MPa）在同一轨迹上一定时间内反复行走，形成一定的车辙深度，最后计算试件变形 1 mm 所需试验车轮行走的次数。

2. 低温抗裂性

低温抗裂性是指沥青混合料抵抗低温收缩裂缝的能力。春评价方法包括预估沥青混合料的开裂温度、评价低温变形能力或应力松弛能力等。其主要影响因素有沥青性质、集料类型和级配。

（1）影响因素：沥青质量、混合料配合比、加工工艺。

（2）评价方法：拉伸试验、低温蠕变试验、低温弯曲试验、应力松弛试验等。

（3）评价指标：低温弯拉应变、变形能力和应力松弛能力和单位体积破坏能等。

3. 耐久性

沥青混合料在外界因素（阳光、空气、水、车辆荷载等）长期作用下保持原有性能的能力，包括水稳性能、耐老化性能、耐疲劳性能。

（1）影响因素：沥青性质和用量、矿料性质、沥青混合料组成结构。

（2）评价方法：马歇尔试验、浸水马歇尔试验、冻融劈裂试验等。

（3）评价指标：空隙率、饱和度（或矿料间隙率）和残留稳定度等。

4. 抗滑性

沥青路面应具有足够的抗滑能力，以保证车辆在潮湿等不利情况下能够安全行驶。其主要影响因素包括矿料的表面微观构造、颗粒形状与尺寸、矿料级配和沥青用量等。

5. 施工和易性

沥青混合料应具备良好的施工和易性，以便在拌和、摊铺及碾压过程中集料颗粒以设计级配要求的状态分布，集料表面被沥青膜完整覆盖，并能被压实到规定的密度。其主要影响因素有气温、施工条件和混合料性质等。

任务学习

1. 主要仪器设备与材料

（1）电动马歇尔击实仪：由击实锤、ϕ98.5 mm 平圆形压实头及带手柄的导向棒组成，电机带动链条将击实锤举起，从（457.2±1.5）mm 的高度沿导向杆自由落下，标准击实锤质量为（4 536±9）g。自动记录击实次数。

（2）标准击实台：用以固定试模，在 200 mm×200 mm×457 mm 的硬木墩上面有一块尺寸为 305 mm×305 mm×25 mm 的钢板，木墩用 4 根圆钢固定在电动马歇尔击实仪下面的底板上。木墩采用青冈栎、松或其他干密度为 0.67～0.77 g/cm^3 的硬木制成。

（3）试验室用自动沥青混合料拌和机：能保证拌和温度并充分拌和均匀，可控制拌和时间，容量不小于 20 L。搅拌叶自转速度为 70～80 r/min，公转速度为 40～50 r/min。

（4）电动液压脱模器：可无破损地推出圆柱体试件，有标准圆柱体试件及大型圆柱体试件尺寸的推出环。

（5）试模：由高碳钢或工具钢制成，每组包括内径（101.6±0.2）mm、高 87 mm 的圆柱形金属筒、底座（直径约 120.6 mm）和套筒（内径 101.6 mm、高 70 mm）各 1 个。

（6）电烘箱：大、中型各 1 台，0～200 ℃，可以调节设定温度。

（7）电子秤：用于称量矿料，感量不大于 0.5 g；用于称量沥青，感量不大于 0.1 g。

（8）其他：温度计、插刀或大螺丝刀、电炉、沥青熔化锅、拌和铲、标准筛、滤纸（普通纸）、胶布、卡尺、秒表、粉笔、棉纱等。

（9）材料：沥青、粗集料、细集料和矿粉等。

2. 拌制石油沥青混合料

（1）将沥青混合料拌和机预热至拌和温度以上 10 ℃左右备用（对试验室试验研究、配合比设计及采用机械拌和施工的工程，严禁用人工炒拌法热拌沥青混合料）。

（2）将每个试件预热的粗细集料置于拌和机中，用小铲子适当混合，再加入需要数量的已加热至拌和温度的沥青（如沥青已称量在专用容器内，可在倒掉沥青后，用一部分热矿粉将沾在容器壁上的沥青擦拭并一起倒入拌和锅中），启动拌和机一边搅拌一边将拌和叶片插入混合料中拌和 1～1.5 min，然后暂停拌和，加入单独加热的矿粉，继续拌和至均匀为止，并使沥青混合料保持在要求的拌和温度范围内。标准的总拌和时间为 3 min。

3. 马歇尔标准击实法成型方法

（1）将拌好的沥青混合料，均匀称取一个试件所需用量（标准马歇尔试件约 1 200 g）。已知沥青混合料的密度时，可根据试件的标准尺寸计算并乘以 1.03 得到要求的混合料数量。当一次拌和几个试件时，宜将其倒入预热的金属盘中，用小铲适当拌和均匀，分成几份，分别取用。在试件制作过程中，为防止混合料温度下降，应连金属盘一起放在烘箱中保温。

（2）从烘箱中取出预热的试模及套筒，用沾有少许黄油的棉纱擦拭套筒、底座及击实锤底面，将试模装在底座上，垫一张圆形的吸油小纸，按四分法从 4 个方向用小铲将混合料铲入试模中，用插刀或大螺丝刀沿周边插捣 15 次，中间 10 次。插捣后将沥青混合料表面整平成凸圆弧面。对大型马歇尔试件，混合料分两次加入，每次插捣次数同上。

（3）插入温度计，至混合料中心附近，检查混合料温度。

（4）待混合料温度符合要求的压实温度后，将试模连同底座一起放在击实台上固定，在装好的混合料上面垫一张圆形的吸油性小纸，再将装有击实锤及导向棒的压实头插入试模中，然后开启电动机（人工）将击实锤从 457 mm 的高度自由落下，击实规定的次数（75、50 或 35 次）。

（5）试件击实一面后，取下套筒，将试模上下对调，装上套筒，然后以同样的方法和次数击实另一面。

（6）试件击实结束后，立即用镊子取掉上下面的吸油纸，用卡尺量取试件离试模上口的高度，并由此计算试件高度，如高度不符合要求，试件应作废，并按下式调整试件的混合料质量，以保证高度符合标准试件（63.5±1.3）mm 或大型试件（95.3±2.5）mm 的要求。

$$调整后混合料质量 = \frac{要求试件高度 \times 原用混合料质量}{所得试件的高度}$$

（7）卸去套筒和底座，将装有试件的试模横向放置（不少于 12 h）冷却至室温后，置于脱模机上脱出试件，用作现场马歇尔指标检验的试件。在施工质量检验过程中如急需试验，允许采用电风扇吹冷 1 h 或浸水冷却 3 min 以上的方法脱模，但浸水脱模法不能用于测量密度、空隙率等各项物理指标。

（8）将试件仔细横置于干燥洁净的平面上，供试验用。

任务实施

根据试验规程，用标准击实法制作沥青混合料试件，以供试验室进行沥青混合料物理力学性质试验使用。试样为常温沥青混合料。

任务评价

（1）学生自评，见表 2-44。

表 2-44　学生自评表

序号	评价内容	考评要点	考评等级					问题说明
			优	良	中	及格	不及格	
1	学习准备工作	（1）按时完成； （2）准备工作						
2	职业素养	（1）团结协作； （2）自主学习，没有抄袭； （3）时间观念强，不迟到/早退/旷课						
3	收集资料信息情况	（1）收集了很多相关资料； （2）学习总结归纳						
4	学习工作页	（1）书写工整，无错别字； （2）按时完成，无错误						
5	小组角色完成情况	能很好地完成角色职责						
6	与组员合作情况	能和组员通力合作						
评价结果								
评价者签名：						日期：		

（2）教师评价，见表 2-45。

表 2-45　教师评价表

序号	实训内容	配分	评分标准	扣分	得分
1	考勤，课堂表现	20	小组点名，根据课堂表现情况打分，缺勤个人得分为零，有睡觉、玩手机等违反课堂纪律情况的视情节扣分		
2	根据所学知识，按要求完成任务	80	能正确归纳总结工程试验检测在实际工程中的目的和意义		
			合计		

子任务二　沥青混合料表观密度试验

知识准备

测定压实沥青混合料的毛体积相对密度或毛体积密度，以计算沥青混合料试件的空隙率、矿料间隙率等各项体积指标。

试验依据：《公路工程沥青及沥青混合料试验规程》（JTG E20—2011）。

用于测定吸水率不大于 2% 的各种沥青混合料试件，包括Ⅰ型或较密实的Ⅱ型沥青混凝土、抗滑表层混合料、沥青玛蹄脂碎石混合料（SMA）试件。

任务学习

1. 主要仪器设备

（1）浸水天平或电子秤：当最大称量在 3 kg 以下时，感量不大于 0.1 g；最大称量在 3 kg 以上时，感量不大于 0.5 g；最大称量在 10 kg 以上时，感量为 5 g，应有测量水中重量的挂钩；如图 2-25 所示。

图 2-25 浸水天平

（2）称重装置：网篮、溢流水箱、试件悬吊装置等。
（3）其他：秒表、毛巾、电风扇或烘箱等。

2. 试验步骤

（1）除去试件表面的浮粒，选择适宜的浸水天平或电子秤（最大称量应不小于试件质量的 1.25 倍，且不大于试件质量的 5 倍）称取干燥试件的空中质量（m_a），根据选择天平的感量读数，准确至 0.1 g、0.5 g 或 5 g。

（2）挂上网篮，浸入溢流水箱中，调节水位，将天平调平或复零，把试件置于网篮中（不要晃动水）浸水约 3～5 min，称取水中质量（m_w）。若天平读数持续变化，不能快速达到稳定，说明试件吸水较严重，不适用此法测定，应改用蜡封法测定。

（3）从水中取出试件，用柔软洁净拧干的湿毛巾轻轻擦去试件表面的水分（不得吸走空隙内的水），称取试件的表干质量（m_f）。

（4）对从道路上钻取的非干燥试件可先称取水中质量（m_w），然后用电风扇将试件吹干至恒重，再称取空中质量（m_a），电风扇吹干一般不少于 12 h，如不再需要进行其他试验，也可用（60±5）℃的烘箱烘干至恒重。

（5）计算。

① 试件的吸水率即试件吸水体积占沥青混合料毛体积的百分率，按下式计算，保留 1 位小数：

$$S_a = \frac{m_f - m_a}{m_f - m_w} \times 100\% \qquad (2\text{-}78)$$

式中：S_a——试件的吸水率（%）；

m_a——干燥试件的空中质量（g）；

m_w——试件的水中质量（g）；

m_f——试件的表干质量（g）。

② 试件的毛体积相对密度和毛体积密度，按下式计算，保留 3 位小数：

$$\gamma_f = \frac{m_a}{m_f - m_w} \qquad (2\text{-}79)$$

$$\rho_f = \frac{m_a}{m_f - m_w} \times \rho_w \qquad (2\text{-}80)$$

式中：γ_f——用表干法测定的试件毛体积相对密度（无量纲）；

ρ_f——用表干法测定的试件毛体积密度（g/cm³）；

ρ_w——常温水的密度，取 0.997 1 g/cm³。

③ 试件的空隙率按下式计算，保留 1 位小数：

$$VV = \left(1 - \frac{\gamma_f}{\gamma_t}\right) \times 100\% \qquad (2\text{-}81)$$

式中：VV——试件的空隙率（%）。

γ_t——沥青混合料理论最大相对密度；当实测理论最大相对密度有困难时，也可按式（2-88）或式（2-89）计算理论最大相对密度。

γ_f——试件的毛体积相对密度，用表干法测定，当试件吸水率 $S_a > 2\%$ 时，由蜡封法或体积法测定；当按规定允许采用水中重法测定时，也可用表观相对密度代替。

④ 矿料的合成毛体积相对密度按下式计算，保留 3 位小数：

$$\gamma_{sb} = \frac{100}{\dfrac{P_1}{\gamma_1} + \dfrac{P_2}{\gamma_2} + \cdots + \dfrac{P_n}{\gamma_n}} \qquad (2\text{-}82)$$

式中：γ_{sb}——矿料的合成毛体积相对密度（无量纲）。

P_1、$P_2 \cdots P_n$——各种矿料占矿料总质量的百分率（%）。

γ_1、$\gamma_2 \cdots \gamma_n$——各种矿料对水的相对密度。对粗集料，宜采用与沥青混合料相同的相对密度，即混合料采用表干法、蜡封法或体积法测定毛体积相对密度时，粗集料也采用毛体积相对密度；当混合料采用水中重法测定表观相对密度代替时，粗集料也采用表观相对密度。对细集料（砂、石屑）和矿粉均采用表观相对密度。矿料的相对密度按现行行业标准《公路工程集料试验规程》（JTG 3432—2024）规定的方法测定。

⑤ 矿料的合成表观相对密度按下式计算，保留 3 位小数：

$$\gamma_{sa} = \frac{100}{\dfrac{P_1}{\gamma_1'} + \dfrac{P_2}{\gamma_2'} + \cdots + \dfrac{P_n}{\gamma_n'}} \qquad (2\text{-}83)$$

式中：γ_{sa}——矿料的合成表观相对密度（无量纲）；

γ'_1、$\gamma'_2 \cdots \gamma'_n$——各种矿料的表观相对密度（无量纲）。

（6）确定矿料的有效相对密度，保留 3 位小数。

① 对非改性沥青混合料，采用真空法实测理论最大相对密度，取平均值。合成矿料的有效相对密度按下式计算：

$$\gamma_{se} = \frac{100 - P_b}{\dfrac{100}{\gamma_t} - \dfrac{P_b}{\gamma_b}} \tag{2-84}$$

式中：γ_{se}——合成矿料的有效相对密度（无量纲）；

P_b——沥青用量，即沥青质量占沥青混合料总质量的百分比（%）；

γ_t——实测的沥青混合料理论最大相对密度；

γ_b——25 ℃时沥青的相对密度（无量纲）。

② 对改性沥青及 SMA 等难以分散的混合料，有效相对密度宜直接由矿料的合成毛体积相对密度与合成表观相对密度按式（2-85）计算确定，其中沥青吸收系数 C 值根据材料的吸水率按式（2-86）求得，合成矿料的吸水率按式（2-87）计算。

$$\gamma_{se} = C \times \gamma_{sa} + (1 - C) \times \gamma_{sb} \tag{2-85}$$

$$C = 0.033 W_x^2 - 0.2936 W_x + 0.9339 \tag{2-86}$$

$$W_x = \left(\frac{1}{\gamma_{sb}} - \frac{1}{\gamma_{sa}} \right) \times 100 \tag{2-87}$$

式中：C——沥青吸收系数（无量纲）；

W_x——合成矿料的吸水率（%）。

（7）确定沥青混合料的理论最大相对密度，保留 3 位小数。

① 对非改性沥青或 SMA 混合料宜按式（2-88）或式（2-89）计算沥青混合料对应油石比的理论最大相对密度：

$$\gamma_t = \frac{100 + P_a}{\dfrac{100}{\gamma_{se}} + \dfrac{P_a}{\gamma_b}} \tag{2-88}$$

$$\gamma_t = \frac{100 + P_a + P_x}{\dfrac{100}{\gamma_{se}} + \dfrac{P_a}{\gamma_b} + \dfrac{P_x}{\gamma_x}} \tag{2-89}$$

式中：γ_t——计算沥青混合料对应油石比的理论最大相对密度（无量纲）；

P_a——油石比，即沥青质量占沥青混合料总质量的百分比（%），$P_a = [P_b/(100-P_b)] \times 100$；

P_x——纤维用量，即纤维质量占矿料总质量的百分比（%）；

γ_x——25 ℃时纤维的相对密度，由厂方提供或实测得到（无量纲）；

γ_{se}——合成矿料的有效相对密度（无量纲）；

γ_b——25 ℃时沥青的相对密度（无量纲）。

② 对旧路面钻芯样的试件，缺乏材料密度、配合比及油石比的沥青混合料，可以采用真空法实测沥青混合料的理论最大相对密度。

（8）试件的空隙率、矿料间隙率按下式计算，保留1位小数：

$$VV = \left(1 - \frac{\gamma_f}{\gamma_t}\right) \times 100 \tag{2-90}$$

$$VMA = \left(1 - \frac{\gamma_f}{\gamma_{sb}} \times \frac{P_s}{100}\right) \times 100 \tag{2-91}$$

$$VFA = \frac{VMA - VV}{VMA} \times 100 \tag{2-92}$$

式中：VV——沥青混合料试件的矿料间隙率（%）；

P_s——沥青混合料中各种矿料占沥青混合料总质量的百分率之和（%），$P_s = 100 - P_b$；

γ_{sb}——矿料的合成毛体积相对密度；

VFA——沥青混合料试件的有效沥青饱和度（%）。

（9）沥青结合料被矿粉吸收的比例及有效沥青含量、有效沥青百分率按下式计算，保留1位小数：

$$P_{ba} = \frac{\gamma_{se} - \gamma_{sb}}{\gamma_{se} \times \gamma_{sb}} \times \gamma_b \times 100 \tag{2-93}$$

$$P_{be} = P_b - \frac{P_{ba}}{100} \times P_s \tag{2-94}$$

$$V_{be} = \frac{\gamma_f \times P_{be}}{\gamma_b} \tag{2-95}$$

式中：P_{ba}——沥青混合料中被矿料吸收的沥青质量占矿料总质量的百分率（%）；

P_{be}——沥青混合料中有效沥青含量；

V_{be}——沥青混合料试件的有效沥青体积百分率（%）。

（10）沥青混合料的粉胶比按下式计算，保留1位小数：

$$FB = \frac{P_{0.075}}{P_{be}} \tag{2-96}$$

式中：FB——粉胶比，沥青混合料的矿料中 0.075 mm 通过率与有效沥青含量的比值，（无量纲）；

$P_{0.075}$——矿料级配中 0.075 mm 的通过率（水洗法）。

（11）集料的比表面积按下式计算，沥青混合料中沥青膜的有效厚度按式（2-98）计算。各种集料粒径的表面积系数按规范取用。

$$SA = \sum (P_i \times FA_i) \tag{2-97}$$

$$DA = \frac{P_{be}}{\rho_b \times P_s \times SA} \times 1000 \qquad (2\text{-}98)$$

式中：SA——集料的比表面积（m²/kg）；
　　　P_i——集料各粒径的质量通过百分率（%）；
　　　FA_i——各筛孔对应集料的表面积系数（m²/kg），按规范确定；
　　　DA——沥青膜有效厚度（μm）；
　　　ρ_b——沥青 25 ℃时的密度（g/cm³）。

（12）试件中的粗集料骨架间隙率按下式计算，保留 1 位小数：

$$VCA_{mix} = 100 - \frac{\gamma_f}{\gamma_{ca}} \times P_{ca} \qquad (2\text{-}99)$$

式中：VCA_{mix}——沥青混合料中粗集料骨架间隙率（%）。
　　　P_{ca}——矿料中所有粗集料质量占沥青混合料总质量的百分比（%），按下式计算：

$$P_{ca} = P_s \times PA_{4.75}/100 \qquad (2\text{-}100)$$

其中，$PA_{4.75}$——矿料级配中 4.75 mm 筛余量，即 100 减去 4.75 mm 的通过率；
　　　γ_{ca}——矿料中所有粗集料颗粒对水的合成毛体积相对密度，按下式计算：

$$\gamma_{ca} = \frac{P_{1c} + P_{2c} + \cdots + P_{nc}}{\dfrac{P_{1c}}{\gamma_{1c}} + \dfrac{P_{2c}}{\gamma_{2c}} + \cdots + \dfrac{P_{nc}}{\gamma_{nc}}} \qquad (2\text{-}101)$$

其中：P_{1c}、$P_{2c}\cdots P_{nc}$——各种粗集料占矿料总质量的百分比（%）；
　　　γ_{1c}、$\gamma_{2c}\cdots \gamma_{nc}$——相应的各种粗集料的毛体积相对密度。

任务实施

根据试验规程，对给定沥青混合料进行表干密度试验，完成实训任务，并填写表 2-46。

表 2-46　压实沥青混合料密度试验（表干法）记录表

沥青混合料类型：				沥青品种及标号：			沥青加热温度：	
试样描述：				试件成型方法：			成型温度：	
试样编号	干燥试件的空中质量 m_a/g	试件的水中质量 m_w/g	试件的表干质量 m_f/g	试件的吸水率 $S_a = \dfrac{m_f - m_a}{m_f - m_w} \times 100$ /%	常温水的密度 P_w/（g/cm³）	试件的毛体积相对密度 $\gamma_f = \dfrac{m_a}{m_f - m_w}$	试件的毛体积密度测值 $\rho_f = \dfrac{m_a}{m_f - m_w} \times \rho_w$ /（g/cm³）	试件的毛体积密度/（g/cm³）
结论：								

任务评价

（1）学生自评，见表 2-47。

表 2-47　学生自评表

序号	评价内容	考评要点	考评等级					问题说明
			优	良	中	及格	不及格	
1	学习准备工作	（1）按时完成； （2）准备工作						
2	职业素养	（1）团结协作； （2）自主学习，没有抄袭； （3）时间观念强，不迟到/早退/旷课						
3	收集资料信息情况	（1）收集了很多相关资料； （2）学习总结归纳						
4	学习工作页	（1）书写工整，无错别字； （2）按时完成，无错误						
5	小组角色完成情况	能很好地完成角色职责						
6	与组员合作情况	能和组员通力合作						
评价结果								
评价者签名：						日期：		

（2）教师评价，见表 2-48。

表 2-48　教师评价表

序号	实训内容	配分	评分标准	扣分	得分
1	考勤，课堂表现	20	小组点名，根据课堂表现情况打分，缺勤个人得分为零，有睡觉、玩手机等违反课堂纪律情况的视情节扣分		
2	根据所学知识，按要求完成任务	80	能正确归纳总结工程试验检测在实际工程中的目的和意义		
合计						

子任务三　沥青混合料马歇尔稳定度试验

知识准备

马歇尔稳定度是标准试件在规定温度和荷载条件下，所承受的最大的破坏荷载（kN）；流值是试件在最大破坏荷载下所对应的变形。

本方法适用于马歇尔稳定度试验和浸水马歇尔稳定度试验,以进行沥青混合料的配合比设计及沥青路面施工质量检验。浸水马歇尔稳定度试验供检验沥青混合料受水损害时抵抗剥落的能力时使用,通过测试其水稳定性来检验配合比设计的可行性。

任务学习

1. 主要仪器设备

(1) 沥青混合料马歇尔试验仪(图 2-26),对用于高速公路和一级公路的沥青混合料宜采用自动马歇尔试验仪,用计算机或 X-Y 记录仪记录荷载-位移曲线,并具有自动测定荷载与试件垂直变形的传感器、位移计,能自动显示或打印试验结果。对 ϕ63.5 mm 的标准马歇尔试件,试验仪最大荷载不小于 25 kN,读数准确度为 100 N,加载速率应能保持(50±5)mm/min,钢球直径为 16 mm,上下压头曲率半径为 50.8 mm;当采用 ϕ152.4 mm 大型马歇尔试件时,试验仪最大荷载不得小于 50 kN,读数准确度为 100 N,上下压头的曲率半径为(152.4±0.2)mm,上下压头间距为(19.05±0.1)mm。

图 2-26 马歇尔试验仪

(2) 恒温水槽:控温准确度应为 1 ℃,深度不小于 150 mm。
(3) 真空饱水容器:包括真空泵及真空干燥器。
(4) 烘箱。
(5) 天平:感量不大于 0.1 g。
(6) 温度计:分度为 1 ℃。
(7) 卡尺。
(8) 其他:棉纱、黄油等。

2. 试验准备

(1) 按标准击实法成型马歇尔试件。标准马歇尔试件尺寸应符合直径(101.6±0.2)mm、高(63.5±1.3)mm 的要求。大型马歇尔试件尺寸应符合直径(152.4±0.2)mm、高(95.3±2.5)mm 的要求。一组试件的数量不得少于 4 个。

(2) 测量试件的直径及高度:用卡尺测量试件中部的直径,用马歇尔试件高度测定器或卡尺在十字对称的 4 个方向测量距离试件边缘 10 mm 处的高度,准确至 0.1 mm,并以其平均值作为试件的高度。如试件高度不符合(63.5±1.3)mm 或(95.3±2.5)mm 的要求或两侧高度差大于 2 mm,则此试件应作废。

(3) 按规定的方法测定试件的密度、空隙率、沥青体积百分率、沥青饱和度、矿料间隙率等物理指标。

(4) 将恒温水槽调节至试验要求的温度,对黏稠石油沥青或烘箱养护过的乳化沥青混合料温度设置为(60±1)℃。

3. 试验步骤

(1) 将试件置于已达到规定温度的恒温水槽中保温。标准马歇尔试件保温时间需 30 ~

40 min，大型马歇尔试件保温时间需 45~60 min。试件之间应有间隔，试件底部应垫高，距离容器底部不应小于 5 cm。

（2）将马歇尔试验仪的上下压头放入水槽或烘箱中达到同样温度，将上下压头从水槽或烘箱中取出擦拭干净内面，为使上下压头滑动自如，可在下压头的导棒上涂少量黄油。再将试件取出置于下压头上，盖上上压头，然后装在加载设备上。

（3）在上压头的球座上放妥钢球，并对准荷载测定装置的压头。

（4）当采用自动马歇尔试验仪时，将试验仪的压力传感器、位移传感器与计算机或 X-Y 记录仪正确连接，调整好适宜的放大比例和计算机程序，或将 X-Y 记录仪的记录笔对准原点。

（5）当采用压力环和流值计时，将流值计安装在导棒上，使导向套管轻轻地压住上压头，同时将流值计读数调零，调整压力环中百分表对零。

（6）启动加载设备，使试件承受荷载，加载速度为（50±5）mm/min。计算机或 X-Y 记录仪自动记录传感器压力和试件变形曲线，并将数据自动存入计算机。

（7）在试验荷载达到最大值的瞬间，取下流值计，同时读取压力环中百分表读数及流值计的流值读数。

（8）从恒温水槽中取出试件至测出最大荷载值的时间，不得超过 30 s。

4. 结果处理

（1）试件的稳定度及流值。

① 采用自动马歇尔试验仪时，将计算机采集的数据绘制成压力和试件变形曲线，或采用 X-Y 记录仪自动记录的荷载与变形曲线。在切线方向延长曲线，与横坐标轴交于 O_1，将 O_1 作为修正原点，从 O_1 起量取相应荷载最大值时的变形作为流值（FL），以 mm 计，准确至 0.1 mm，最大荷载即为稳定度（MS），以 kN 计，准确至 0.01 kN。

② 采用压力环和流值计测定时，根据压力环标定曲线，将压力环中百分表的读数换算为荷载值，或者由荷载测定装置读取的最大值即为试样的稳定度（MS），以 kN 计，准确至 0.01 kN。

由流值计及位移传感器测定装置读取的试件垂直变形，即为试件的流值（FL），以 mm 计，准确至 0.1 mm。

（2）试件的马歇尔模数按下式计算：

$$T = \frac{MS}{FL} \qquad (2\text{-}102)$$

式中：T——试件的马歇尔模数（kN/mm）；
　　　MS——试件的稳定度（kN）；
　　　FL——试件的流值（mm）。

任务实施

根据试验规程，对给定材料进行沥青混合料马歇尔稳定度试验，完成实训报告，并填写表 2-49。

表 2-49　沥青混合料马歇尔稳定度试验报告

沥青混合料用途		矿料品种		矿粉相对密度		拌和温度	
沥青混合料类型		粗骨料相对密度		沥青品种		击实温度	
沥青混合料配比		细骨料相对密度		沥青相对密度		击实次数	

试件编号	沥青用量/%	试件在空气中的质量m_0/g	试件在水中的质量m_1/g	试件毛体积密度/(g/cm³)	试件理论密度/(g/cm³)	试件中沥青体积百分率VA/%	试件间隙率VV/%	试件矿料间隙率VMA/%	沥青饱和度VFA/%	稳定度MS/kN	流值FL/(1/10mm)	马歇尔模数/(kN/mm)

任务评价

（1）学生自评，见表 2-50。

表 2-50　学生自评表

序号	评价内容	考评要点	考评等级 优	良	中	及格	不及格	问题说明
1	学习准备工作	（1）按时完成； （2）准备工作						
2	职业素养	（1）团结协作； （2）自主学习，没有抄袭； （3）时间观念强，不迟到/早退/旷课						
3	收集资料信息情况	（1）收集了很多相关资料； （2）学习总结归纳						
4	学习工作页	（1）书写工整，无错别字； （2）按时完成，无错误						
5	小组角色完成情况	能很好地完成角色职责						
6	与组员合作情况	能和组员通力合作						
评价结果								
评价者签名：						日期：		

（2）教师评价，见表 2-51。

表 2-51　教师评价表

序号	实训内容	配分	评分标准	扣分	得分
1	考勤，课堂表现	20	小组点名，根据课堂表现情况打分，缺勤个人得分为零，有睡觉、玩手机等违反课堂纪律情况的视情节扣分		
2	根据所学知识，按要求完成任务	80	能正确归纳总结工程试验检测在实际工程中的目的和意义		
合计					

子任务四　沥青混合料动稳定度试验

知识准备

（1）本方法适用于测定沥青混合料的高温抗车辙能力，供沥青混合料配合比设计时高温稳定性的检验，也可用于现场施工时的高温稳定性检验。

（2）车辙试验的试验温度与轮压，可根据有关规定和需要选用。一般情况下，试验温度为 60 ℃，轮压为 0.7 MPa。根据需要，如在寒冷地区可采用 45 ℃，在高温条件下可采用 70 ℃等，但应在报告中注明。计算动稳定度的时间，原则上为试验开始后 45～60 min。

（3）沥青混合料试件的制作方法（轮碾法），是用轮碾成型机碾压成型长 300 mm、宽 300 mm、厚 50 mm 的板块状试件，也适用于现场切割制作长 300 mm、宽 150 mm、厚 50 mm 的板块状试件。根据需要，试件的厚度也可采用 40 mm。

任务学习

一、试验仪器设备

1. 轮碾成型机

轮碾成型机具有与钢筒式压路机相似的圆弧形碾压轮，轮宽为 300 mm，压实线荷载为 300 N/cm，碾压行程等于试件长度，经碾压后的板块状试件可达到马歇尔试验标准击实密度的（100±1）%。当无轮碾成型机时，可用手动碾代替，手动碾轮宽与试件同宽，备有 10 kg 砝码 5 个，以调整载重（手动碾成型的试件厚度不大于 50 mm）。在施工现场也可以采用压路机代替。

2. 试验室用沥青混合料拌和机

拌和机应能保证拌和温度并充分拌和均匀，可控制拌和时间。宜采用容量大于 30 L 的大型沥青混合料拌和机，也可采用容量大于 10 L 的小型拌和机。

3. 车辙试验机（图2-27）

图 2-27　车辙试验机

（1）试件台：可牢固地安装两种规定宽度（300 mm 和 150 mm）的试件试模。

（2）试验轮：橡胶制的实心轮胎，外径ϕ200 mm，轮宽 50 mm，橡胶层厚 15 mm；橡胶硬度（国际标准硬度）20 ℃时为 84±4，60 ℃时为 78±2（轮胎橡胶硬度应注意检验，不符合要求应及时更换）；试验轮行走距离为（230±10）mm，往返碾压速度为（42±1）次/min（21 次往返/min）；允许采用曲柄连杆驱动试验台运动（试验轮不动）或链驱动试验轮运动（试验台不动）。

（3）加载装置：使试验轮与试件的接触压强在 60 ℃时为（0.7±0.05）MPa，施加的总质量为 78 kg 左右，根据需要可以调整。

（4）试模：钢板制成，由底板及侧板组成，试模（试验室制作）内侧尺寸长 300 mm、宽 300 mm、厚 50 mm，也可固定 150 mm 宽的现场切制试件。

（5）变形测量装置：自动检测车辙变形并记录曲线的装置，通常用 LVDT 位移传感器、电测百分表或非接触位移计。

（6）温度检测装置：自动检测并记录试件表面及恒温室内温度的传感器、温度计，精密度为 0.5 ℃。

4. 恒温室

车辙试验机必须整机安放在恒温室内，装有加热器、气流循环装置及自动温度控制设备，能保持恒温室温度（60±1）℃，试件内部温度（60±0.5）℃，用于保温试件并进行试验，温度应能自动连续记录。

5. 试　　模

由高碳钢或工具钢制成，试模尺寸应保证成型后符合试件尺寸的规定。试验室制作车辙试验板块状试件的标准试模，内部平面尺寸为 300 mm×300 mm，高 50 mm（40 mm、100 mm）。

6. 烘　　箱

大、中型各 1 台，装有温度调节器。

7. 天平或电子秤

称量 5 kg 以上时，感量不大于 1 g；称量 5 kg 以下时，用于称量矿料的感量不大于 0.5 g，用于称量沥青的感量不大于 0.1 g。

8. 小型击实锤

钢制端部断面为 80 mm×80 mm，厚 10 mm，带手柄，总质量在 0.5 kg 左右。

9. 温度计

分度为 10 ℃。宜采用有金属插杆的热电偶沥青温度计，金属插杆的长度不小于 300 mm，量程为 0～300 ℃，数字显示或度盘指针的分度为 0.1 ℃，且有留置读数功能。

10. 台　秤

称量为 15 kg，感量不大于 5 g。

11. 其　他

电炉或煤气炉、沥青熔化锅、拌和铲、标准筛、滤纸、胶布、卡尺、秒表、粉笔、垫木、棉纱等。

二、试验方法与步骤

1. 准备工作

（1）试验轮接地压强测定：测定在 60 ℃时进行，在试验台上放置一块厚为 50 mm 的钢板，上铺一张毫米方格纸，方格纸上铺一张新的复写纸后，试验轮以规定的 700 N 荷载静压复写纸，即可在方格纸上得出轮压面积，并由此求得接地压强。当压强不符合（0.7±0.05）MPa 时，荷载应适当调整。

（2）用轮碾成型法制作车辙试验试块。

① 试验室用的试件尺寸通常为 300 mm×300 mm×50 mm（或 40 mm）。根据需要也可采用其他尺寸，但单层碾压的厚度不得超过 100 mm。

② 将预热的试模从烘箱中取出，装上试模框架，在试模中铺一张裁好的普通纸（可用报纸），使底面及侧面均被纸隔离，将拌和好的全部沥青混合料（注意不得散失，分两次拌和的应倒在一起）用小铲稍加拌和后，均匀地沿试模边至中间按顺序转圈装入试模，中部要略高于四周。

③ 取下试模框架，用预热的小型击实锤由边至中间转圈夯实一遍，整平成凸圆弧形。

④ 将碾压轮预热至 100 ℃左右（如不加热，应铺牛皮纸），将盛有沥青混合料的试模置于轮碾机的平台上，轻轻放下碾压轮，调整总荷载为 9 kN（线荷载为 300 N/cm）。

⑤ 启动轮碾机，先在一个方向碾压 4 次（2 个往返），卸荷，抬起碾压轮，将试件调转方向，再加相同荷载，碾压至马歇尔标准密实度（100±1）%为止。试件正式压实前，应经试压决定碾压次数，一般 24 次（12 个往返）左右可达要求。如试件厚度为 100 mm，宜按先轻后重的原则分两层碾压。

⑥ 压实成型后，揭去表面的纸，用粉笔在试件表面标明碾压方向。

⑦ 盛有压实试件的试模，置室温下冷却至少 12 h 后方可脱模。对聚合物改性沥青混合料，放置的时间以 48 h 为宜，待聚合物改性沥青充分固化后方可进行车辙试验，但室温放置时间也不得长于 1 周。

当采用直接在拌和厂取拌和好的沥青混合料样品制作试件，检验生产配合比设计或混合料生产质量时，必须将混合料装入保温桶中，在温度下降至成型温度之前迅速送达试验室制作试件。如温度稍有不足，可放在烘箱中加热（时间不超过 30 min）后使用，也可直接在现场用手动碾或压路机碾压成型试件，但不得将混合料放冷却后二次加热重塑制作试件。重塑制作的试验结果仅供参考，不得用于评定配合比设计检验。

（3）必要时，可将试件脱模，按规定的方法测定密度及空隙率等各项物理指标。如经水浸，应用电扇将其吹干，再装回原试模中，需要注意的是，回装的试件位置应与脱模前相同，以便试件与试模紧密接触。

2. 试验步骤

（1）将试件连同试模一起，置于已达到试验温度（60±1）℃的恒温室中，保温不少于 5 h（不得超过 24 h）。在试件试验轮不行走的部位，粘贴一个热电偶温度计（也可在试件制作时预先将热电偶导线埋入试件一角），控制试件温度稳定在（60±0.5）℃。

（2）将试件连同试模移置于车辙试验机的试验台上，试验轮在试件的中央部位，其行走方向需与试件碾压或行车方向一致。启动车辙变形自动记录仪和试验机，使试验轮往返行走，时间约 1 h，或最大变形达到 25 mm 时为止。试验时，记录仪自动记录变形曲线及试件温度，试验后的车辙试件如图 2-28 所示。

图 2-28　车辙试件

注：对 300 mm 宽且试验时变形较小的试件，可在两侧 1/3 位置上进行两次试验，结果取其平均值。

三、试验结果整理

（1）从图上读取 45 min（t_1）及 60 min（t_2）时的车辙变形 d_1 及 d_2，准确至 0.01 mm。如变形过大，未到 60 min，变形已达 25 mm 时，则以达到 25 mm（d_2）时的时间为 t_2，其前 15 min 为 t_1，变形量为 d_1。

（2）沥青混合料试件的动稳定度按下式计算：

$$DS = (t_2 - t_1) \times N / (d_1 - d_2) \times C_1 \times C_2 \qquad (2\text{-}103)$$

式中：DS——沥青混合料的动稳定度（次/mm）。

d_1——对应时间 t_1 的变形量（mm）。

d_2——对应时间 t_2 的变形量（mm）。

C_1——试验机类型修正系数，曲柄连杆驱动试件的变速行走方式，C_1 取 1.0；链驱动试验轮的等速方式，C_1 取 1.5。

C_2——试件系数，试验室制备的宽 300 mm 的试件，C_2 取 1.0；从路面切割的宽 150 mm 的试件，C_2 取 0.8。

N——试验轮往返碾压速度，通常为 42 次/min。

（3）精密度或允许差：重复性试验动稳定度的变异系数允许差为 20%。

（4）同一沥青混合料或同一路段的路面，至少平行试验 3 个试件，当 3 个试件动稳定度变异系数 $C_v < 20\%$ 时，取其平均值作为试验结果；当变异系数 $C_v > 20\%$ 时，应分析原因，并追加试验。如计算动稳定度值大于 6 000 次/mm 时，记作 ">6 000 次/mm"。

任务实施

根据试验规程，对给定材料进行沥青混合料动稳定度试验，完成实训任务书，并填写表 2-52。

表 2-52 沥青混合料车辙试验记录表

使用部门					检测依据				
沥青混合料类型					检测日期				
试件编号	时间/min		车辙变形量/mm		试验轮往返碾压速度/(次/min)	试验机类型修正系数	试件系数	变异系数	沥青混合料的动稳定度/(次/mm)
	t_1	t_2	d_1	d_2	N	C_1	C_2	C_v	DS

任务评价

（1）学生自评，见表2-53。

表2-53 学生自评表

序号	评价内容	考评要点	考评等级					问题说明
			优	良	中	及格	不及格	
1	学习准备工作	（1）按时完成； （2）准备工作						
2	职业素养	（1）团结协作； （2）自主学习，没有抄袭； （3）时间观念强，不迟到/早退/旷课						
3	收集资料信息情况	（1）收集了很多相关资料； （2）学习总结归纳						
4	学习工作页	（1）书写工整，无错别字； （2）按时完成，无错误						
5	小组角色完成情况	能很好地完成角色职责						
6	与组员合作情况	能和组员通力合作						
评价结果								
评价者签名：							日期：	

（2）教师评价，见表2-54。

表2-54 教师评价表

序号	实训内容	配分	评分标准	扣分	得分
1	考勤，课堂表现	20	小组点名，根据课堂表现情况打分，缺勤个人得分为零，有睡觉、玩手机等违反课堂纪律情况的视情节扣分		
2	根据所学知识，按要求完成任务	80	能正确归纳总结工程试验检测在实际工程中的目的和意义		
			合计		

任务四　路面基层无机稳定结合料试验

任务背景

在各种粉碎或原状松散的土、碎（砾）石、工业废渣中，掺入适当的无机结合料（水泥、石灰或工业废渣等）和水，经拌和得到的混合料在压实与养生后，其抗压强度符合规定的材料，称为无机结合料稳定类混合料，以此修筑的路面基层称为无机结合料稳定基层。

无机结合料稳定材料的刚度介于柔性路面材料和刚性路面材料之间，常称之为半刚性材料。以此修筑的基层或底基层亦称为半刚性基层或半刚性底基层。在我国已建成的高速公路和一级公路中，大多数路面采用了这种基层。

无机结合料稳定材料的强度随龄期的增长而增长，具有一定的刚性；抗压强度高但抗拉强度低；强度越大，刚度越小，疲劳寿命越长；干缩性，受含水率变化的影响，体积会发生变化；具有温度收缩性。综上所述，路面基层无机稳定结合料的优点有强度比较高、稳定性好、抗冻性能强、结构本身自成板体等；缺点有耐磨性差、易发生干缩开裂、容易发生温缩开裂、养生期长等。

知识目标

（1）理解路面基层无机稳定结合料的基础知识。
（2）掌握击实试验的试验原理、仪器、步骤及注意事项。
（3）掌握 EDTA 滴定试验的试验原理、仪器、步骤及注意事项。

能力目标

（1）能够按任务要求小组合作完成击实试验的检测。
（2）能够按任务要求小组合作完成 EDTA 滴定试验的检测。
（3）能够正确填报检查记录表，按规定进行试验数据的分析。

子任务一　击实试验

> **知识准备**

土的击实试验是室内研究土的压实性质的试验,室内击实试验是模拟现场碾压条件和方法,在标准击实筒内对土施加一定的击实功能,用定体积法求干密度,为工程提供填筑密度初步设计的依据,然后根据工程规模、重要性和工程级别来决定是否要在现场进行碾压试验。

在标准击实方法下测定土的最大干密度和最佳含水率,为控制路堤、土坝或填土地基等的密实度及质量评价提供重要依据。本试验分轻型击实和重型击实,小试筒适用于粒径不大于 25 mm 土的击实,大试筒适用于粒径不大于 38 mm 土的击实。

击实仪法是通过锤击,使土密度增大,目的是利用击实仪测定土样在一定击实功能作用下达到最大密度时的含水率(最佳含水率)和干密度(最大干密度),以此了解土的压实特性。

> **任务学习**

一、试验仪器设备

(1)击实仪:主要由击实筒和击锤组成;轻、重型试验方法和设备的主要参数应符合表 2-55 的规定,分为手动击实仪与电动击实仪,如图 2-29 所示。

二维码:击实试验步骤操作(视频)

表 2-55　击实试验的方法和种类

试验方法	类别	锤底直径/cm	锤质量/kg	落高/cm	试筒尺寸 内径/cm	试筒尺寸 高/cm	试筒尺寸 容积/cm³	层数	每层击数	击实功/(kJ/m³)	最大粒径/mm
轻型 I法	I.1	5	2.5	30	10	12.7	997	3	27	598.2	25
轻型 I法	I.2	5	2.5	30	15.2	12	2 177	3	59	598.2	38
重型 II法	II.1	5	4.5	45	10	12.7	997	5	27	2 687.0	25
重型 II法	II.2	5	4.5	45	15.2	12	2 177	3	98	2 677.2	38

(2)烘箱及干燥箱。
(3)天平:称量为 200 g,感量为 0.01 g;称量为 2 kg,感量为 1 g。
(4)台秤:称量为 10 kg,感量为 5 g。
(5)圆孔筛:孔径 38 mm、25 mm、19 mm 和 5 mm 各 1 个。
(6)拌和工具:400 mm×600 mm、深 70 mm 的金属盘,土铲。

（7）其他：喷水设备、碾土器、盛土盘、量筒、推土器、铝盒、修土刀、平直尺等。

图 2-29　手动击实仪（左）与电动击实仪（右）

二、试样制备

分为干法和湿法两种，轻型击实试样用量 20 kg，重型击实试样用量 50 kg，试验用料见表 2-56。

表 2-56　试料用量参考表

使用方法	类别	试筒内径/cm	最大粒径/mm	试料用量/kg
干土法 （试样重复使用）	a	10 10 15.2	5 25 38	3 4.5 6.5
干土法 （试样不重复使用）	b	10 15.2	25 38	3（至少 5 个试样） 6（至少 5 个试样）
湿土法 （试样不重复使用）	c	10 15.2	25 38	3（至少 5 个试样） 6（至少 5 个试样）

（1）干土法（土重复使用）。将具有代表性风干的或在 60 ℃温度下烘干的土样放在橡皮板上，用圆木棍碾散，然后过不同孔径的筛（视粒径大小而定）。小试筒，按四分法取筛下的土约 3 kg；大试筒，按四分法取出有代表性的土样约 6.5 kg。估计土样风干含水率或天然含水率，如风干含水率低于原始含水率太多，可将土样铺于不吸水的盘上，用喷水设备均匀地喷洒适量的水，并充分拌和，焖料一夜备用。

（2）干土法（土不重复使用）。按四分法至少准备 5 个试样，分别加入不同的水分（按 2%～3% 的含水率递增），拌匀后焖料一夜备用。

（3）湿土法（土不重复使用）。对于高含水率的土，可省略过筛步骤，用手拣除大于 38 mm 的粗石子即可。保持天然含水率的第一个土样，可立即用于击实试验，其余几个试样，分成小土块，分别风干，使含水率按 2%～3% 递减。

三、试验步骤

（1）根据工程要求，按规定选择轻型或重型试验方法；根据土的性质（含易击碎风化石数量多少、含水率高低），按规定选用干土法（土重复或不重复使用）或湿土法。

（2）将击实筒放在坚硬的地面上，取制备好的土样分 3~5 次倒入筒内。小试筒按三层法时，每次倒入试样 800~900 g（其量应使击实后的试样等于或略高于筒高的 1/3）；按五层法时，每次倒入试样 400~500 g（其量应使击实后的试样等于或略高于筒高的 1/5）。对于大试筒，先将垫块放入筒内底板上，按三层法时，每层需倒入试样 1 700 g 左右；按五层法时，每层需倒入试样 900（细粒土）~1 100 g（粗粒土）。整平表面，并稍加压紧，然后按规定的击实数进行第一层土的击实，击实时，击锤应自由垂直落下，锤迹应均匀分布于土样面，第一层击实完后，将试样层面"拉毛"，再装入套筒。重复上述方法进行其余各层土的击实。小试筒击实后，试样不应高出筒顶面 5 mm；大试筒击实后，试样不应高出筒顶面 6 mm。

（3）用修土刀沿套筒内壁削刮，使试样与套筒脱离后，扭动并取下套筒，齐筒顶小心削平试样，拆除底板，擦净筒外壁，称量筒加土质量，准确至 1 g。

（4）用推土器推出筒内试样，从试样中心处取样测其含水率，计算至 0.1%。测定含水率所用试样的数量按表 2-57 规定取样。两个试样含水率的精度应符合含水率试验规定。

表 2-57　测定含水率所用试样的数量

最大料径/mm	试样质量/g	数量/个	最大料径/mm	试样质量/g	数量/个
5	15~20	2	约 19	约 250	1
约 5	约 50	1	约 38	约 500	1

（5）对于干土法（土重复使用），将试样捣碎，然后按本试验的方法进行洒水、拌和，但不需焖料，每次增加 2%~3% 的含水率，其中有两个大于和两个小于最佳含水率的试样，所需加水量按下式计算：

$$m_w = m_i / (1+0.01w_1) \times 0.01(w-w_1) \tag{2-104}$$

式中：m_w——所需的加水量（g）；

　　　m_i——含水率为 w_1 时土样的质量（g）；

　　　w_1——土样原有含水率（%）；

　　　w——要求达到的含水率（%）。

按上述步骤进行其他含水率试样的击实试验。

对于干土法（土不重复使用）和湿土法，按前文所述准备试样，分别按上述步骤进行击实试验。

四、结果整理

（1）各含水率下的干密度按下式计算：

$$\rho_d = \rho/(1+0.01w) \tag{2-105}$$

式中：ρ_d——干密度（g/m³）；
　　　ρ——湿密度（g/m³）；
　　　w——含水率（%）。

（2）求最大干密度和最佳含水率。

以干密度为纵坐标，含水率为横坐标，绘制干密度与含水率的关系曲线，曲线上峰值点的纵、横坐标分别为最大干密度和最佳含水率（图 2-30）。如曲线不能绘出明显的峰值点，应进行补点或重做。

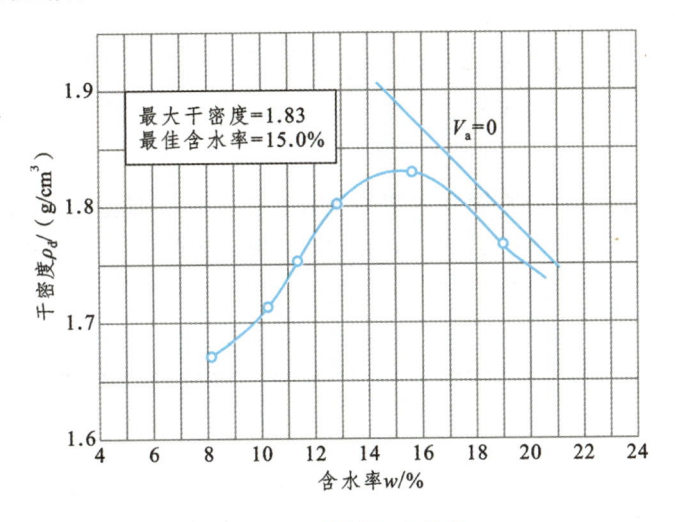

图 2-30　绘制击实曲线

（3）计算空气体积等于零的等值线，并将这根线绘在含水率与干密度的关系图上，以做比较。试样的干密度按下式计算：

$$\rho_d =(1-0.01V_a)/(1/G_s+w/100) \tag{2-106}$$

式中：ρ_d——试样的干密度（g/cm³）；
　　　V_a——空气体积（%）；
　　　G_s——试样密度，对于粗粒土，则为土中粗细颗粒的混合密度；
　　　w——试样的含水率（%）。

（4）当试样中有粒径大于 38 mm 的颗粒时，应先取出大于 38 mm 的颗粒，并求得其百分率 P，把小于 38 mm 的部分作击实试验，按下列公式分别对试验所得的最大干密度和最佳含水率进行校正（适用于大于 38 mm 的颗粒含量小于 30% 时）。

最大干密度按下式校正：

$$\rho'_{dm} = 1/[(1-0.01P)/\rho_{dm}+0.01P/G'_s] \tag{2-107}$$

式中：ρ'_{dm}——校正后的最大干密度（g/cm³）；
　　　ρ_{dm}——用粒径小于 38 mm 土样试验所得的最大干密度（g/cm³）；
　　　P——粒径大于 38 mm 颗粒的百分数（%）；

G'_s——粒径大于 38 mm 颗粒的毛体积密度，计算至 0.01 g/cm³。

最佳含水率校正：

$$w'_0 = w_0(1-0.01P) + 0.01Pw_2 \qquad (2\text{-}108)$$

式中：w'_0——校正后的最佳含水率（%）；

w_0——用粒径小于 38 mm 的土样试验所得的最佳含水率（%）；

P——粒径大于 38 mm 颗粒的百分比（%）；

w_2——粒径大于 38 mm 颗粒的吸水量（%）。

任务实施

根据试验规程，制备 5 种不同含水率的土样，然后进行击实试验，得到土样的最大干密度和最佳含水率，填写试验记录表（表 2-58），并绘制干密度与含水率关系曲线（图 2-31）。

表 2-58 标准击实试验记录表

	取样地点			试验日期		年	月	日
	土样类别			土样来源				
	筒号		筒容积			落距		
	击锤重			每层击数				
	试验次数	1	2	3	4	5	6
干密度	筒+土质量/g						
	筒质量/g						
	湿土质量/g						
	湿密度/(g/cm³)						
	干密度/(g/cm³)						
含水率/%	盒号						
	盒+湿土质量/g						
	盒+干土质量/g						
	盒质量/g						
	水质量/g						
	干土质量/g						
	含水率/%						
	平均含水率/%						
最佳含水率/%=				最大干密度/(g/cm³)=				

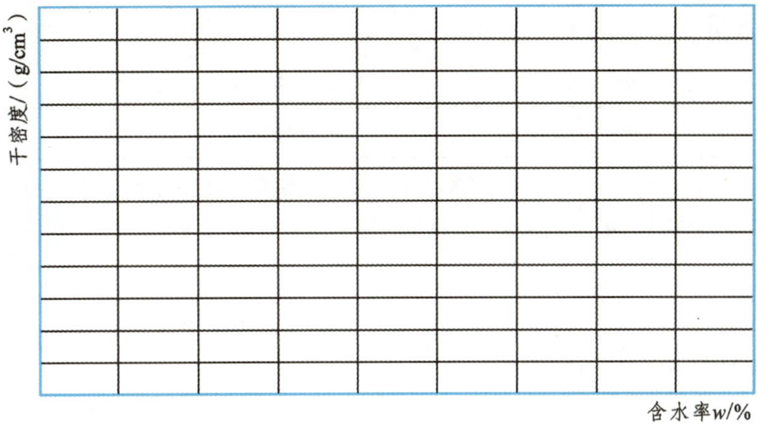

图2-31　干密度与含水率关系曲线

任务评价

（1）学生自评，见表2-59。

表2-59　学生自评表

序号	评价内容	考评要点	考评等级					问题说明
			优	良	中	及格	不及格	
1	学习准备工作	（1）按时完成； （2）准备工作						
2	职业素养	（1）团结协作； （2）自主学习，没有抄袭； （3）时间观念强，不迟到/早退/旷课						
3	收集资料信息情况	（1）收集了很多相关资料； （2）学习总结归纳						
4	学习工作页	（1）书写工整，无错别字； （2）按时完成，无错误						
5	小组角色完成情况	能很好地完成角色职责						
6	与组员合作情况	能和组员通力合作						
评价结果									
评价者签名：						日期：		

（2）教师评价，见表2-60。

表2-60　教师评价表

序号	实训内容	配分	评分标准	扣分	得分
1	考勤，课堂表现	20	小组点名，根据课堂表现情况打分，缺勤个人得分为零，有睡觉、玩手机等违反课堂纪律情况的视情节扣分		
2	根据所学知识，按要求完成任务	80	能正确归纳总结工程试验检测在实际工程中的目的和意义		
合计					

子任务二　水泥剂量测定（EDTA滴定试验）

知识准备

EDTA用途很广，是螯合剂的代表性物质，能和碱金属、稀土元素和过渡金属等形成稳定的水溶性络合物。用EDTA滴定法检测水泥或石灰剂量，仪器价格低廉、步骤简单、操作方便、准确可靠。

本试验方法适用于在工地快速测定水泥和石灰稳定土中水泥和石灰的剂量，并可用于检查拌和的均匀性。用于稳定的土可以是细粒土，也可以是中粒土和粗粒土。本方法不受水泥和石灰稳定土龄期（7 d以内）的影响。工地水泥和石灰稳定土含水率的少量变化（±2%）不影响测定结果，用本方法进行一次剂量测定，只需10 min左右。

本方法也可以用来测定水泥和石灰综合稳定土中结合料的剂量。

任务学习

1. 主要仪器设备

（1）滴定管（酸式）：50 mL的1支。

（2）滴定台：1个。

（3）滴定管夹：1个。

（4）大肚移液管：10 mL的10支。

（5）锥形瓶（三角瓶）：200 mL的20个。

（6）烧杯：2 000 mL或1 000 mL的1只；300 mL的10只。

（7）容量瓶：1 000 mL的1个。

（8）搪瓷杯：容量大于1 200 mL的10只。

（9）不锈钢棒或粗玻璃棒：10根。

（10）量筒：100 mL和5 mL各1只；50 mL的2只。

二维码：EDTA滴定步骤（视频）

（11）棕色广口瓶（装钙红指示剂）：60 mL 的 1 只。

（12）托盘天平：称量 500 g、感量 0.5 g 和称量 100 g、感量 0.1 g 的各 1 台。

（13）秒表：1 只。

（14）表面皿：ϕ9cm 的 10 个。

（15）研钵：ϕ12~13 cm 的 1 个。

（16）土壤筛：筛孔 2.0 mm 或 2.5 mm 的 1 个。

（17）洗耳球：1 个。

（18）精密试纸：pH 测量范围为 12~14。

（19）聚乙烯桶：20 L 的 1 个，装蒸馏水；10 L 的 2 个，装氯化铵及 EDTA 二钠标准液；5 L 的 1 个，装氢氧化钠。

（20）洗瓶（塑料）：500 mL 的 1 只。

（21）其他：毛刷、去污粉、吸水管、塑料勺、特种铅笔、厘米纸等。

2. 试验化学试剂

（1）0.1 mol/m³ 乙二胺四乙酸二钠（EDTA 二钠）标准液：准确称取 EDTA 二钠（分析纯）37.226 g，用微热的无二氧化碳蒸馏水溶解，待全部溶解并冷却至室温后，定容至 1 000 mL。

（2）10%氯化铵（NH_4Cl）溶液：将 500 g 氯化铵（分析纯或化学纯）放在 10 L 的聚乙烯桶内，加蒸馏水 4 500 mL，充分振荡，使氯化铵完全溶解。也可以分批在 1 000 mL 的烧杯内配制，然后倒入塑料桶内摇匀。

（3）1.8%氢氧化钠（内含三乙醇胺）溶液：准确称取 18 g 氢氧化钠（NaOH）（分析纯），放入洁净干燥的 1 000 mL 烧杯中，加入 1 000 mL 蒸馏水使其全部溶解，待溶液冷却至室温后，加入 2 mL 三乙醇胺（分析纯），搅拌均匀后储于 5 L 的塑料桶中。

（4）钙红指示剂：将 0.2 g 钙试剂羟酸钠（分子式：$C_{21}H_{14}N_2O_7S$，分子量：460.39）与 20 g 预先在 105 ℃烘箱中烘烤 1 h 的硫酸钾混合，一起放入研钵中，研成极细粉末，储于棕色广口瓶中，以防吸潮。

3. 准备标准曲线

（1）取样：取工地用石灰和集料，风干后分别过 2.0 mm 或 2.5 mm 筛，用烘干法或酒精燃烧法测其含水率（如为水泥可假定其含水率为 0%）。

（2）混合料组成的计算：

公式：干料质量 = 湿料质量 /（1 + 含水率）

计算步骤：

① 干混合料质量 = 300 g /（1 + 最佳含水率）；

② 干土质量 = 干混合料质量/（1 + 水泥或石灰剂量）；

③ 水泥（石灰）质量 = 干混合料质量 – 干土质量；

④ 湿土质量 = 干土质量 ×（1+含水率）；

⑤ 需加水的质量 = 300 g – 干混合料质量。

（3）准备 5 种试样，每种 2 个样品（以水泥集料为例）。

试样 1：称 2 份 300 g 的集料分别放在 2 个搪瓷杯内（300 g 为湿质量），集料的含水率应等于工地预期达到的最佳含水率，集料中所加的水应与工地所用的水相同。

试样 2：准备 2 份水泥剂量为 2% 的水泥土混合料试样，每份重 300 g，分别放入 2 个搪瓷杯内。水泥土混合料的含水率应等于工地预期达到的最佳含水率。混合料中所加的水应与工地所用的水相同。

试样 3、试样 4、试样 5：水泥剂量为 4%、6%、8% 的水泥土混合料试样，各准备 2 份，每份均重 300 g，分别放在 6 个搪瓷杯内，其他要求与试样 1 相同。

注：混合料如为细粒土，则每份的质量可以减少为 100 g。

这里准备标准曲线的水泥剂量为 0%、2%、4%、6%、8%，实际工作中应使工地实际所用水泥或石灰的剂量位于准备标准曲线时所用剂量的中间。

（4）取一个盛有试样的搪瓷杯，加入原先配置好的 10% 氯化铵溶液 600 mL，用搅拌棒充分搅拌 3 min（每分钟 110~120 次），放置沉淀 4 min，如 4 min 后得到的是混浊悬浮液，则应增加放置沉淀时间，直到出现澄清悬浮液为止，并记录所需的时间，以后所有该种水泥（石灰）土混合料的试验，均应以同一时间为准，然后将上部清液转移到 300 mL 烧杯内，搅匀，加盖表面皿待测。

注：当仅用 100 g 混合料时，只需加入 10% 氯化铵溶液 200 mL。

（5）用移液管吸取上层（液面下 1~2 cm）悬浮液 10 mL 放入 200 mL 的三角瓶内，用量筒取 1.8% 氢氧化钠（内含三乙醇胺）溶液 50 mL 倒入三角瓶中，此时溶液 pH 值应为 12.5~13.0（可用 pH 测量范围为 12~14 的精密试纸检验），然后加入钙红指示剂（体积约为黄豆粒大小），摇匀，溶液呈玫瑰红色。用 EDTA 二钠标准液滴定至纯蓝色为止。记录 EDTA 二钠的消耗量（以 mL 计，读至 0.1mL）。

（6）对其他几个搪瓷杯中的试样，用同样的方法进行试验，并记录各自的 EDTA 二钠的耗量。

（7）以同一水泥或石灰剂量混合料消耗 EDTA 二钠的平均值（mL）为纵坐标，以水泥或石灰剂量（%）为横坐标制图（图 2-32），两者的关系应是一条顺滑的曲线。如原材料发生改变，则必须重做标准曲线。

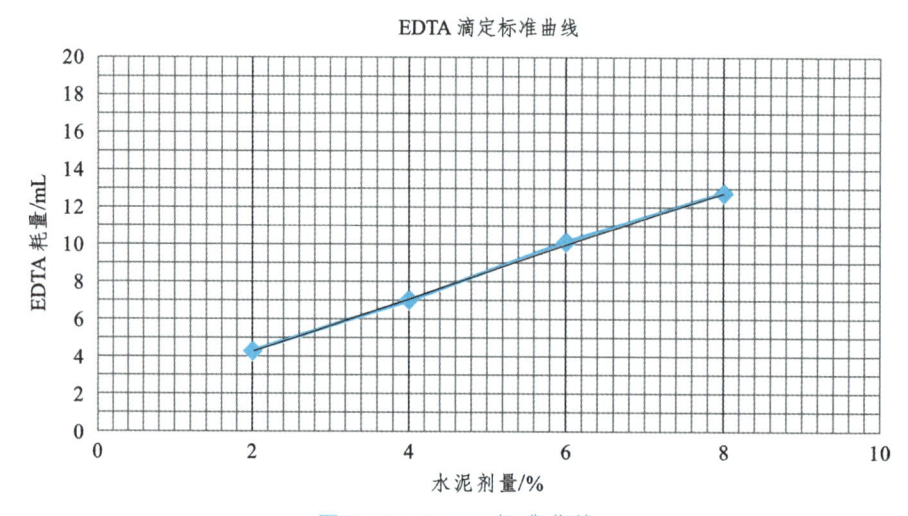

图 2-32　EDTA 标准曲线

4. 试验步骤

（1）选取有代表性的水泥土或石灰土混合料，称取 300 g 放在搪瓷杯中，用搅拌棒将结块搅散，加入 10%氯化铵溶液 600 mL，然后根据前述步骤进行试验。

（2）利用所绘制的标准曲线，根据所消耗的 EDTA 二钠体积，确定混合料中水泥或石灰的剂量。

任务实施

根据试验规程，配置试验需要的 4 种试剂，标定出标准曲线，再对给定的待检试样进行检测，对应出混合料的水泥剂量，并完成试验记录表 2-61 和表 2-62。本试验应进行两次平行测定，取两次 EDTA 消耗量的算术平均值，精确至 0.1 mL，允许重复性误差不得大于平均值的 5%，否则，应重新进行试验。

表 2-61　无机结合料稳定土中水泥或石灰剂量试验记录表（EDTA 法）

编号	结合料剂量/%	试样质量/g	EDTA 消耗量/mL 单次	EDTA 消耗量/mL 平均	标准曲线
1					
2					
3					
4					
5					
6					
7					
8					
9					
10					

表 2-62　水泥或石灰剂量测定记录表

工程名称			施工桩号		
结构层名称			稳定剂种类		
试样编号	①	②	③	④	⑤
试样质量/g					
EDTA 消耗量/mL					
结合料剂量/%					

任务评价

（1）学生自评，见表2-63。

表2-63　学生自评表

序号	评价内容	考评要点	考评等级					问题说明
			优	良	中	及格	不及格	
1	学习准备工作	（1）按时完成； （2）准备工作						
2	职业素养	（1）团结协作； （2）自主学习，没有抄袭； （3）时间观念强，不迟到/早退/旷课						
3	收集资料信息情况	（1）收集了很多相关资料； （2）学习总结归纳						
4	学习工作页	（1）书写工整，无错别字； （2）按时完成，无错误						
5	小组角色完成情况	能很好地完成角色职责						
6	与组员合作情况	能和组员通力合作						
评价结果								
评价者签名：						日期：		

（2）教师评价，见表2-64。

表2-64　教师评价表

序号	实训内容	配分	评分标准	扣分	得分
1	考勤，课堂表现	20	小组点名，根据课堂表现情况打分，缺勤个人得分为零，有睡觉、玩手机等违反课堂纪律情况的视情节扣分		
2	根据所学知识，按要求完成任务	80	能正确归纳总结工程试验检测在实际工程中的目的和意义		
合计					

学习情境三　道路施工试验检测

情境概述

一、职业能力分析

通过本情境的学习，期望学生能达到下列目标：

1. 知识目标

（1）掌握路面几何尺寸测定的方法与步骤。
（2）掌握 3 m 直尺测定路面平整度的试验方法、检测步骤及评定知识。
（3）掌握构造深度和摩阻摆值测定的试验原理、步骤，掌握路面抗滑性能评定方法。
（4）掌握路面渗水系数的检测方法与步骤。
（5）掌握灌砂法测定路基路面压实度的试验原理、试验步骤与评定方法。
（6）掌握路面回弹弯沉的检测步骤与评定方法。

2. 素质目标

（1）分小组任务实施，培养团队协作能力。
（2）严格记录，文明操作，培养良好的职业操守和安全环保意识。
（3）共同解决实际工程问题，培养自信心和沟通能力。

3. 技能目标

（1）能够熟练使用全站仪和水准仪进行路面几何尺寸的测定。
（2）能用 3 m 直尺测定路面平整度并进行评定。
（3）能够进行路面抗滑性能的检测与评定。
（4）能够进行路面渗水系数的检测与评定。
（5）能用灌砂法测定路基路面压实度并进行评定。
（6）能够进行路面回弹弯沉的检测与评定。
（7）能根据情境化的任务要求，制订试验实施方案，完成数据处理与质量评定。

二、学习情境描述

接某公路工程检测中心委托，对待测路段进行路面几何尺寸、平整度、抗滑性能、渗水系数、压实度和回弹弯沉的检测，要求根据项目资料制订试验检测实施方案，对待测路段进行检测，并给出质量评定结果。

三、学习环境要求

学习环境要求在专业的校内实习实训基地进行，或是在校企合作的实际项目场地进行。要求有沥青混合料试验路段，有全站仪、水准仪、3 m 直尺、连续式平整度仪、手工铺砂仪、电动铺砂仪、摆式仪、路面渗水系数测定仪、灌砂筒、贝克曼梁等检测仪器，同时提供实训指导书和任务单等资料。

学生 4 人一个小组，以"专业检测试验队"模式独立开展项目，课程完成后需提交任务书。

任务一　路基路面几何尺寸检测

任务背景

路基路面的几何尺寸检测包括中线平面偏位、纵断高程、宽度、横坡等，其质量直接影响行车安全、路面承载能力、排水性能等，是公路现场检测不可或缺的一部分。现场检测时，通常将以上项目选在同一断面位置，且宜在整数桩上测定。在路基路面施工过程中、交工验收期间及旧路调查过程中，都需要检测路基路面各部分的几何尺寸，以保证符合相关规定的要求。

知识目标

（1）掌握现场测试随机选点方法。
（2）掌握水准仪、全站仪的原理与测定方法。
（3）掌握中线偏位、纵断高程、宽度、横坡的概念。
（4）掌握宽度、高程、中线偏位、纵断高程、宽度、横坡的测定步骤及注意事项。
（5）掌握数据处理的方法。

能力目标

（1）能熟练掌握路面几何尺寸的检测程序。
（2）能够分小组按实训任务书要求选择测点位置，利用水准仪、全站仪测定路基路面几何尺寸。
（3）能正确填报检查记录表，按规定进行质量评定。

子任务一　路面几何尺寸检测

知识准备

路基路面各部分的宽度、高程、中线偏位等几何尺寸的检测是供道路施工过程中、路面交工验收期间及旧路调查过程中使用的。几何尺寸检测所用的仪器与材料有钢尺、经纬仪、全站仪、精密水准仪、塔尺、粉笔等。土方和填石路基的几何尺寸检测项目参见《公路工程质量检验评定标准　第一册　土建工程》（JTG F80/1—2017），土方和填石路基的实测项目包括纵断高程、中线偏位、宽度、横坡和边坡等。

路基宽度：行车道与路肩宽度之和，以 m 计。当设有中间带、变速车道、爬坡车道、紧急停车带时，尚应包括这些部分的宽度。

路面宽度：包括行车道、路缘带、变速车道、爬坡车道、硬路基和紧急停车带的宽度，以 m 计。

路基横坡：路槽中心线与路槽边沿两点的高程与水平距离的比值，以百分率表示。

路面横坡：对无中央分隔带的道路是指路拱表面直线部分的坡度；对有中央分隔带的道路是指路面与中央分隔带交界处及路面边沿与路基交界处两点的高程与水平距离的比值，以百分率表示。

路面中线偏位：路面实际中心线偏离设计中心线的距离，以 mm 计。

测量时必须注意：

（1）路面宽度必须是水平宽度。

（2）由于纵断高程规定的断面位置在道路设计时并不统一，所以不规定测定断面的位置，仅规定按道路设计标准决定断面位置。高程检验的关键在于测定高程的位置是否准确，所以恢复桩号的位置一定要准确。

（3）测定横坡时，如果中心线处有路拱，那测定值仅仅是平均横坡，此时要按设计横断面图换算成设计的平均横坡，再进行比较。

任务学习

1. 准备工作

（1）恢复桩号。

（2）按随机取样的方法，在一个检测路段内选取测定的断面位置及里程桩号，在测定断面做上记号。通常将路面宽度、横坡、高程及中线偏位选在同一断面位置，且宜在整数桩号上。

（3）根据道路设计的要求，确定路基路面各部分设计宽度的边界位置，在测定位置上用粉笔作上记号。

（4）根据设计的要求，确定设计高程的纵断面位置，用粉笔作上记号。

（5）根据道路设计的要求，在与中线垂直的横断面上确定成型后路面的实际中线位置。

（6）根据设计的路拱形状，确定曲线与直线部分的交界位置及路面与路肩（硬路肩）的交界位置，作为横坡检验的标准；当有路缘石或中央分隔带时，以两侧路缘石边缘为横坡测定的基准点，用粉笔作记号。

2. 纵断高程测定

（1）将水准仪架设在路面平顺处整平，以路线附近的水准点高程为基准，依次将塔尺竖立在中线的测定位置上，测记测定点的高程读数，以 m 计，准确至 0.001 m。

（2）连续测定全部测点，并与水准点闭合。各测点的实测高程 H_i 与设计高程 H_{0i} 之差按下式计算：

$$\Delta H = H_i - H_{0i} \tag{3-1}$$

式中：ΔH——高差（m）；

H_i——实测高程（m）；

H_{0i}——设计高程（m）。

纵断高程检验的关键在于测定高程的位置是否准确。

3. 横坡测定

对于无中央分隔带的公路路面，横坡是指路拱两侧直线部分的坡度；对于有中央分隔带的公路路面，横坡是指路面与中央分隔带交界处及路面边缘与路肩交界处两点的高程差与水平距离的比值，以%表示。其测定方法如下：

（1）对设有中央分隔带的路面，测定横坡时，将水准仪架设在路面平顺处整平，将塔尺分别竖立在路面与中央分隔带分界的路缘带边缘 d_1 处，以及路面与路肩交界（或外侧路缘石主缘）的标记 d_2 处，d_1 和 d_2 测点必须在同一横断面上。测量 d_1 和 d_2 处的高程，记录高程读数，以 m 计，准确至 0.001 m。

（2）对无中央分隔带的路面，测定横坡时，将水准仪架设在路面平顺处整平，将塔尺分别竖立在路拱曲线与直线部分的交界位置 d_1 处，以及路面与路肩的交界位置 d_2 处，d_1 和 d_2 测点必须在同一横断面上。测量 d_1 和 d_2 处的高程，记录高程读数，以 m 计，准确至 0.001 m。

（3）用钢尺测量两测点的水平距离 B_i，以 m 计。对于高速公路和一级公路，准确至 0.005 m；对于其他等级公路，准确至 0.01 m。

各测点断面的横坡度，按下式计算：

$$i_1 = \frac{h_{d1} - h_{d2}}{B_i} \times 100\% \tag{3-2}$$

实测横坡 i_1 与设计横坡 i_{0i} 之差 Δi 按下式计算：

$$\Delta i_1 = i_1 - i_{0i} \tag{3-3}$$

式中：i_1——各测定断面的横坡（%）；

h_{d1}、h_{d2}——各断面测点 d_1 及 d_2 处的高程读数（m）；

B_i——各断面测点 d_1 与 d_2 之间的水平距离（m）；

i_{0i}——各断面的设计横坡（%）；

Δi——各测定断面的横坡和设计横坡的差值（%）。

4. 路基路面宽度及中线偏差测定

路基宽度是指行车道与路肩宽度之和，以 m 计；路面宽度包括行车道、路缘带、变速车道、爬坡车道、硬路肩和紧急停车带的宽度，以 m 计。其测定方法如下：

用钢尺沿中心线垂直方向水平量取路基路面各部分的宽度，以 m 计。对于高速公路及一级公路，准确至 0.005 m；对于其他公路，准确至 0.01 m。测量时量尺应保持水平，不得将尺紧贴路面量取，也不得使用皮尺。各测定断面的实测度 B_i 与设计宽度 B_{0i} 之差 ΔB_i 按下式计算：

$$\Delta B_i = B_i - B_{0i} \tag{3-4}$$

5. 报告

（1）以评定路段为单位列出桩号、宽度、高程、横坡以及中线偏位测定的记录表，记录平均值、标准差、变异系数，注明不符合规范要求的断面。

（2）纵断高程测试报告中应体现实测高程与设计高程的差值，实测高程低于设计高程，差值为负；实测高程高于设计高程，差值为正。

（3）路面横坡测试报告中应体现实测横坡与设计横坡的差值，实测横坡小于设计横坡，差值为负；实测横坡大于设计横坡，差值为正。

任务实施

在校园内，选取 500 m 试验路段，按要求对路面进行几何尺寸检测，要求测出路面宽度、纵断高程、中线偏位等，完成实训任务，并填写表 3-1。

表 3-1 路基路面高程、横坡试验检测报告

				BGLP01002F		
施工/委托单位			工程名称			
工程部位/用途						
样品信息						
检测依据			判定依据			
主要仪器设备名称及编号						
检测路段			结构层次			
检测结果							
序号	测点桩号（幅段）	实测高程/m	偏差/mm	合格判定	实测横坡/%	偏差/%	合格判定
高程测点数		合格数		合格率/%		允许偏差/mm	
横坡测点数		合格数		合格率/%		允许偏差/mm	
检测结论：							

任务评价

（1）学生自评，见表3-2。

表 3-2　学生自评表

序号	评价内容	考评要点	考评等级 优	良	中	及格	不及格	问题说明
1	学习准备工作	（1）按时完成； （2）准备工作						
2	职业素养	（1）团结协作； （2）自主学习，没有抄袭； （3）时间观念强，不迟到/早退/旷课						
3	收集资料信息情况	（1）收集了很多相关资料； （2）学习总结归纳						
4	学习工作页	（1）书写工整，无错别字； （2）按时完成，无错误						
5	小组角色完成情况	能很好地完成角色职责						
6	与组员合作情况	能和组员通力合作						
评价结果								
评价者签名：				日期：				

（2）教师评价，见表3-3。

表 3-3　教师评价表

序号	实训内容	配分	评分标准	扣分	得分
1	考勤，课堂表现	20	小组点名，根据课堂表现情况打分，缺勤个人得分为零，有睡觉、玩手机等违反课堂纪律情况的视情节扣分		
2	根据所学知识，按要求完成任务	80	能正确归纳总结工程试验检测在实际工程中的目的和意义		
合计					

任务二　路基路面平整度检测

任务背景

路基路面工程平整度情况会影响公路的使用性能、行车安全和舒适性，因此平整度检测技术在路基路面工程中尤为重要。

路面平整度指的是路表面纵向凹凸量的偏差值，是路面评价及路面施工验收中的一个重要指标，主要反映的是路面纵断面剖面曲线的平整性。当路面纵断面剖面曲线相对平滑时，则表示路面相对平整，或平整度相对较好，反之则表示平整度相对较差。好的路面要求路面平整度也要好。

知识目标

（1）掌握路基路面平整度测定的原理、方法。
（2）掌握 3 m 直尺测定路面平整度的步骤及注意事项。
（3）掌握连续式平整度仪测定平整度的试验步骤及注意事项。
（4）掌握 3 m 直尺和连续式平整度仪测定平整度的数据处理方法。

能力目标

（1）能够分小组熟练运用 3 m 直尺测定路面的平整度。
（2）能够按实训任务要求分小组操作连续式平整度仪测定路面平整度。
（3）能正确填报检查记录表，按规定进行路面平整度质量评定。

子任务一　3m 直尺测定路面平整度

知识准备

3 m 直尺测定法有单尺测定最大间隙和等距离（1.5 m）连续测定两种。

单尺测定最大间隙常用于施工时的质量控制和检查验收，测定时要计算出测定段的合格率；等距离连续测定也可用于施工质量检查验收，但要算出标准差，用标准差来表示平整度。

用 3 m 直尺基准面距离路表面的最大间隙（以 mm 计）反映路基路面的凹凸情况，最大间隙值越大，说明路表面越不平整。本方法适用于测定压实成型的路面各层的平整度，以评定路面的施工质量，也可用于路基表面成型后的施工平整度检测。

任务学习

一、主要仪器设备的要求

1. 3 m 直尺

测量基准面长度为 3 m，基准面应平直，用硬木或铝合金钢等材料制成（图3-1）。

二维码：3 m直尺测路面平整度操作（视频）

图3-1　3 m 直尺

2. 最大间隙测量器具

（1）楔形塞尺（图3-2）：硬木或金属制的三角形塞尺，有手柄。塞尺的长度与高度之比不小于10，宽度不大于 15 mm，边部有高度标记，刻度读数分辨率小于或等于 0.2 mm。

图 3-2　楔形塞尺

（2）深度尺：金属制的深度测量尺，有手柄。深度尺测量杆端头直径不小于 10 mm，刻度读数分辨率小于或等于 0.5 mm。

（3）其他：皮尺或钢尺（图3-3）、粉笔、扫帚等。

图 3-3　皮尺

二、方法与步骤

1. 准备工作

（1）按有关规定选择测试路段。

（2）测试路段的测试地点选择：当为沥青路面施工过程中的质量检测时，测试地点应选在接缝处，以单杆测定评定；除高速公路外，也可用于其他等级公路路基路面工程质量的检查验收或路况评定。除特殊需要外，应以行车道一侧车轮轮迹（距车道线 0.8～1.0 m）作为连续测定的标准位置。对已形成车辙路面的旧路，应取车辙中间点为测定位置，用粉笔在路面做好标记。

（3）清理路面测定位置处的污物。

2. 测试步骤

（1）在施工过程中检测时，根据确定的方向，将 3 m 直尺摆在测试地点的路面上。

（2）目测 3 m 直尺底面与路面的间隙情况，确定间隙最大的位置（图 3-4）。

图 3-4　目测 3 m 直尺底面与路面的间隙

（3）用有高度标线的塞尺塞进最大间隙处,量记最大间隙的高度(mm),或用深度尺在最大间隙的位置测量直尺顶面距地面的深度,该深度减去尺高即为测试点的最大间隙高度,准确到 0.5 mm。

（4）在施工结束后检测时,每 1 处连续检测 5 尺,按步骤(1)~(3)测记 5 个最大间隙。

三、数据处理与评定

1. 数据处理

单尺检测路面的平整度,以 3 m 直尺与路面的最大间隙为测定结果。连续测定 10 尺时,先判断每个测定值是否合格,再根据要求计算合格率,并计算 10 个最大间隙的平均值。

$$合格率(\%)=合格尺数/总测尺数\times100\%$$

单尺检测时应随时记录测试位置及检测结果。连续测定 10 尺时,应报告平均值、不合格尺数、合格率(表 3-4)。

表 3-4 平整度记录表

桩号	读数/mm					最大值/mm
K186+100	1.0	2.0	3.0	3.0	2.0	3
K186+200	1.0	3.0	2.5	2.0	1.0	3
K186+300						
本段检测点数:10 个,合格点数:10 个,合格率:100%						

2. 结果评定

《公路工程质量检验评定标准 第一册 土建工程》(JTG F80/1—2017)中对于高速公路和一级公路的路面层取消了 3 m 直尺作为平整度的检验评定指标,采用连续式平整度仪为主。对于采用 3 m 直尺作为平整度检验评定指标的公路,按尺数的合格率计分。

任务实施

采用单尺测定最大间隙法,用 3 m 直尺测定试验路段路面平整度,处理数据,作出质量评定,完成实训任务表格,见表 3-5。

表 3-5 路基路面平整度试验检测报告(3m 直尺法)

				BGLP01004F
施工/委托单位		工程名称		
工程部位/用途				
样品信息				
检测依据		判定依据		
主要仪器设备名称及编号				
检测路段		结构层次		

续表

序号	桩号及位置	测定平均值/mm	平整度规定值/mm	结果判定
总尺数		合格尺数		合格率/%	

检测结论：

任务评价

（1）学生自评，见表3-6。

表3-6 学生自评表

序号	评价内容	考评要点	优	良	中	及格	不及格	问题说明
1	学习准备工作	（1）按时完成； （2）准备工作						
2	职业素养	（1）团结协作； （2）自主学习，没有抄袭； （3）时间观念强，不迟到/早退/旷课						
3	收集资料信息情况	（1）收集了很多相关资料； （2）学习总结归纳						
4	学习工作页	（1）书写工整，无错别字； （2）按时完成，无错误						
5	小组角色完成情况	能很好地完成角色职责						
6	与组员合作情况	能和组员通力合作						
评价结果								
评价者签名：						日期：		

（2）教师评价，见表 3-7。

表 3-7　教师评价表

序号	实训内容	配分	评分标准	扣分	得分
1	考勤，课堂表现	20	小组点名，根据课堂表现情况打分，缺勤个人得分为零，有睡觉、玩手机等违反课堂纪律情况的视情节扣分		
2	根据所学知识，按要求完成任务	80	能正确归纳总结工程试验检测在实际工程中的目的和意义		
合计					

子任务二　连续式平整度测试

知识准备

连续式平整度仪最主要的优点是可以连续测量，适用于测定路面的平整度、评定路面的施工质量和使用质量，但不适用于破损严重的路面测定。

连续式平整度仪主要由机械和电气部分组成（图 3-5）。电气部分为无线数据采集器和主控制器，出厂时均放置在主控制器箱中，使用时，取出无线数据采集器放置在机架上即可，主控制器使用车载 12 V 电源。

图 3-5　连续式平整度仪

任务学习

一、测试步骤

1. 准备工作

（1）选择测试路段。

（2）当施工过程中质量检测需要时，测试地点根据需要决定；当路基路面工程质量检查验收或进行路况评定需要时，通常以行车道一侧车轮轮迹带作为连续测定的标准位置。对已形成车辙路面的旧路，取一侧车辙的中间点作为测定位置，当以内侧轮迹（外侧轮迹）作为测定位置时，测定位置应距车道标线 80~100 cm。

（3）清扫路面测定位置处的杂物。

（4）检查仪器检测箱各部分是否完好、灵敏，并将各连接线接好，安装记录设备。

2. 测试步骤

（1）将连续式平整度测定仪置于测试路段起点处。

（2）在牵引汽车的后部，将平整度仪的挂钩挂上后，放下测定轮，启动检测器及记录仪，随即启动汽车，沿道路纵向行驶，横向位置保持稳定，并检查平整度检测仪表上测定数字显示、打印、记录的情况。如遇检测设备中某项仪表发生故障，须立即停止检测。牵引平整度仪的速度应保持匀速，速度宜为 5 km/h，最大不得超过 12 km/h。

测试路段较短时，可用人力拖拉平整度仪测定路面的平整度，拖拉时应保持匀速前进。

二、检测数据的处理与评定

（1）连续式平整度测定仪测定后，除可以按每 10 cm 间距采集的位移值自动计算每个计算区间的平整度标准差（mm）外，还可以记录测试长度（m）、曲线振幅大于某一定值（如 3 mm、5 mm 等）的次数、曲线振幅的单向（凸起或凹下）累计值及以 3 m 机架为基准的中点路面偏差曲线等的计算打印输出。当为人工计算时，在记录曲线上任意设一基准线，每隔一定距离（宜为 1.5 m）读取曲线偏离基准线的偏离位移值。

（2）每个计算区间的路面平整度以该区间测定结果的标准差按下式表示：

$$\sigma_i = \sqrt{\frac{\sum d_i^2 - \left(\sum d_i\right)^2 / N}{N-1}} \qquad (3\text{-}5)$$

式中：σ_i——各计算区间的平整度计算值（mm）；

d_i——以 100 m 作为一个计算区间，每隔一定距离（自动采集间距为 10 cm，人工采集间距为 1.5 m）采集的路面凹凸偏差位移值（mm）；

N——计算区间用于计算标准差的测试数据个数。

（3）计算一个评定路段内各区间平整度标准差的平均值、标准差、变异系数及合格率。

任务实施

用八轮连续式平整度仪测定试验路段路面平整度，并作出质量评定，完成实训任务表格（表 3-8）。

表 3-8　平整度检测记录表（连续式平整度仪）

工程部位/用途			委托/任务编号	
试验依据			样品编号	
样品描述			样品名称	
试验条件			试验日期	
主要仪器设备及编号				
结构层次			平整度标准值/mm	
桩号		数据/mm	桩号	数据/mm
区间数			平均值/mm	
标准差/mm			偏差系数/%	
备注：				

任务评价

（1）学生自评，见表3-9。

表 3-9　学生自评表

序号	评价内容	考评要点	考评等级 优	良	中	及格	不及格	问题说明
1	学习准备工作	（1）按时完成； （2）准备工作						
2	职业素养	（1）团结协作； （2）自主学习，没有抄袭； （3）时间观念强，不迟到/早退/旷课						
3	收集资料信息情况	（1）收集了很多相关资料； （2）学习总结归纳						
4	学习工作页	（1）书写工整，无错别字； （2）按时完成，无错误						
5	小组角色完成情况	能很好地完成角色职责						
6	与组员合作情况	能和组员通力合作						
评价结果								
评价者签名：			日期：					

（2）教师评价，见表3-10。

表 3-10　教师评价表

序号	实训内容	配分	评分标准	扣分	得分
1	考勤，课堂表现	20	小组点名，根据课堂表现情况打分，缺勤个人得分为零，有睡觉、玩手机等违反课堂纪律情况的视情节扣分		
2	根据所学知识，按要求完成任务	80	能正确归纳总结工程试验检测在实际工程中的目的和意义		
			合计		

任务三　路面抗滑性能检测

任务背景

一、定义

路面抗滑性能是指路面抵抗车辆轮胎受到制动时沿表面滑移的能力,是反映路面安全性能的一个指标,也是一项非常重要的路面质量评定指标。路面抗滑性能不足,会使车辆空转滑移、横向滑移以及制动距离增大,80%以上的交通事故与路面滑溜有关。为了减少路面的交通事故(特别是雨天),需要提高路面的抗滑能力。影响抗滑性能的因素有路面表面特征、路面潮湿程度、路面温度、行车速度等。

二、表征抗滑性能的指标与方法

(1)摩擦系数:摩擦系数测试车、制动距离法。
(2)摩擦摆值:摆式仪法。
(3)构造深度:手工铺砂法、电动铺砂法、激光法。
(4)横向力系数:横向力系数测试车。
各抗滑性能测试方法比较,见表3-11。

表3-11　路面抗滑性能测试方法比较

测试方法	测试原理	测试指标	试用范围
手工铺砂法、电动铺砂法	将已知体积的砂,摊铺在测点路表上,量取摊平覆盖的面积。砂的体积与所覆盖平均面积的比值,即为构造深度	构造深度 TD/mm	适用于测试沥青路面及无刻槽水泥混凝土路面的表面构造深度
车载式激光构造深度仪测	发射光线,用200多个二极管接收返回光束,利用二极管被点亮的时间差算出所测路面的构造深度	构造深度 TD/mm	适用于测试沥青路面及无刻槽水泥混凝土路面的表面构造深度
摆式仪法	摆锤从一定高度自由下摆,与地面接触消耗部分能量,使摆锤只能摆到一定高度。表面摩阻力越大,摆锤高度越小	摩阻摆值(BPN)	适用于以指针式摆式仪测试无刻槽水泥路面和沥青路面的摆式摩擦系数(BPN)
横向力系数测试系统法	安装有标准轮胎的汽车以一定速度在潮湿路面行驶,试验轮胎受到侧向摩阻作用,摩阻力除以试验轮胎上的载重,即为横向力系数	横向力系数 SFC	适用于单轮式横向力系数测试系统在新、改建路面工程质量验收和无严重坑槽、车辙等病害的正常行车条件下连续采集路面的横向力系数

三、抗滑性能要求

高速公路、一级公路的路面应具有良好的抗滑性能，其沥青路面抗滑性能应符合规范的要求；二级公路及三级公路应根据各路段的具体情况采取必要的技术措施，以提高路面抗滑性能。

在设计高速公路、一级公路的沥青面层时，应选用抗滑、耐磨石料，其石料磨光值应大于42。高速公路、一级公路的摩阻系数宜在竣工后第一个夏季采用摩阻系数测定车，以（50±1）km/h的车速测定横向力系数（SFC）；宏观构造深度应在竣工后第一个夏季用铺砂法或激光构造深度仪测定，此时的测定值应符合表3-12的要求。

表3-12 沥青表面层抗滑标准

指标	竣工验收值		
	横向力系数 SFC	摆值 FB（BPN）	构造深度 TD/mm
规定值	≥54	≥45	≥0.55

知识目标

（1）掌握手工铺砂法测定路面构造深度的原理、方法、步骤。
（2）掌握电动铺砂法测定路面构造深度的原理、方法、步骤。
（3）掌握摆式仪法测定路面抗滑性能的原理、方法、步骤。
（4）掌握抗滑性能的数据处理和质量评定。

能力目标

（1）能够熟练使用手工铺砂法测定路面的构造深度。
（2）能够用电动铺砂仪测定路面的构造深度。
（3）能够用摆式仪测定潮湿路面的摩阻摆值。
（4）能正确填报检查记录表，按规定进行路面抗滑性能质量评定。

子任务一 手工铺砂法测定路面构造深度

知识准备

路面的宏观构造深度是指一定面积的路表面凹凸不平的开口孔隙的平均深度。它是影响抗滑性能的重要因素之一。

铺砂法的原理是将已知体积的砂在路表面上摊成一定范围的圆，砂的体积与所覆盖表面的平均面积的比称为路面的构造深度，用 TD 表示，单位为 mm。

该法适用于测定沥青路面及无刻槽水泥混凝土路面的表面构造深度，用以评定路表面的宏观粗糙度、路表面排水及抗滑性能。

任务学习

一、主要仪器设备与材料

1. 人工铺砂仪

人工铺砂仪由量砂筒、推平板、刮平尺组成。

（1）量砂筒：一端是封闭的，容积为（25±0.15）mL，可通过称量砂筒中水的质量确定其容积（V），并调整其高度，使其容积符合规定要求。用专门的刮尺将筒口量砂刮平。

（2）推平板：推平板应为木制或铝制，直径为50 mm，底面粘一层厚1.5 mm的橡胶片，上面有一圆把手。

（3）刮平尺：可用30 cm钢板尺代替。

2. 量砂

足够数量的干燥洁净的匀质砂，粒径为0.15～0.30 mm。

3. 量尺

钢板尺、钢卷尺，或采用已将直径换算成构造深度作为刻度单位的专用构造深度尺。

4. 其他

装砂容器、小铲、扫帚或毛刷、挡风板等。

二维码：手工铺砂法操作步骤（视频）

二、试验方法与步骤

1. 准备工作

（1）量砂准备：取洁净的细砂晾干、过筛，取粒径为0.15～0.3 mm的砂置于适当的容器中备用。量砂只能在路面上使用一次，不宜重复使用。回收砂必须经干燥、过筛处理后方可使用。

（2）确定测点：对测试路段按随机取样选点的方法，决定测点所在横断面位置。测点应选在行车道的轮迹带上，距路面边缘不小于1 m。

2. 试验步骤

（1）用扫帚或毛刷将测点附近的路面清扫干净，面积不小于30 cm×30 cm。

（2）用小铲向量砂筒中缓缓注入准备好的量砂至高出量筒成尖顶状，手提量砂筒上部，用钢尺轻轻叩打圆筒中部3次，再一次性补足砂面，并用刮尺沿筒口一次刮平。

注意：不可直接用量砂筒装砂，以免影响量砂密度的均匀性。

（3）将砂倒在路面上，用底面粘有橡胶片的推平板由里向外重复做摊铺动作，稍加用力将砂细心地尽可能地向外摊开（不可用力过大或向外推挤），使砂填入凹凸不平的路表面孔隙中；尽可能将砂摊成圆形，并不得在表面上留有浮动的余砂（图 3-6）。

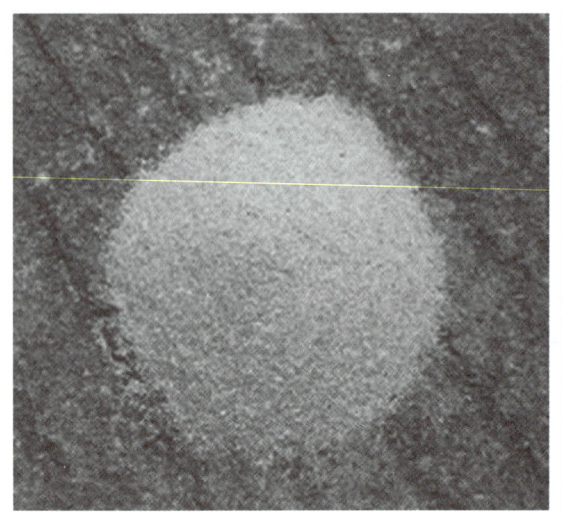

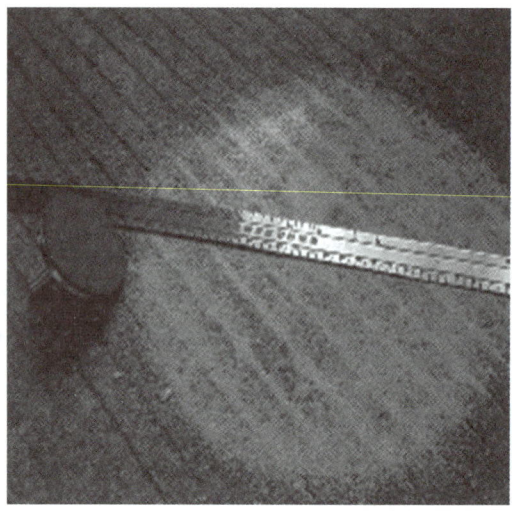

图 3-6　手工铺砂法

（4）用钢板尺测量所摊铺成圆的两个垂直方向的直径，取其平均值，准确至 1 mm。
（5）按上述方法，同一处平行测定不少于 3 次，3 个测点均位于轮迹带上，测点间距为 3～5 m。该处的测点位置以中间测点的位置表示。

三、试验结果整理

（1）路表面构造深度测定结果按下式计算：

$$TD = \frac{1000V}{\pi D^2/4} = \frac{31\,831}{D^2} \tag{3-6}$$

式中：TD——路表面构造深度（mm）；
　　　V——砂的体积（cm³），取 25 cm³；
　　　D——摊平砂的平均直径（mm）。

（2）试验结果取每一处 3 次路面构造深度测定结果的平均值，准确至 0.1 mm。
（3）计算每个评定区间路面构造深度的平均值、标准差、变异系数。
（4）列表逐点报告路面构造深度的测定值及 3 次测定的平均值，当平均值小于 0.2 mm 时，试验结果以＜0.2 mm 表示。

任务实施

根据试验要求，用手工铺砂法测定待测路段的路面构造深度，评定其抗滑性能，完成实训表格（表 3-13）。

表 3-13　路面构造深度试验检测记录表（手工铺砂法）

检测单位名称：							记录编号：JGLP01007a		
工程名称									
工程部位/用途									
样品信息									
试验检测日期					试验条件				
检测依据					判定依据				
主要仪器设备名称及编号									
检测路段					混合料类型				
桩号	位置	砂体积 /cm³	摊平砂直径/mm			构造深度 /mm	平均构造深度 /mm	备注
			1	2	平均			

附加声明：

任务评价

（1）学生自评，见表3-14。

表3-14 学生自评表

序号	评价内容	考评要点	考评等级					问题说明
			优	良	中	及格	不及格	
1	学习准备工作	（1）按时完成； （2）准备工作						
2	职业素养	（1）团结协作； （2）自主学习，没有抄袭； （3）时间观念强，不迟到/早退/旷课						
3	收集资料信息情况	（1）收集了很多相关资料； （2）学习总结归纳						
4	学习工作页	（1）书写工整，无错别字； （2）按时完成，无错误						
5	小组角色完成情况	能很好地完成角色职责						
6	与组员合作情况	能和组员通力合作						
评价结果									
评价者签名：			日期：				

（2）教师评价，见表3-15。

表3-15 教师评价表

序号	实训内容	配分	评分标准	扣分	得分
1	考勤，课堂表现	20	小组点名，根据课堂表现情况打分，缺勤个人得分为零，有睡觉、玩手机等违反课堂纪律情况的视情节扣分		
2	根据所学知识，按要求完成任务	80	能正确归纳总结工程试验检测在实际工程中的目的和意义		
合计						

子任务二　电动铺砂法测定路面构造深度

知识准备

电动铺砂仪用于检测评定路面的宏观粗糙度及路面抗滑能力，操作简单、使用方便，避免了人为的误差。

任务学习

一、主要仪器设备与材料

（1）电动铺砂仪（图3-7）：利用可充电的直流电源将量砂通过砂漏铺设成宽度5 cm、厚度均匀一致的器具。

图 3-7　电动铺砂仪

（2）量砂：足够数量的干燥洁净的匀质砂，粒径为 0.15～0.3 mm。
（3）标准量筒：容积 50 mL。
（4）玻璃板：面积大于铺砂器，厚 5 mm。
（5）其他：直尺、扫帚、毛刷等。

二、准备工作

1. 量砂准备

取洁净的细砂晾干，过筛，取粒径为 0.15～0.3 mm 的砂置于适当的容器中备用。试验时，量砂只能一次性使用，不得重复使用。

2. 确定测点

对测试路段按随机取样选点的方法，决定测点所在横断面的位置，测点应选在行车道的轮迹带上，距路面边缘不应小于 1 m。

3. 电动铺砂仪标定

（1）将铺砂器平放在玻璃板上，将砂漏移至铺砂器端部。
（2）量筒口与灌砂漏斗口大致齐平，通过漏斗向量筒中缓缓注入准备好的量砂至高出量筒成尖顶状，用直尺沿筒口一次刮平，其容积为 50 mL。
（3）将漏斗口与铺砂器砂漏上口大致齐平，将量砂筒内的砂通过漏斗均匀倒入砂漏，漏斗前后移动，使砂的表面大致齐平，但不得用任何其他工具刮动砂。
（4）启动电机，使砂漏向另一端缓缓运动，量砂沿砂漏底部铺成宽 50 mm 的带状，待砂全部漏完后停止。

（5）量砂的摊铺长度 L_0 按下式计算，准确至 1 mm：

$$L_0 = (L_1 + L_2)/2 \tag{3-7}$$

式中：L_0——玻璃板上 50 mL 量砂摊铺的长度（mm），由 L_1 和 L_2 的平均值决定；

L_1、L_2——按图 3-8 的方法量取的摊铺长度（mm）。

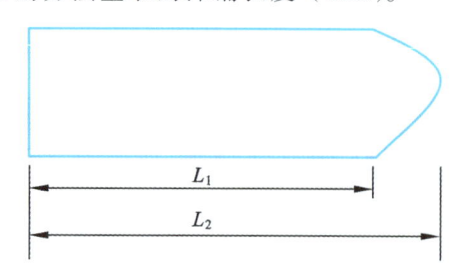

图 3-8　L_1 和 L_2 的量取方法

（6）重复标定 3 次，取平均值决定 L_0 的长度，准确至 1 mm。标定应在每次测试前进行，用同一种量砂方法、由同一测试人员进行。

三、测试步骤

（1）将测试地点用毛刷刷净，面积大于铺砂仪。

（2）将铺砂仪沿道路纵向平稳地放在路面上，将砂漏移至端部。

（3）按上述电动铺砂器标定相同的步骤，在测试地点摊铺 50 mL 量砂，按图 3-8 的方法量取摊铺长度 L_1 和 L_2，由下式计算 L，准确至 1 mm。

$$L = (L_1 + L_2)/2 \tag{3-8}$$

式中：L——路面上 50 mL 量砂摊铺的长度（mm）。

（4）按以上步骤，同一处平行测定不少于 3 次，3 个测点均应位于轮迹带上，测点间距 3~5 m，该处的测定位置以中间测点的位置表示。

四、数据处理

（1）铺砂仪在玻璃板上摊铺的量砂厚度 t_0 按下式计算：

$$t_0 = \frac{V}{BL_0} \times 1\,000 = \frac{1\,000}{L_0} \tag{3-9}$$

式中：t_0——量砂在玻璃板上摊铺的标定厚度（mm）；

V——量砂的体积（50 mL）；

B——铺砂仪的铺砂宽度（50 mm）。

（2）构造深度 TD 按下式计算：

$$TD = t - t_0 = 1\,000/L - 1\,000/L_0 = \frac{L_0 - L}{L \times L_0} \times 1\,000 \tag{3-10}$$

（3）试验结果取每一处 3 次路面构造深度测试结果的平均值，准确至 0.1 mm。当平均值小于 0.2 mm 时，试验结果以＜0.2 mm 表示。

（4）计算每个测试路段构造深度的平均值、标准差、变异系数。

五、报告内容

本方法应报告以下技术内容：
（1）测试路段信息（桩号、测试位置等）。
（2）构造深度。
（3）测试路段构造深度的平均值、标准差及变异系数。

任务实施

根据试验要求，用电动铺砂仪测定待测路段的路面构造深度，评定其抗滑性能，完成实训表格，见表 3-16。

表 3-16　路基路面构造深度试验检测记录表（电动铺砂仪法）

检测段落				试验条件		
试验依据				试验日期		
路面类型				结构类型		
电动铺砂仪标定	量砂摊铺长度/mm			标定摊铺长度 L_0/mm	
^	L_1	L_2	平均 L		
^					
^					
^					
桩号	位置	量砂摊铺长度/mm			构造深度/mm		备注
^	^	L_1	L_2	平均 L	TD	平均 TD	^

结果评定：

备注：

任务评价

（1）学生自评，见表3-17。

表3-17 学生自评表

序号	评价内容	考评要点	考评等级					问题说明
			优	良	中	及格	不及格	
1	学习准备工作	（1）按时完成； （2）准备工作						
2	职业素养	（1）团结协作； （2）自主学习，没有抄袭； （3）时间观念强，不迟到/早退/旷课						
3	收集资料信息情况	（1）收集了很多相关资料； （2）学习总结归纳						
4	学习工作页	（1）书写工整，无错别字； （2）按时完成，无错误						
5	小组角色完成情况	能很好地完成角色职责						
6	与组员合作情况	能和组员通力合作						
评价结果								
评价者签名：							日期：	

（2）教师评价，见表3-18。

表3-18 教师评价表

序号	实训内容	配分	评分标准	扣分	得分
1	考勤，课堂表现	20	小组点名，根据课堂表现情况打分，缺勤个人得分为零，有睡觉、玩手机等违反课堂纪律情况的视情节扣分		
2	根据所学知识，按要求完成任务	80	能正确归纳总结工程试验检测在实际工程中的目的和意义		
			合计		

子任务三　摆式仪测定路面摩擦系数

知识准备

以摆式摩擦系数（测定仪）测定沥青路面及水泥混凝土路面的抗滑值，用以评定路面在潮湿状态下的抗滑能力。

摆式仪是一种动力摆冲击型仪器，它是根据"摆的位能等于安装于摆臂末端橡胶片滑过路面过程中克服路面摩擦所做的功"这一原理研制而成的，是一种测定沥青路面、标线或其他材料试件抗滑值的仪器。

任务学习

一、主要仪器设备与材料

（1）摆式仪（图3-9），摆和摆的连接部分总质量为（1 500±30）g，摆动中心至摆的重心距离为（410±5）mm，测定时摆在路面上滑动长度为（126±1）mm，摆上橡胶片端部距摆动中心的距离为508 mm，橡胶片对路面的正向静压力为（22.2±0.5）N。

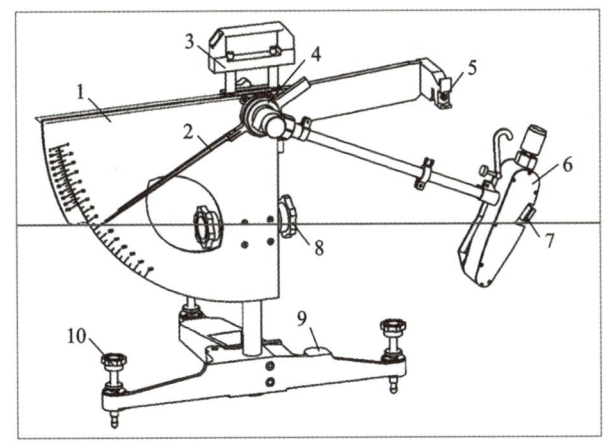

二维码：摆式仪操作步骤（视频）

1—度盘；2—指针；3—紧固把手；4—松紧调节螺栓；5—释放开关；6—摆；
7—滑溜块；8—升降把手；9—水准泡；10—调平螺栓。

图3-9　摆式仪

（2）橡胶片：当用于测定路面抗滑值的尺寸为 6.35 mm×25.4 mm×76.2 mm 时，橡胶质量应符合表3-19 的要求。当橡胶片使用后，端部在长度方向上磨耗超过 1.6 mm，或边缘在宽度方向上磨耗超过 3.2 mm，或有油类污染时，必须更换新橡胶片；新橡胶片应先在干燥路面上测试 10 次后再用于试验测试，橡胶片的有效使用期自出厂日起算为 12 个月。

表 3-19　橡胶物理性质技术要求

性质指标	温度/℃				
	0	10	20	30	40
弹性/%	43~49	58~65	66~73	71~77	74~79
硬度	55±5				

（3）标准量尺：长 126 mm。

（4）洒水壶、橡胶刮板。

（5）路面温度计：分度不大于 1 ℃。

（6）其他：皮尺或钢卷尺、扫帚、粉笔等。

二、准备工作

（1）检查摆式仪的调零灵敏情况，并定期进行仪器的标定。当用于路面工程检查验收时，仪器必须重新标定。

（2）对测试路段按随机取样选点的方法，决定测点所在横断面的位置。测点应选在行车道的轮迹带上，距路面边缘不应小于 1m，并用粉笔做出标记。测点位置宜紧靠铺砂法测定构造深度的测点位置，一一对应。

三、试验步骤

1. 仪器调平

（1）将仪器置于路面测点上，使摆的摆动方向与行车方向一致。

（2）调整底座上的调平螺栓，使水准泡居中。

2. 调零

（1）放松上、下两个紧固把手，转动升降把手，使摆升高，不与地面接触并能自由摆动，然后旋紧紧固把手。

（2）将摆向右运动，按下安装于右悬臂上的释放开关，使摆上的卡环进入开关槽，并把指针抬至与摆杆平行处，放开释放开关，摆即处于水平释放位置。

（3）按下释放开关，摆向左运动并带动指针摆动，当摆达到最高位置后下落时，在摆到达竖向中心线之前用左手将摆杆接住，此时，指针应指零，若不指零，可稍旋紧或放松摆的调节螺母，重复本项操作，直至指针指零。调零允许误差为±1（BPN）。

3. 校核滑动长度

（1）用扫帚扫净路表面，并用橡胶刮板清除摆动范围内路面上的松散粒料。

（2）让摆自由悬挂，提起摆头上的举升柄，将底座上的垫块置于定位螺栓下面，使摆头上的滑溜块升高。放松紧固把手，转动立柱上的升降把手，使摆缓缓下降。当滑溜块上的橡胶片刚刚接触路面时，立即将紧固把手旋紧，使摆头固定。

（3）提起举升柄，取下垫块，使摆运动至右侧，然后，手提举升柄使摆慢慢向左运动，直至橡胶片的边缘刚好接触路面。在橡胶片的外侧摆动方向设置标准量尺，尺的一端正对该点，再用手提起举升柄，使滑溜块向上抬起，并使摆继续运动至左侧，使橡胶片返回落下再向右运动到再一次接触路面，橡胶片两次同路面接触点的距离（滑动长度）应在（126±1）mm左右。若滑动长度不符合标准，应通过升高或降低仪器底部正面的调平螺栓来校正，但须调平水准泡，重复此项校核直至使滑动长度符合要求，而后，将摆和指针置于水平释放位置。

注意：校核滑动长度时，应以橡胶片短边刚接触路面为准，不可借摆的力量向前滑动，以免标定的滑动长度过长。

（4）用喷水壶浇洒试测路面，并用橡胶刮板刮除表面泥浆。

（5）再次洒水，并按下释放开关，使摆在路面滑过，指针即可指示出路面的摆值，但第一次测定，不做记录。当摆杆回落时，用左手接住摆，右手提起举升柄使滑溜块升高，将摆向右运动，并使摆杆和指针重新置于水平释放位置。

（6）重复上一步的操作测定5次，并读记每次测定的摆值（BPN），5次数值中最大值与最小值的差值不得大于3（BPN）。如差值大于3（BPN），应检查产生的原因，并再次重复上述各项操作，至符合规定为止。取5次测定的平均值作为每个测点路面的抗滑值（摆值FB），取整数，以BPN表示。

（7）在测点位置上用路表温度计记测潮湿路面的温度，准确至1℃。

（8）按以上步骤，同一处平行测定不少于3次，3个测点均位于轮迹带上，测点间距3～5m。该处的测点位置以中间测点的位置表示，试验结果均取每一处3次测定结果的平均值，准确至1（BPN）。

（9）同一个测点，重复5次测定的差值应不大于3（BPN）。

四、抗滑值的温度修正

当路面温度为T（℃）时测得的摆值为F_{BT}，必须按下式换算成标准温度（20℃）下的摆值F_{B20}：

$$F_{B20} = F_{BT} + \Delta F \tag{3-11}$$

式中：F_{B20}——换算成标准温度（20℃）下的摆值（BPN）；

F_{BT}——路面温度为T时测得的摆值（BPN）；

T——测定的路表潮湿状态下的温度（℃）；

F——摆值的温度修正值，可按表3-20选用。

表3-20 摆值的温度修正值

温度/℃	0	5	10	15	20	25	30	35	50
摆值的温度修正值ΔF	−6	−4	−3	−1	0	+2	+3	+5	+7

五、检测报告及试验记录表

（1）报告须体现测试日期、测点位置、天气情况、洒水后潮湿路面的温度等，并描述路面类型、外观、结构类型等。

（2）列表逐点报告路面抗滑值的F_{BT}，经温度修正后的F_{B20}及3次测定的平均值。

（3）每个评定路段路面抗滑值的平均值、标准值、变异系数。
（4）同一个测点，重复 5 次测定的差值不应大于 3（BPN）。

任务实施

根据试验要求，用摆式仪测定待测路段的摩阻摆值，评定其抗滑性能，完成实训表格，见表 3-21。

表 3-21　摆式仪测定路面抗滑值记录表

工程名称											
工程部位/用途											
样品信息											
试验检测日期						试验条件					
检测依据						判定依据					
主要仪器设备名称及编号											
检测路段						结构层次					
标定滑动长度/cm						混合料类型					
桩号	车道位置	测点位置	每次 BPN_t 测值					单点 BPN_t	路面温度/℃	ΔBPN	BPN_{20}	BPN_{20} 平均值
			1	2	3	4	5				
		前									
		中									
		后									
		前									
		中									
		后									
		前									
		中									
		后									
		前									
		中									
		后									
		前									
		中									
		后									
		前									
		中									
		后									
结果评定：		平均值/BPN=					标准差=			变异系数=	

任务评价

（1）学生自评，见表 3-22。

表 3-22　学生自评表

序号	评价内容	考评要点	优	良	中	及格	不及格	问题说明
			考评等级					
1	学习准备工作	（1）按时完成； （2）准备工作						
2	职业素养	（1）团结协作； （2）自主学习，没有抄袭； （3）时间观念强，不迟到/早退/旷课						
3	收集资料信息情况	（1）收集了很多相关资料； （2）学习总结归纳						
4	学习工作页	（1）书写工整，无错别字； （2）按时完成，无错误						
5	小组角色完成情况	能很好地完成角色职责						
6	与组员合作情况	能和组员通力合作						
评价结果								
评价者签名：			日期：					

（2）教师评价，见表 3-23。

表 3-23　教师评价表

序号	实训内容	配分	评分标准	扣分	得分
1	考勤，课堂表现	20	小组点名，根据课堂表现情况打分，缺勤个人得分为零，有睡觉、玩手机等违反课堂纪律情况的视情节扣分		
2	根据所学知识，按要求完成任务	80	能正确归纳总结工程试验检测在实际工程中的目的和意义		
			合计		

任务四　路基路面压实度检测

任务背景

压实是把一定体积的路基土、基层材料或路面沥青混凝土压缩到更小的体积的过程，以减少空隙，提高材料密度。压实的作用有增加强度、减小变形、增加抗透水性和强度稳定性等。压实不足可引起车辙、裂缝、沉陷及剪切破坏等危害。

土基和路面基层的压实度是指压实层材料被压实后的干密度与该材料的标准最大干密度之比，按下式计算，用百分比表示：

$$K = \frac{\rho_d}{\rho_{dmax}} \times 100\% \tag{3-12}$$

沥青混凝土面层的压实度是指按规定方法得到的混合料试件毛体积密度与标准密度之比，按下式计算，用百分比表示：

$$K = \frac{\rho_{毛}}{\rho_0} \times 100\% \tag{3-13}$$

对于路基和路面基层，检测压实度要注意以下问题：

（1）准确检测现场湿密度。

（2）准确检测含水率。取样测定含水率时，应防止水分散失，取出的土样应混合均匀再从中取样测定含水率。

（3）密切注意土质性状，当土质发生变化时，应及时取样测定最大干密度，确保计算采用的最大干密度的准确性。

压实度的测定方法及适用范围见表3-24。

表3-24　压实度的测定方法及适用范围

试验方法	适用范围
灌砂法	适用于在现场测定基层或底基层、砂石路面及路基土的各种材料压实层的密度和压实度，不适用于填石路堤等有大孔洞或大孔隙材料的压实度
环刀法	适用于细粒土及无机结合料稳定细粒土的密度测定和施工过程中的压实度检测，但无机结合料稳定细粒土的龄期不宜超过2 d
核子仪测定法	适用于施工质量的现场快速评定，不宜用作仲裁试验及验收依据
钻芯法	适用于检验从压实的沥青路面上钻取的芯样试件的密实度，同时适用于龄期较长的无机结合料稳定类基层和底基层的密度检测

> 知识目标

（1）掌握压实度测定的原理、方法。
（2）掌握灌砂法测定路基压实度的步骤及注意事项。
（3）掌握环刀法测定路基压实度的试验步骤及注意事项。
（4）掌握压实度的数据处理方法。

> 能力目标

（1）能够用灌砂法熟练测定路基压实度。
（2）能够用环刀法测定路基压实度。
（3）能正确填报检查记录表，按规定进行路面压实度质量评定。

子任务一　灌砂法测定路基压实度

> 知识准备

灌砂法的基本原理是利用粒径为 0.30~0.60 mm 或 0.25~0.50 mm 清洁干净的均匀砂，从一定高度自由下落到试洞内，按其单位重不变的原理来测量试洞的容积（即用标准砂来置换试洞中的集料），并根据集料的含水率来推算出试样的实测干密度。

现场测定细粒土、砂类土和砾类土的密度。本方法不适用于填石路堤等有大孔洞或大空隙的结构压实度测试。

试样的最大粒径不得超过 15 mm，测定密度层的厚度为 150~200 mm。

注：（1）在测定细粒土的密度时，可以采用 ϕ100 mm 的小型灌砂筒。
　　（2）如最大粒径超过 15 mm，应相应地增大灌砂筒和标定罐的尺寸，例如，粒径达 40~60 mm 的粗粒土，灌砂筒和现场试洞的直径应为 150~200 mm。

> 任务学习

一、主要仪器设备与材料

（1）摆式仪：摆和摆的连接部分总质量为（1 500±30）g，摆动中心至摆的重心距离为（410±5）mm，测定时摆在路面上的滑动长度为（126±1）mm，摆上橡胶片端部距摆动中心的距离为 508 mm，橡胶片对路面的正向静压力为（22.2±0.5）N。

（2）灌砂筒：金属材质，形式和主要尺寸如图 3-10 所示，并符合表 3-25 的规定。灌砂筒上部为储砂筒，下部为圆锥体漏斗，筒底与漏斗顶端铁板之间设有开关。将开关向左移动时，开关铁板上的圆孔恰好与筒底圆孔及漏斗上开口相对，即 3 个

二维码：量砂密度测定（视频）

二维码：现场灌砂（视频）

圆孔在平面上重叠在一起，砂就可通过圆孔自由落下。开关向右移动时，开关将筒底圆孔堵塞，砂即停止下落。

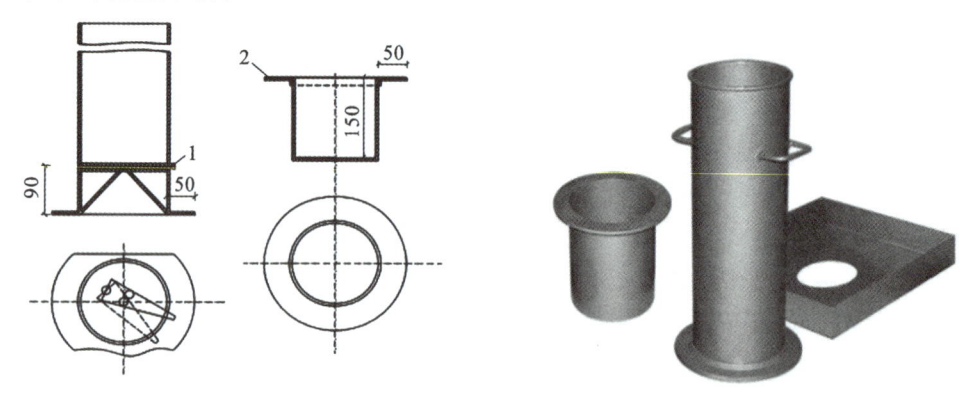

1—开关；2—罐缘。

图 3-10　灌砂筒（单位：mm）

表 3-25　灌砂设备的主要尺寸要求

灌砂设备类型			小型灌砂设备	中型灌砂设备	大型灌砂设备
灌砂筒	储砂筒	直径/mm	100	150	200
		容积/cm³	2 121	4 771	8 482
	流砂孔	直径/mm	10	15	20
标定罐	金属标定罐	内径/mm	100	150	200
		外径/mm	150	200	250
基板	金属方盘基板	边长/mm	350	400	450
		深/mm	40	50	60
	中孔	直径/mm	100	150	200
	板厚	厚/mm	≥1.0（铁）	≥1.0（铁）	≥1.0（铁）
			≥1.2（铝合金）	≥1.2（铝合金）	≥1.2（铝合金）

灌砂筒的选择：在测试前，应根据填料粒径及测试层厚度选择不同尺寸的灌砂筒，并符合表 3-26 的规定。

表 3-26　灌砂筒类型　　　　　　　　　　　　　　　　　单位：mm

灌砂筒类型	填料最大粒径	适宜的测试层厚度
φ100	≤13.2	≤150
φ150	≤31.5	≤200
φ200	≤63	≤300
φ250 及以上	≤100	≤400

（3）金属标定罐：内径与灌砂筒直径一致，高 150 mm 和 200 mm 的金属罐各一个，上端周围有一罐缘（如由于某种原因，试坑不是 150 mm 或 200 mm 时，标定罐的深度应与拟挖试坑的深度相同）。

（4）基板：一个边长 350 mm、深 40 mm 的金属方盘，盘中心有一与灌砂筒直径相同的圆孔。

（5）凿洞及从洞中取料的合适工具：凿子、铁锤、长把勺、长把小簸箕、毛刷等。

（6）玻璃板：边长约 500 mm 的方形板。

（7）塑料袋：若干（存放挖出的试样）。

（8）台秤：称量 10~15 kg，感量 5 g。

（9）其他：铝盒、天平、烘箱等。

（10）量砂：粒径为 0.25~0.5 mm、清洁干燥的均匀砂，20~40 kg，应先烘干，并放置足够时间，使其与空气的湿度达到平衡。

二、仪器标定

确定灌砂筒下部圆锥体内砂的质量，步骤如下：

（1）在储砂筒内装满砂，筒内砂的高度与筒顶的距离不超过 15 mm。称量筒加砂的质量为 m_1，准确至 1 g，以后每次标定和试验都维持这个质量不变。

（2）打开开关，让砂流出，使流出砂的体积大致等于一个标定罐的容积（与工地所挖试洞的体积相当），然后关上开关，并称量筒内砂的质量为 m_2，准确至 1 g。

（3）将灌砂筒放在玻璃板上，打开开关，让砂流出，过程中不能扰动灌砂筒，直到筒内砂不再往下流时，关上开关，并仔细地取走灌砂筒。

（4）称量剩余筒加砂的质量为 m_3，准确至 1 g。m_2 减 m_3 即为填满灌砂筒下部圆锥体砂的质量。

（5）重复上述步骤至少 3 次，最后取其平均值 $m_{锥}$，准确至 1 g。

三、确定量砂的密度 ρ（g/cm³）

（1）灌砂筒内装入质量为 m_1 的砂，并将罐砂筒放在标定罐上，打开开关，让砂流出，直到灌砂筒内的砂不再往下流时，关闭开关，取下灌砂筒，称量筒内剩余砂的质量 m_4，准确至 1 g。

（2）重复上述步骤至少 3 次，最后取其平均值，准确至 1 g。

（3）填满标定罐所需砂的质量 $m_{标}$ 按下式计算：

$$m_{标} = m_1 - m_4 - m_{锥} \tag{3-14}$$

式中：m_1——灌砂入标定罐前，筒内砂的质量（g）；

$m_{锥}$——灌砂筒下部圆锥体内砂的平均质量（g）；

m_4——灌砂入标定罐后，筒内剩余砂的质量（g）。

（4）用水确定标定罐的容积 V（cm³），方法如下：

将空标定罐放在台秤上，使罐的上口处于水平位置，记录空标定罐的质量 m_7，准确至 1 g。向标定罐中灌水，注意不要将水洒到台秤上或罐的外壁。将一直尺平放在罐顶，当罐中水面快要接近直尺时，改用滴管往罐中加水，直到水面与直尺接触。移去直尺，读记罐和水的总质量 m_8。重复测量时，仅需用吸管从罐中取出少量水，并重新将水加满到接触直尺。标定罐的体积按下式计算：

$$V = \frac{m_8 - m_7}{\rho_{水}} \tag{3-15}$$

式中：$\rho_{水}$——水的密度（g/cm³）。

（5）量砂的密度 ρ（g/cm³）按下式计算：

$$\rho = m_{标} / V_{标} \tag{3-16}$$

式中：$V_{标}$——标定罐的体积（cm³）。

四、试验步骤

（1）在试验地点，选一块尺寸约 40 cm×40 cm 的平坦路表面，并将其清扫干净。将基板放在平坦路表面上，做好标记，如果路表面的粗糙度较大，则应重新标定锥体砂的质量。将盛有量砂 m_5 的灌砂筒放在基板中间的圆孔上，打开灌砂筒开关，让砂流出，直到灌砂筒筒内的砂不再往下流时，关闭开关，取下灌砂筒，并称量筒内砂的质量 m_6，准确至 1 g。

（2）取走基板，将留在试验地点的砂收回，重新将路表面清扫干净。将基板放在原标记处，沿基板中孔凿洞，洞的直径与灌砂筒直径相同。在凿洞过程中，应注意不让凿出的试样丢失，并及时将取出的材料放入已知质量的塑料袋内密封。试洞的深度应等于碾压层厚度。凿洞完毕，称量塑料袋中全部试样的质量，准确至 1 g。减去已知塑料袋质量后，即为试样的总质量 $m_土$。

（3）从挖出的全部试样中取出有代表性的试样，放入铝盒中，测定其含水率 w_0，细粒土试样不少于 100 g；粗粒土不少于 500 g。

（4）将基板安放在试洞上，对齐标记，将灌砂筒安放在基板中间，筒加砂的质量为 m_1，使灌砂筒的下口对准基板的中孔及试洞。打开灌砂筒开关，让砂流入试洞内，直到灌砂筒内的砂不再往下流时，关闭开关，仔细取走灌砂筒，称量筒内剩余砂的质量为 m_4，准确至 1 g。

（5）如测试面粗糙度不大，则无须放基板，将灌砂筒直接放在凿好的试洞上，打开灌砂筒开关，让砂流入试洞内，其间勿扰动灌砂筒，直到灌砂筒内的砂不再往下流时，关闭开关。仔细取走灌砂筒，称量筒内剩余砂的质量为 m_4，准确至 1 g。

（6）将试洞内的砂回收，土回填。若量砂的湿度已发生变化或量砂中混有杂质，则应重新烘干、过筛，并放置一段时间，使其与空气的湿度达到平衡后再使用。

（7）如试洞中有较大孔隙，量砂可能进入孔隙时，则应按试洞外形，放入一层柔软的纱布，再进行灌砂工作。

五、试验结果整理

（1）填满试洞所需砂的质量 m_b 按下式计算：
灌砂时试洞上放有基板的情况：

$$m_b = m_1 - m_4 - (m_5 - m_6) \tag{3-17}$$

灌砂时试洞上不放基板的情况：

$$m_b = m_1 - m_4 - m_{锥} \tag{3-18}$$

式中：m_1——灌砂入试洞前筒内砂的质量（g）；

$m_锥$——灌砂筒下部圆锥体内砂的平均质量（g）；

m_4——灌砂放入试洞后，筒内剩余砂的质量（g）；

（m_5-m_6）——灌砂筒下部圆锥体内及基板和粗糙表面间砂的总质量（g）。

（2）试验地点土的湿密度 ρ（g/cm³）按下式计算：

$$\rho = m_t / m_b \times \rho_s \tag{3-19}$$

式中：m_t——试洞中取出的全部土样的质量（g）；

m_b——填满试洞所需砂的质量（g）；

ρ_s——量砂的密度（g/cm³）。

（3）土的干密度 ρ_d（g/cm³）按下式计算：

$$\rho_d = \frac{\rho}{1+w} \tag{3-20}$$

任务实施

根据试验要求，用灌砂法测定待测路段的压实度，完成质量评定和实训表格（表3-27）。其中，最大干密度取击实试验所得数值 2.20 g/cm³。

表 3-27　现场灌砂测定压实度表格

工程名称					
工程部位/用途					
样品信息					
试验检测日期		试验条件			
检测依据		判定依据			
主要仪器设备名称及编号					
施工路段		检测路段		碾压面积/m²	
填筑层次		填料类型		碾压机具	
标准试验编号		压实度标准值/%		碾压参数	
编号					
取样桩号					
取样位置					
试坑深度/cm					
试前筒砂质量/g					
试后筒加剩余砂质量/g					
圆锥体内砂质量/g					
基板圆孔砂质量/g					
试坑内砂质量/g					
量砂密度/（g/cm³）					
试坑体积/cm³					

续表

坑内湿土样质量/g					
湿密度/(g/cm³)					
盒号					
盒+湿土质量/g					
盒+干土质量/g					
盒质量/g					
含水率/%					
平均含水率/%					
干密度/(g/cm³)					
最大干密度/(g/cm³)					
最佳含水率/%					
压实度/%					
坑内石质量/g					
含石率/%					
附加声明:					

任务评价

（1）学生自评，见表3-28。

表3-28 学生自评表

序号	评价内容	考评要点	考评等级					问题说明
			优	良	中	及格	不及格	
1	学习准备工作	（1）按时完成； （2）准备工作						
2	职业素养	（1）团结协作； （2）自主学习，没有抄袭； （3）时间观念强，不迟到/早退/旷课						
3	收集资料信息情况	（1）收集了很多相关资料； （2）学习总结归纳						
4	学习工作页	（1）书写工整，无错别字； （2）按时完成，无错误						
5	小组角色完成情况	能很好地完成角色职责						
6	与组员合作情况	能和组员通力合作						
评价结果								
评价者签名：					日期：			

（2）教师评价，见表3-29。

表3-29　教师评价表

序号	实训内容	配分	评分标准	扣分	得分
1	考勤，课堂表现	20	小组点名，根据课堂表现情况打分，缺勤个人得分为零，有睡觉、玩手机等违反课堂纪律情况的视情节扣分		
2	根据所学知识，按要求完成任务	80	能正确归纳总结工程试验检测在实际工程中的目的和意义		
合计					

子任务二　环刀法测定路基压实度

知识准备

环刀法是一种破坏性的检测方法，适用于不含骨料的细粒土。其优点是设备简单、操作方便，缺点是受土质限制，当环刀打入土中时，产生的应力使土松动，壁厚时产生的应力较大，因此干密度有所降低。

本方法适用于现场测试细粒土及龄期不超过 2 d 的无机结合料稳定细粒土结构的密度，并计算施工压实度，以评价结构层的压实质量。

任务学习

一、主要仪器设备

（1）环刀法仪器包括环刀（图3-11）、环盖、定向筒和击实锤系统（导杆、落锤、手柄）。环刀内径 6~8 cm、高 2~5.4 cm、壁厚 1.5~2 mm。

图3-11　环刀

（2）电动取土器：由底座、立柱、升降机构、取芯机构、动力和传动机构组成。
（3）天平：分度值不大于 0.01 g。
（4）其他：镐、小铁锹、修土刀、毛刷、直尺、钢丝锯、凡士林、木板及测定含水率设备。

二、检测步骤

（1）检测试样用同种材料进行击实试验，绘制击实曲线（图 3-12），得到最大干密度及最佳含水率。

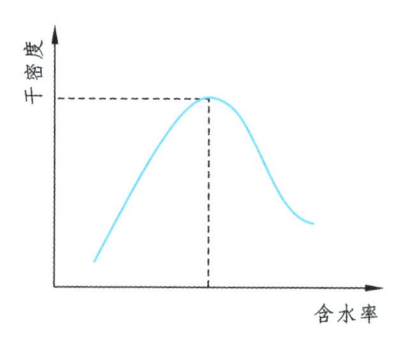

图 3-12　干密度与含水率关系

（2）用人工取土器测定法的步骤如下：
① 擦净环刀，称取环刀质量。
② 清扫干净试验地点，铲去表面浮动及不平整的部分，但不得扰动下层。
③ 将定向筒齿钉固定在地面上，依次将环刀、环盖放入定向筒内与地面垂直。
④ 将导杆保持垂直，用落锤将环刀打入压实层中，至环盖顶面与定向筒上口齐平。
⑤ 去掉击实锤和定向筒，用镐将环刀及试样挖出。
⑥ 轻轻取下环盖，用修土刀从边至中削去环刀两端余土，用直尺检测，直至修平为止。
⑦ 擦净环刀外壁，称量环刀及试样总质量，准确至 0.01g。
⑧ 从环刀中取出试样，并从中取具有代表性的试样（不少于 100 g），测试其含水率（w）。含水率的测试应参照《公路土工试验规程》（JTG E40—2019）的有关规定。

三、检测结果计算

（1）试样的湿密度及干密度按下式分别计算：

$$\rho_w = \frac{4(m_1 - m_2)}{\pi \cdot d^2 \cdot h} \tag{3-21}$$

$$\rho_d = \frac{\rho_w}{1 + 0.01w} \tag{3-22}$$

式中：ρ——试样的湿密度（g/cm³）；
m_1——环刀或取芯套筒与试样的合计质量（g）；

m_2——环刀或取芯套筒的质量（g）；
d——环刀或取芯套筒的直径（cm）；
h——环刀或取芯套筒的高度（cm）；
ρ_d——试样的干密度（g/cm³）；
w——试样的含水率（%）。

（2）施工压实度按下式计算：

$$K = \frac{\rho_d}{\rho_{d\max}} \times 100\% \tag{3-23}$$

式中：$\rho_{d\max}$——由击实试验得到材料的最大干密度（g/cm³）。

（3）计算两次平行试验结果的差值，若不大于 0.03 g/cm³，则取其算术平均值作为测试结果；若大于 0.03 g/cm³，则需重新测试。

四、报告

本方法应报告以下技术内容：
（1）测点位置信息（桩号、层位等）。
（2）试样干密度、最大干密度、压实度。

任务实施

根据试验要求，用环刀法测定待测路段的压实度，完成质量评定和实训表格（表 3-30），其中最大干密度取击实试验所得数值 2.20 g/cm³。

表 3-30　环刀法试验表格

工程名称				
工程部位/用途				
样品信息				
试验检测日期		试验条件		
检测依据		判定依据		
主要仪器设备名称及编号				
施工路段		检测路段		碾压面积/m²	
取样层位		填料类型		碾压机具	
标准试验编号		压实度标准值/%		碾压参数	
编号				
取样桩号				
取样位置				
取样深度/cm				
环刀编号				
土+环刀质量/g				
环刀质量/g				

续表

土质量/g					
环刀容积/cm³					
湿密度/(g/cm³)					
盒号					
盒+湿土质量/g					
盒+干土质量/g					
水质量/g					
盒质量/g					
干土质量/g					
含水率/%					
平均含水率/%					
干密度/(g/cm³)					
最大干密度/(g/cm³)					
最佳含水率/%					
压实度/%					
附加声明：					

任务评价

（1）学生自评，见表3-31。

表3-31 学生自评表

| 序号 | 评价内容 | 考评要点 | 考评等级 ||||| 问题说明 |
			优	良	中	及格	不及格	
1	学习准备工作	（1）按时完成； （2）准备工作						
2	职业素养	（1）团结协作； （2）自主学习，没有抄袭； （3）时间观念强，不迟到/早退/旷课						
3	收集资料信息情况	（1）收集了很多相关资料； （2）学习总结归纳						
4	学习工作页	（1）书写工整，无错别字； （2）按时完成，无错误						
5	小组角色完成情况	能很好地完成角色职责						
6	与组员合作情况	能和组员通力合作						
评价结果								
评价者签名：							日期：	

（2）教师评价，见表 3-32。

表 3-32　教师评价表

序号	实训内容	配分	评分标准	扣分	得分
1	考勤，课堂表现	20	小组点名，根据课堂表现情况打分，缺勤个人得分为零，有睡觉、玩手机等违反课堂纪律情况的视情节扣分		
2	根据所学知识，按要求完成任务	80	能正确归纳总结工程试验检测在实际工程中的目的和意义		
			合计		

任务五　路面渗水系数测定

知识准备

沥青路面渗水性能是反映路面沥青混合料级配组成的一个间接指标。如果整个沥青面层均透水，则水势必进入基层或路基，使路面承载力降低；如果沥青面层中有一不透水层，而表层能很快透水，则不致形成水膜，对抗滑性能有很大好处。所以，路面渗水系数已成为评价路面使用性能的一个重要指标，并列入相关的技术规范中。本方法适用于在现场测定沥青路面的渗水系数。

任务学习

一、主要仪器设备与材料

（1）路面渗水仪（图 3-13）：上部盛水量筒由透明有机玻璃制成，容积为 600 mL，上有刻度，在 100 mL 及 500 mL 处有粗标线，下方通过 ϕ10 mm 的细管与底座相接，中间有一开关。量筒通过支架连接，底座下方开口内径为 ϕ150 mm，外径为 ϕ165 mm。仪器附压重铁圈两个共重约 10 kg。

二维码：沥青路面渗水系数测定操作（视频）

图 3-13　路面渗水仪

（2）水筒及大漏斗、秒表。
（3）密封材料：玻璃腻子、油灰或橡皮泥。
（4）其他：水、红墨水、粉笔、扫帚等。

二、试验方法与步骤

1. 准备工作

（1）每个测试位置，随机选择 3 个测点，用粉笔画上测试标记。

（2）试验前，用扫帚清扫路表面，并用刷子将路表面的杂物去除。

（3）新建沥青路面的渗水试验宜在沥青路面碾压成型后 12 h 内完成。

2. 试验步骤

（1）将塑料圈置于路表面的测点上，用粉笔分别沿塑料圈的内侧和外侧画圈，在外环和内环之间的部分就是需要用密封材料进行密封的区域。

（2）用密封材料对环状密封区域进行密封处理，注意不要使密封材料进入内圈，如果密封材料不小心进入内圈，必须用刮刀将其刮除，然后再将搓成拇指粗细的条状密封材料摆在环状密封区域的中央，并且围成一圈。

（3）将套环放在路表面的测点上，注意使套环的中心尽量和圆环中心重合，然后略微用力将套环压在条状密封材料表面；采用同样的方法将渗水仪放在套环上，对中，施加压力将渗水仪压在套环上，再加上配重，以防压力水从底座与路面间流出。

（4）将开关及排气孔关闭，向量筒中注水超过 100 mL 刻度，然后打开开关和排气孔，使量筒中的水往下流，排出渗水仪底部内的空气，当量筒中水面下降速度变慢时，用双手轻压渗水仪，使渗水仪底部的气泡全部排出，当水自排气孔顺畅排出时，关闭开关和排气孔，并再次向量筒中注水至 100 mL 刻度处。

（5）打开开关，待水面下降至 100 mL 刻度时，立即启动秒表计时，计时 3 min 后立即记录水量，结束试验；当计时不到 3 min 水面已下降至 500 mL 时，立即记录水面下降至 500 mL 的时间，结束试验；若开关打开后 3 min 内水面没有下降至 500 mL，则记录测试 3 min 的渗水量，结束试验。

（6）在测试过程中，如水从底座与密封材料间渗出，则底座与路表面间密封性不好，此试验结果无效，关闭开关，采用密封材料补充密封，重新按步骤（4）~（5）测试。如果仍然有水渗出，应在同一纵向位置沿宽度方向就近选择位置，重新按照步骤（1）~（5）测试。

（7）在测试过程中，如水从外环圈以外的路表面中渗出，可以人工在外环圈外 5 cm 宽度范围内再次用密封材料进行密封处理，重新按步骤（4）~（5）测试。只要密封范围内无水渗出，则认为试验结果有效。

（8）重复步骤（1）~（7），测试 3 个测点的渗水系数。

三、结果整理

计算沥青路面的渗水系数时，以水面从 100 mL 水量下降至 500 mL 水量所需的时间为标准，若渗水时间过长，也可采用 3 min 通过的水量按下式计算：

$$C_w = \frac{V_2 - V_1}{t_2 - t_1} \times 60 \tag{3-24}$$

式中：C_w——路面渗水系数（mL/min）；

V_1——第一次读数时的水量（mL），通常为 100 mL；

V_2——第二次读数时的水量（mL），通常为 100 mL；

t_1——第一次读数时的时间（s）；
t_2——第二次读数时的时间（s）。

四、报告

本方法应报告以下技术内容：
（1）测试位置信息（桩号、路面类型等）。
（2）测试位置的渗水系数（3个测点的平均值）。

任务实施

根据试验要求，用路面渗水仪测定待测路段的渗水系数，完成质量评定和实训表格（表3-33）。

表3-33　沥青混合料渗水系数试验检测记录表

检测单位名称：重庆交院和瑞工程检测技术有限公司							记录编号		JGLQ11008
工程名称									
工程部位/用途									
样品信息		来样时间： 样品数量：				样品名称： 样品状态：			样品编号：
试验检测日期						试验条件			
检测依据						判定依据			
主要仪器设备及编号									
试验序号	试件编号	初始计时时的水量/mL	渗水读数/mL			渗水量到500 mL需要的时间/s	渗水系数测值/（mL/min）		渗水系数测定值/（mL/min）
			60 s	120 s	180 s				
附加声明：									

任务评价

（1）学生自评，见表 3-34。

表 3-34　学生自评表

序号	评价内容	考评要点	考评等级					问题说明
			优	良	中	及格	不及格	
1	学习准备工作	（1）按时完成； （2）准备工作						
2	职业素养	（1）团结协作； （2）自主学习，没有抄袭； （3）时间观念强，不迟到/早退/旷课						
3	收集资料信息情况	（1）收集了很多相关资料； （2）学习总结归纳						
4	学习工作页	（1）书写工整，无错别字； （2）按时完成，无错误						
5	小组角色完成情况	能很好地完成角色职责						
6	与组员合作情况	能和组员通力合作						
评价结果								
评价者签名：						日期：		

（2）教师评价，见表 3-35。

表 3-35　教师评价表

序号	实训内容	配分	评分标准	扣分	得分
1	考勤，课堂表现	20	小组点名，根据课堂表现情况打分，缺勤个人得分为零，有睡觉、玩手机等违反课堂纪律情况的视情节扣分		
2	根据所学知识，按要求完成任务	80	能正确归纳总结工程试验检测在实际工程中的目的和意义		
			合计		

任务六　路基路面回弹弯沉检测

知识准备

路基路面是受车辆荷载作用的结构，其正常使用时应具有足够的强度、刚度和稳定性。在路基路面设计时，首先应对路基路面材料的力学性质进行正确评价，然后根据其力学性质进行路面结构设计，以满足道路在使用年限内正常行车的要求。

对公路工程质量鉴定而言，弯沉检测指标是一项否决性指标，是反映路基或路面承载能力的重要指标。如果不合格，工程一定不能通过质量鉴定，同时反映工程质量存在实质性问题。

弯沉值是指在规定的标准轴载作用下，路基或路表面轮隙中心处产生的总垂直变形值（总弯沉）或垂直回弹变形值（回弹弯沉），以 0.01 mm 为单位。通常所说的回弹弯沉值是指后轴载轮隙中心处的最大回弹弯沉值，而设计弯沉值是指根据设计年限内一个车道上预测通过的累计当量轴次、公路等级、面层和基层类型而确定的路面弯沉值。

国内外普遍采用回弹弯沉值来表示路基路面的承载能力，回弹弯沉值越大，承载能力越小，反之则越大。弯沉值的测试方法很多，目前用得最多的是贝克曼梁法，在我国已有成熟的经验。

贝克曼梁测回弹弯沉是利用杠杆原理制成杠杆式弯沉仪测定轮隙弯沉。

（1）测定各类路基路面的回弹弯沉，评定其整体承载能力，供路面结构设计使用。

（2）沥青路面的弯沉以路表温度 20 ℃时为准，在其他温度下测试时，对厚度大于 5 cm 的沥青路面，弯沉值应予以温度修正。

任务学习

一、主要仪器设备与材料

（1）标准车：双轴、后轴双侧 4 轮的载重车，其标准轴荷载、轮胎尺寸、轮胎间隙及轮胎气压等主要参数应符合表 3-36 的要求。测试车可根据需要按公路等级选择，高速公路、一级及二级公路应采用后轴重为 10 t 的 BZZ-100 标准车；其他等级的公路可采用后轴重为 6 t 的 BZZ-60 标准车。

表 3-36　测定弯沉用的标准车参数

标准轴载等级	BZZ-100	BZZ-60
后轴标准轴载/kN	100±1	60±1
一侧双轮轴载/kN	50±0.5	30±0.5
轮胎充气压/MPa	0.70±0.05	0.50±0.05
单轮传压面当量圆直径/cm	21.30±0.05	19.5±0.5
轮隙宽度	应满足能自由插入弯沉仪测头的要求	

（2）路面弯沉仪：由贝克曼梁、百分表及表架组成。贝克曼梁由铝合金制成，上有水准泡，其前臂（接触路面）与后臂（装百分表）长度比为2∶1。弯沉仪长度有两种：一种长3.6 m，前、后臂分别为2.4 m和1.2 m；另一种长5.4 m，前、后臂分别为3.6 m和1.8 m。当在半刚性基层沥青路面或水泥混凝土路面上测定时，宜选用长度为5.4 m的贝克曼梁弯沉仪，并采用BZZ-100标准车。弯沉值用百分表量得，也可用自动记录装置进行测量，测量现场如图3-14所示。

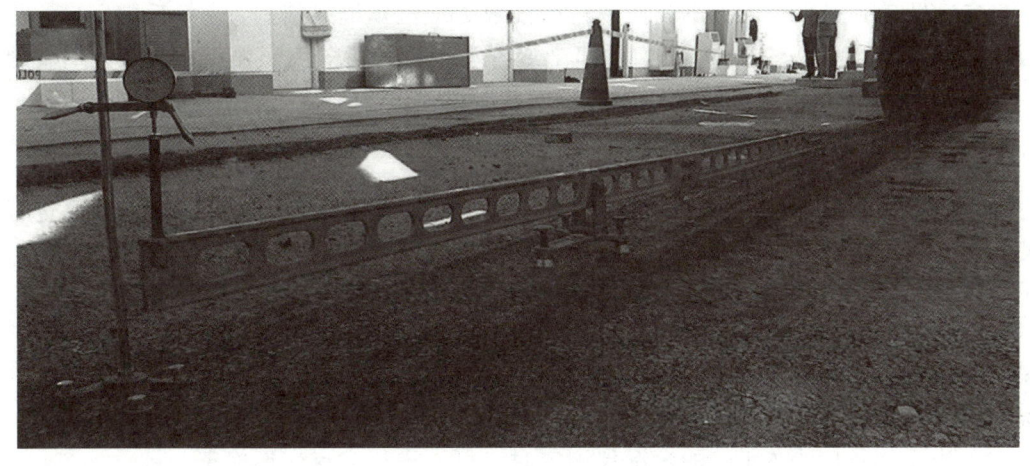

图3-14　贝克曼梁测弯沉现场

（3）接触式路表温度计：端部为平头，分度不大于1 ℃。
（4）其他：皮尺、口哨、白油漆或粉笔、指挥旗等。

二、试验步骤

1. 准备工作

（1）检查并保持测定用标准车的车况及刹车性能良好，轮胎内胎符合规定充气压力。
（2）向汽车车槽中装载铁块或集料，并用地中秤称量后轴总质量，符合要求轴重，汽车行驶及测定过程中，轴重不得变化。
（3）测定轮胎接地面积：在平整光滑的硬质路面上用千斤顶将汽车后轴顶起，在轮胎下方铺一张新的复写纸，轻轻落下千斤顶，即在方格纸上印上轮胎印痕，用求积仪或数方格的方法测算轮胎接地面积，准确至0.1 cm²。
（4）检查弯沉仪百分表测量灵敏情况。
（5）当在沥青路面上测定时，需用路表温度计测定试验时气温及路表温度（一天中气温不断变化，应随时测定），并通过气象台了解前5 d的平均气温（日最高气温与最低气温的平均值）。
（6）记录沥青路面修建或改建时的材料、结构、厚度、施工及养护等情况。

2. 路基路面回弹弯沉测试步骤

（1）在测试路段布置测点，其距离随测试需要而定。测点应在路面行车车道的轮迹带上，并用白油漆或粉笔画上标记。

（2）将试验车后轮轮隙对准测点后 3～5 cm 处的位置。

（3）将弯沉仪插入汽车后轮间的缝隙处，与汽车方向一致，梁臂不得碰触轮胎，弯沉仪前臂测头置于测点上（轮隙中心前方 3～5 cm 处），并安装百分表于弯沉仪的后壁测定杆上，使百分表有一定的初始读数，用手指轻轻叩打弯沉仪，检查百分表是否稳定回零。弯沉仪可以是单侧测定，也可以是双侧同时测定。

（4）测定者吹口哨发令，指挥汽车缓缓前进，百分表随路面变形的增加而持续向前转动，当表针转动到最大值时，迅速读取初始读数 L_1。汽车继续前进，表针反向回转，待汽车驶出弯沉影响半径（约 3 m）后，吹口哨或挥动指挥旗指挥汽车停止，待表针回转稳定后，读取最终读数 L_2。汽车前进的速度宜为 5 km/h 左右。

3. 弯沉仪的支点变形修正

（1）当采用长度为 3.6 m 的弯沉仪对半刚性基层沥青路面、水泥混凝土路面等进行弯沉测定时，有可能引起弯沉仪支座处变形，因此，测定时应检验支点有无变形。此时，应用另一台检验用的弯沉仪安装在测定用弯沉仪的后方，其测点架于测定用弯沉仪的支点旁。当汽车开出时，同时测定两台弯沉仪的弯沉读数，如检验用弯沉仪百分表有读数，应记录并进行支点变形修正；当在同一结构层上测定时，可在不同位置测定 5 次，求取平均值，以后每次测定时以此作为修正值。

（2）当采用长度为 5.4 m 的弯沉仪测定时，可不进行支点变形修正。

4. 结果计算及温度修正

（1）路面测点的回弹弯沉值按下式计算：

$$L_T = (L_1 - L_2) \times 2 \qquad (3\text{-}25)$$

式中：L_T——在路面温度为 T 时的回弹弯沉值（mm），准确至 0.01 mm；
　　　L_1——车轮中心临近弯沉仪测头时测定用弯沉仪的最大读数（mm），准确至 0.01 mm；
　　　L_2——汽车驶出弯沉影响半径后测定用弯沉仪的最终读数（mm），准确至 0.01 mm。

（2）当需要进行弯沉仪支点变形修正时，路面测点的回弹弯沉值按下式计算：

$$L_T = (L_1 - L_2) \times 2 + (L_3 - L_4) \times 6 \qquad (3\text{-}26)$$

式中：L_3——车轮中心临近弯沉仪测头时检验用弯沉仪的最大读数（mm），准确至 0.01 mm；
　　　L_4——汽车驶出弯沉影响半径后检验用弯沉仪的最终读数（mm），准确至 0.01 mm。

注：此式适用于测定用弯沉仪支座处有变形，但百分表架处路面无变形的情况。

（3）沥青面层厚度大于 5 cm，且路面温度超过（20±2）℃范围时，回弹弯沉值应进行温度修正，温度修正及回弹弯沉宜按式（3-27）计算。

① 测定时的沥青层平均温度按下式计算：

$$T = (T_{25} + T_m + T_e)/3 \qquad (3\text{-}27)$$

式中：T——测定时沥青层平均温度（℃）；
　　　T_{25}——根据 T_0 由图 3-15 决定的路表面下 25 mm 处的温度（℃）；

T_m——根据 T_0 由图 3-16 决定的沥青层中间深度的温度（℃）；

T_e——根据 T_0 由图 3-17 决定的沥青层底面处的温度（℃）；

T_0——测定时的路表温度与测定前 5 d 的平均气温（日最高气温与最低气温的平均值）的平均值之和。

图 3-15　沥青面层平均温度的确定

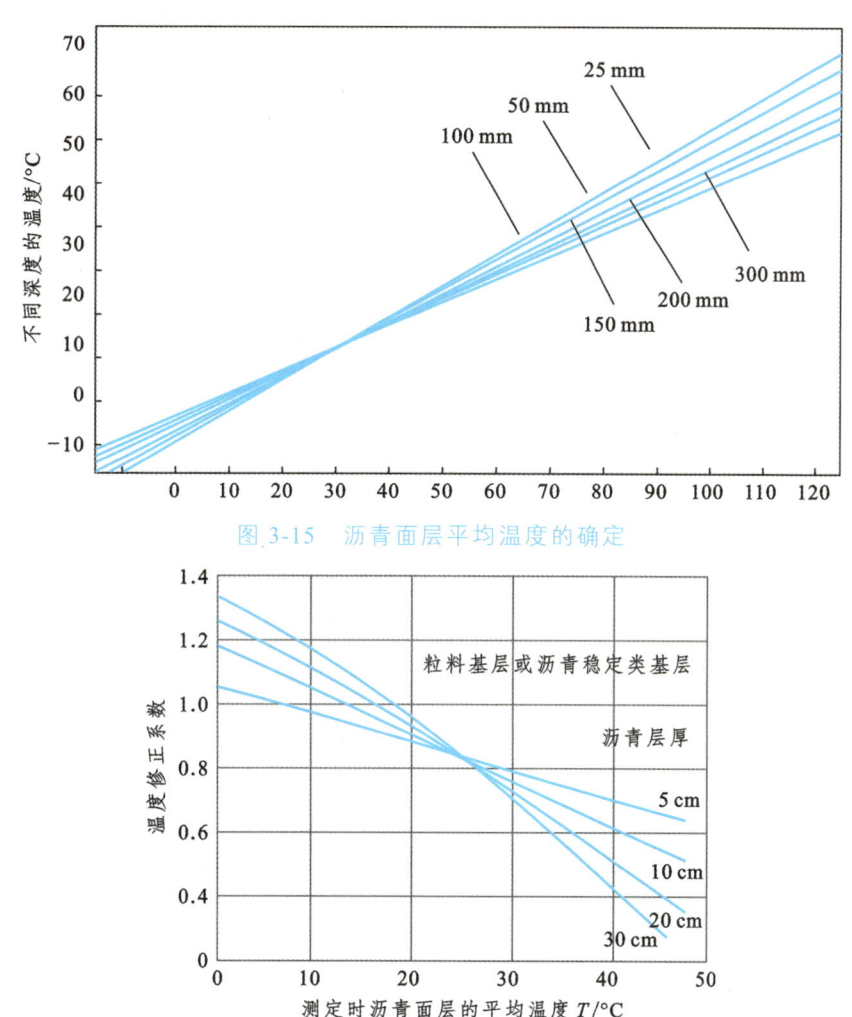

图 3-16　路面弯沉温度修正系数曲线（适用于粒料基层或沥青稳定类基层）

② 不同基层的沥青路面弯沉值的温度修正系数 K，根据沥青面层的平均温度 T 及沥青层厚度，分别由图 3-16 及图 3-17 求取。

③ 沥青路面回弹弯沉按下式计算：

$$L_{20} = L_T \times K \tag{3-28}$$

式中：K——温度修正系数；

　　　L_{20}——换算为 20 ℃的沥青路面回弹弯沉值，准确至 0.01 mm；

　　　L_T——测定时沥青面层平均温度为 T 时的回弹弯沉值，准确至 0.01 mm。

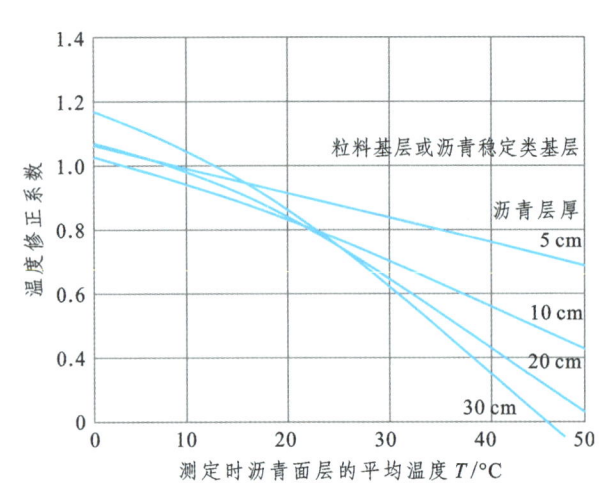

图 3-17　路面弯沉温度修正系数曲线（适用于无机结合料稳定的半刚性基层）

三、计算每个评定路段的代表弯沉值

$$L = \overline{L}_0 + Z_\alpha S \tag{3-29}$$

式中：L——一个评定路段的代表弯沉，准确至 0.01 mm；

$\overline{L}_0$——一个评定路段内经各项修正后的各测点弯沉的平均值，准确至 0.01 mm；

S——经各项修正后的全部测点弯沉的标准差，准确至 0.01 mm；

Z_α——与保证率有关的系数，高速公路和一级公路取 2.0，二级公路取 1.645，二级以下公路取 1.5。

任务实施

根据试验要求，用贝克曼梁测定待测路段的回弹弯沉值，评定路面的强度并完成实训表格（表 3-37）。

表 3-37　回弹弯沉测定记录表

工程名称			
工程部位/用途			
样品信息			
试验检测日期		试验条件	
检测依据		判定依据	
主要仪器设备名称及编号			
结构层次		弯沉仪类型	
沥青材料层厚度/mm		测试车型	
路基顶面回弹模量/MPa		后轴轴载/kN	
中点实测温度/℃		湿度影响系数	
设计弯沉/mm		温度影响系数	

续表

桩号	路表温度/°C	超车道		行车道1		行车道2		超车道		行车道1		行车道2	
		读数/mm						弯沉/mm					
		左轮	右轮	左轮	右轮	左轮	右轮	左轮	右轮	左轮	右轮	左轮	右轮
检测点数			平均值					标准差					
保证率系数 Z_α/目标可靠指标 β			特异值舍弃范围					代表值					
附加声明：													

任务评价

（1）学生自评，见表3-38。

表3-38　学生自评表

序号	评价内容	考评要点	考评等级					问题说明
			优	良	中	及格	不及格	
1	学习准备工作	（1）按时完成； （2）准备工作						
2	职业素养	（1）团结协作； （2）自主学习，没有抄袭； （3）时间观念强，不迟到/早退/旷课						
3	收集资料信息情况	（1）收集了很多相关资料； （2）学习总结归纳						
4	学习工作页	（1）书写工整，无错别字； （2）按时完成，无错误						
5	小组角色完成情况	能很好地完成角色职责						
6	与组员合作情况	能和组员通力合作						
评价结果								
评价者签名：						日期：		

（2）教师评价，见表3-39。

表 3-39　教师评价表

序号	实训内容	配分	评分标准	扣分	得分
1	考勤，课堂表现	20	小组点名，根据课堂表现情况打分，缺勤个人得分为零，有睡觉、玩手机等违反课堂纪律情况的视情节扣分		
2	根据所学知识，按要求完成任务	80	能正确归纳总结工程试验检测在实际工程中的目的和意义		
			合计		

学习情境四　桥梁施工试验检测

情境概述

一、职业能力分析

通过本情境的学习，期望学生达到下列目标：

1. 知识目标

（1）熟悉桥梁基础及下部结构中的扩大基础、墩、台身的各项检测任务和检测方法。
（2）掌握桥梁地基承载力的检测内容和方法。
（3）掌握钻孔桩桩基施工过程的检测方法、步骤。
（4）掌握桥梁荷载试验的方法、步骤及评定方法。

2. 素质目标

（1）分小组任务实施，培养沟通与团队协作能力。
（2）严格纪律，文明操作，培养良好的职业操守和安全环保意识。
（3）遵守职业道德、具有社会责任感。

3. 技能目标

（1）能够进行地基承载力检测试验并进行评定。
（2）能够进行钻孔桩桩基施工过程的检测并评定质量。
（3）能够进行钻孔桩桩基的完整性检测并评定质量。
（4）能够根据任务要求进行桥梁荷载试验，并完成试验报告。
（5）能对桥梁结构物的质量作出科学正确的判断。

二、学习情境描述

按桥梁施工的过程，由下部结构开始，对桥梁下部结构的桩基础、扩大基础、墩、台身进行检测，然后进行上部结构、支座和附属设施的检测，要求根据项目资料，制订试验检测实施方案，对待测路段进行检测，并给出质量评定结果。在条件允许的情况下，可模拟进行桥梁荷载试验。

三、学习环境要求

学习环境要求在专业的校内实习实训基地进行,或是在校企合作的实际项目场地进行。要求有回弹仪、钢筋扫描仪、冲击弹性波无损检测仪、钢质护栏立柱埋深检测仪、荷载试验检测仪器等。同时,提供实训指导书和任务单等资料。

学生4人一个小组,以"专业检测试验队"模式独立开展项目,课程完成后需提交实训检测数据和实训总结。

任务一　桥梁地基承载力检测

任务背景

地基是承受结构作用的土体或岩体。地基岩土分为岩石、碎石土、砂土、粉土、黏性土、特殊性岩土等。基础将结构所承受的各种作用传递到地基的下部结构。浅基础是指埋置深度小于基础宽度且设计时不考虑基础侧边土体各种抗力作用的基础。

地基承载力是指地基在同时满足变形和强度的条件下，单位面积所能承受的最大荷载。理论上地基承载力是土力学理论中最重要的课题之一，现实中任何土木工程的地基基础设计都必须满足这两个基本前提，而这两个前提，也离不开对地基承载力的研究。地基承载力特征值是地基设计基于正常使用极限状态所选定的地基承载力特征值，由荷载试验测定的地基土压力-变形曲线线性变形段内规定的变形所对应的压力值。修正后的地基承载力特征值是基于地基承载力特征值，根据基础基底埋深、宽度及地基土的类别按规定修正确定的。《公路桥涵地基与基础设计规范》（JTG 3363—2019）规定：桥涵地基承载力的验算应以修正后的地基承载力特征值乘以地基承载力抗力系数控制；修正后的地基承载力特征值应基于地基承载力特征值，根据基础基底埋深、宽度及地基土的类别按该规范修正确定。地基承载力特征值宜由荷载试验或其他原位测试方法实测取得，其值不应大于地基极限承载力的1/2。对中小桥、涵洞，受现场条件限制或开展荷载试验和其他原位测试确有困难时，根据岩土类别、状态、物理力学特性指标及工程经验确定。根据岩土类别、状态、物理力学特性指标及工程经验确定地基承载力特征值时，可按规范中提供的地基承载力表的规定进行。

在进行地基基础设计时，地基必须满足两个条件：一是建筑物基础的沉降或沉降差须在该建筑物所允许的范围内（变形要求）；二是建筑物的基底压力应该在地基所允许的承载能力范围内（承载力要求）。基础直接建造在未经加固的天然地层上的地基称为天然地基；若天然地基较软弱，须先经过人工加固再修建基础的，称为人工地基。地基工程是道路桥梁工程重要的组成部分，地基工程质量的好坏是道路桥梁工程构造物是否安全和能否正常使用的关键。地基工程属于隐蔽工程，受地形、地质、水文等综合因素的影响，问题复杂且变异性大，通过地基工程检测技术进行现场监测和检测，是确保地基工程质量的重要手段。砂性土地基检测是为了了解砂性土地基的重要性，掌握砂性土地基检测的基本方法，学习要求是认真研读本任务的内容，查阅工程项目砂性土地基检测的案例资料，重视理论联系实际。荷载试验相当于在工程原位进行的缩尺原型试验，即模拟建筑物地基土的受荷条件，能比较直观地反映地基土的变形特性。该法具有直观和可靠性高的特点，在原位测试中占有重要地位，往往成为其他方法的检验标准。荷载试验的局限性在于费用较高、周期较长和压板的尺寸效应。

知识目标

（1）掌握桥梁地基检验的内容和方法。
（2）掌握地基承载能力检验的注意事项。
（3）掌握地基承载能力容许值的基本概念。
（4）掌握地基承载能力容许值的确定原则。

能力目标

（1）能按照《公路桥涵地基与基础设计规范》（JTG 3363—2019）对地基土进行分类。
（2）能利用动力触探法确定地基承载能力。
（3）能进行浅层与深层平板荷载试验并进行数据处理。

子任务一　按规范确定地基承载力

知识准备

一、地基岩土的分类

公路桥涵地基的岩土可分为岩石、碎石土、砂土、粉土、黏性土和特殊性岩土。

1. 岩石的分类

岩石按照坚硬程度、风化程度、软化系数、岩体完整程度和岩体节理发育程度进行分类。
（1）岩石坚硬程度按饱和单轴抗压强度标准值进行分级。
（2）岩石的风化程度可划分为未风化、微风化、中风化、强风化、全风化 5 个等级。
（3）岩石按软化系数可分为软化岩石和不软化岩石。当软化系数小于或等于 0.75 时，应定为软化岩石；当软化系数大于 0.75 时，应定为不软化岩石。
（4）岩石的完整程度按完整型指数进行分类。
（5）岩体节理发育程度按照节理间距进行分类。

2. 碎石土的分类

碎石土为粒径大于 20 mm、颗粒含量超过总质量 50%的土。碎石土按照颗粒形状、粒组含量和密实度进行分类。

3. 砂土的分类

砂土为粒径大于 2 mm、颗粒含量不超过总质量的 50%且粒径大于 0.075 mm、颗粒含量超过总质量 50%的土。砂土按照粒组含量和密实度进行分类。

4. 粉土的分类

粉土为塑性指数 I_p≤10 且粒径大于 0.075 mm 的颗粒含量不超过总质量 50%的土。粉土的密实度和湿度应分别按表 4-1 和表 4-2 进行分类。

表 4-1　粉土密实度分类

孔隙比 e	密实度
e<0.75	密实
0.75≤e≤0.9	中密
e>0.9	稍密

表 4-2　粉土湿度分类

含水量 ω	湿度
$\omega<20$	稍湿
$20\leqslant\omega\leqslant30$	湿
$\omega>30$	很湿

5. 黏性土分类

黏性土为塑性指数 $I_p>10$ 且粒径大于 0.075 mm 的颗粒含量不超过总质量 50%的土。

任务学习

地基土的承载能力容许值用地基承载能力基本容许值[f_{a0}]表示，可以按土的类别和它的物理状态指标，从相关规范的对应表格中查得。

1. 岩石

一般岩石地基可根据强度等级、节理发育程度按表 4-3 确定其承载力特征值[f_{a0}]。对复杂的岩层（溶洞、断层、软弱夹层、易溶岩石、崩解性岩石、软化岩石等）应按各项因素综合确定。

表 4-3　岩石地基承载能力基本容许值[f_{a0}]　　　　　　　　　单位：kPa

坚硬程度	节理发育程度		
	节理不发育	节理发育	节理很发育
坚硬岩、较硬岩	>3 000	2 000~3 000	1 500~2 000
较软岩	1 500~3 000	1 000~1 500	800~1 000
软岩	1 000~1 200	800~1 000	500~800
极软岩	400~500	300~400	200~300

2. 碎石

碎石的地基承载能力基本容许值[f_{a0}]可按照表 4-4 选用。

表 4-4　碎石的地基承载能力基本容许值[f_{a0}]　　　　　　　　单位：kPa

土名	密实度			
	密实	中实	稍实	松散
卵石	1 000~1 200	650~1 000	500~650	300~500
碎石	800~1 000	550~800	400~550	200~400
圆砾	600~800	400~600	300~400	200~300
角砾	500~700	400~500	300~400	200~300

3. 砂土

砂土的地基承载能力基本容许值[f_{a0}]可按照表 4-5 选用。

表 4-5　砂土的地基承载能力基本容许值[f_{a0}]　　　　　　　　单位：kPa

土名、水位情况		密实度			
		密实	中实	稍实	松散
砾砂、粗砂	与湿度无关	550	430	370	200
中砂	与湿度无关	450	370	330	150
细砂	水上	350	270	230	100
	水下	300	210	190	—
粉砂	水上	300	210	190	—
	水下	200	110	90	—

4. 粉土

粉土的地基承载能力基本容许值[f_{a0}]可根据土的天然孔隙比 e 和天然含水率 w 按表 4-6 选用。

表 4-6　粉土的地基承载能力基本容许值[f_{a0}]　　　　　　　　单位：kPa

e	$w/\%$					
	10	15	20	25	30	35
0.5	400	380	355	—	—	—
0.6	300	290	280	270	—	—
0.7	250	235	225	215	205	—
0.8	200	190	180	170	165	—
0.9	160	150	145	140	130	125

5. 黏性土

黏性土的地基承载能力基本容许值[f_{a0}]可根据液性指数 I_L 和天然孔隙比 e 按表 4-7 选用。

表 4-7　黏性土的地基承载能力基本容许值[f_{a0}]　　　　　　　　单位：kPa

e	I_L												
	0	0.1	0.2	0.3	0.4	0.5	0.6	0.7	0.8	0.9	1.0	1.1	1.2
0.5	450	440	430	42	400	380	350	310	270	240	220	—	—
0.6	420	410	400	380	360	340	310	280	250	220	200	180	—
0.7	400	370	350	330	310	290	270	240	220	190	170	160	150
0.8	380	330	300	280	260	240	230	210	180	160	150	140	130
0.9	320	280	260	240	220	210	190	180	160	140	130	120	100
1.0	250	230	220	210	190	170	160	150	140	120	110	—	—
1.1	—	—	160	150	140	130	120	110	100	90	—	—	—

任务实施

在实训场地实测地基承载能力，要求完成以下任务：
（1）进行地基描述。
（2）进行地基岩土分类。
（3）用规定的方法确定地基承载能力基本容许值[f_{a0}]。
（4）计算修正后的地基承载能力基本容许值。
（5）填写地基承载能力检测记录（表4-8）和报告。

表4-8　地基承载力试验检测记录表（土质分析法）

检测单位名称：							记录编号：JGLP04001f			
工程名称					工程部位/用途					
样品信息										
试验检测日期					试验条件					
检测依据					判定依据					
主要仪器设备名称及编号										
密度试验	土样编号	环刀号	环刀质量/g	环刀容积/cm³	土+环刀质量/g	天然密度 ρ/（g/cm³）	干密度 ρ_d/（g/cm³）	平均干密度 ρ_d/（g/cm³）	测点示意图	
									路线方向	
含水率试验	土样编号	盒号	盒质量/g	盒+湿土质量/g	盒+干土质量/g	含水率/%	平均含水率/%	备注		
液限 W_L/%					备注					
塑限 W_p/%										
塑性指数 I_p										
液性指数 I_L										
土粒比重 G_s/（g/cm³）			天然孔隙比 e			地基承载力/kPa		设计承载力/kPa		
附加声明：										

任务评价

（1）学生自评，见表4-9。

表 4-9　学生自评表

序号	评价内容	考评要点	考评等级 优	良	中	及格	不及格	问题说明
1	学习准备工作	（1）按时完成； （2）准备工作						
2	职业素养	（1）团结协作； （2）自主学习，没有抄袭； （3）时间观念强，不迟到/早退/旷课						
3	收集资料信息情况	（1）收集了很多相关资料； （2）学习总结归纳						
4	学习工作页	（1）书写工整，无错别字； （2）按时完成，无错误						
5	小组角色完成情况	能很好地完成角色职责						
6	与组员合作情况	能和组员通力合作						
评价结果								
评价者签名：			日期：					

（2）教师评价，见表 4-10。

表 4-10　教师评价表

序号	实训内容	配分	评分标准	扣分	得分
1	考勤，课堂表现	20	小组点名，根据课堂表现情况打分，缺勤个人得分为零，有睡觉、玩手机等违反课堂纪律情况的视情节扣分		
2	根据所学知识，按要求完成任务	80	能正确归纳总结工程试验检测在实际工程中的目的和意义		
			合计		

子任务二　现场荷载试验确定地基承载力

知识准备

1. 试验目的与适用范围

荷载试验是确定地基承载力的主要方法，按试验深度分为浅层荷载试验和深层荷载试验；按承压板形状分为平板荷载试验和螺旋板荷载试验；按荷载性质分为静力荷载试验和动力荷载试验。浅层平板荷载试验适用于地表浅层地基土（包括各种填土和碎石土）；深层平板荷载试验适用于埋深等于或大于3m和地下水位以上的地基土；螺旋板荷载试验适用于深层地基土或地下水位以下的地基土。荷载试验可适用于各种地基土,特别适用于各种填土及含碎石的土。这里主要介绍浅层平板静力荷载试验,试验目的是确定地基的承载力和变形特性。螺旋板荷载试验还可估算地基土的固结系数。

荷载试验是在保持地基土的天然状态下,在一定面积的刚性承压板上向地基土逐级施加荷载,并观测承压板每级荷载下地基土的变形,是测定地基土压力与变形特性的一种原位测试方法。测试所反映的是承压板下 1.5~2.0 倍承压板直径或宽度范围内,地基土强度、变形的综合性状,浅层平板静力荷载试验如图 4-1 所示。

图 4-1　浅层平板静力荷载试验示意

2. 试验原理

平板静力荷载测试 PLT（Plate Load Test）,简称荷载测试,它是模拟建筑物基础工作条件的一种测试方法,起源于 20 世纪 30 年代的苏联、美国等。其方法是在保持地基土的天然状态下,在一定规格的方形或圆形承压板上向地基土逐级施加荷载,每级荷载增量持续时间相同或接近,测记每级荷载作用下荷载板沉降量的稳定值,加载至总沉降量为 25 mm,或达到加载设备的最大容量为止,然后卸载,记录土的回弹值,持续时间应不小于一级荷载增量的持续时间。根据试验记录绘制荷载 P 和沉降量 S 的关系曲线,如图 4-2 所示。分析研究地基土的强度与变形特性,求得地基土容许承载力与变形模量等力学数据。

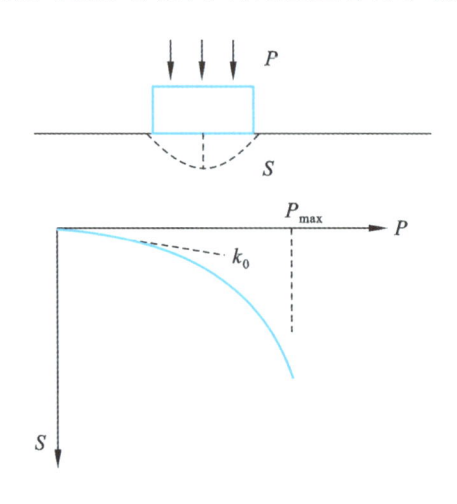

图 4-2　荷载 P 和沉降量 S 的关系曲线

任务学习

1. 试验步骤

(1) 荷载试验应布置在有代表性的地点，每个场地不宜少于3个，正式加荷前，将试验面清扫干净以观测地面变形，将百分表的指针调至接近最大读数位置；当场地内岩体不均时，应适当增加。浅层平板荷载试验应布置在基础底面高程处。

(2) 浅层平板荷载试验的试坑宽度或直径不应小于承压板宽度或直径的3倍，以消除土自重引起的超载影响；深层平板荷载试验的试井直径应等于承压板直径；当试井直径大于承压板直径时，紧靠承压板周围土的高度不应小于承压板直径。

(3) 试坑或试井底的岩土体应避免扰动，保持其原状结构和天然湿度，并在承压板下铺设不超过20 mm的砂垫层找平，尽快安装试验设备；螺旋板头入土时，应按每转一圈下入一个螺距进行操作，减少对土的扰动。

(4) 荷载试验宜采用圆形刚性承压板，根据土的软硬或岩体裂隙密度选用合适的尺寸；土的浅层平板荷载试验承压板面积不应小于0.25 m^2，对软土和粒径较大的填土不应小于0.5 m^2；土的深层平板荷载试验承压板面积宜选用直径为0.8 m的刚性板，紧靠承压板周围外侧的土层高度不应小于0.8 m。

(5) 荷载试验加荷方式应采用分级维持荷载沉降相对稳定法（常规慢速法）；有地区经验时，可采用分级加荷沉降非稳定法（快速法）或等沉速率法；加荷等级宜取10~12级，并不应少于8级，荷载量测精度不应低于最大荷载的±1%。试验的加荷标准如下：试验的第一级荷载（包括设备重量）应接近卸去土的自重。每级荷载增量（即加荷等级）一般取被试地基土层预估极限承载力的1/15~1/10；施加的总荷载应尽量接近试验土层的极限荷载。沉降值的量测精度应达到0.01 mm。

① 慢速法：

a. 对于土体，每级荷载施加后，间隔10 min、10 min、10 min、15 min、15 min测读一次沉降，以后间隔30 min测读一次，当连续2 h每小时沉降量不大于0.1 mm时，可认为沉降已达相对稳定标准，再施加下一级荷载。

b. 对于岩体，间隔1 min、2 min、2 min、5 min测读一次沉降，以后每隔10 min测读一次，当连续3次读数之差≤0.01 mm时，认为沉降已达相对稳定标准，可施加下一级荷载。

② 快速法：每加一级荷载间隔15 min观测一次沉降，每级荷载维持2 h，即可施加下级荷载。最后一级荷载可观测至沉降达到上述相对稳定标准或仍维持2 h。

③ 等沉降速率法：控制承压板以一定的沉降速率沉降，测读与沉降相应的所施加的荷载，直至试验达到破坏阶段。

(6) 按规定逐级加荷和记录百分表读数，达到沉降稳定标准后再施加下一级荷载。承压板的沉降可采用百分表、沉降传感器或电测位移计量测，其精度不应低于±0.01 mm。

(7) 一般在加荷5级或已能定出比例界限点后，注意观测地基土产生塑性变形使压板周围地面出现裂纹和土体侧向挤出的情况，记录并描绘地面裂纹形状（放射状或环状、长短粗细等）及出现时间。

(8) 试验过程中各级荷载要始终确保稳压，百分表行程接近零值时应在加下一级荷载前调整，并随时注意平台上翘、锚桩拔起、撑板上爬、撑杆倾斜、坑壁变形等不安全因素，及时采取处置措施，必要时可终止试验。

（9）试验点附近应有取土孔提供土工试验指标，或其他原位测试资料，试验后，应在承压板中心向下开挖取土试验，并描述2倍承压板直径（或宽度）范围内土层的结构变化。

（10）当出现下列情况之一时，可终止试验：

① 承压板周边的土体出现明显侧向挤出，周边岩土出现明显隆起或径向裂缝持续发展。

② 本级荷载的沉降量急剧增大（大于前级荷载沉降量的5倍），P-S曲线出现明显陡降。

③ 在某级荷载下24 h沉降速率不能达到相对稳定标准。

④ 总沉降量与承压板直径（或宽度）之比超过0.06。

（11）当需要卸载观测回弹时，每级卸荷量可为加荷量的2倍，历时1 h，每隔15 min观测一次。荷载完全卸除后，继续观测3 h。

任务实施

根据工程试验要求，在校企合作单位的协作下，现场进行荷载试验，完成桥梁地基质量评定和实训任务书，并填写表4-11。某桥墩基础为扩大基础，已知基础底面宽度为5 m，长度为10 m，埋深为4 m，基坑即将开挖到设计高程后目测土质均匀，因此，施工单位在基坑长度方向有代表性的部位预留了3块（平面尺寸为0.5 m左右，预留高度为0.2 m左右）准备测试地基承载能力的部位。试验人员到现场测试承载能力。

表4-11 地基承载力试验检测报告（平板荷载试验）

检测单位名称（专用章）：			报告编号：BGLP04001F	
施工/委托单位		工程名称		
工程部位/用途				
样品信息				
检测依据		判定依据		
主要仪器设备名称及编号				
承载板形状	承载板直径/宽度/cm		试验土类型	测点示意图
项目/数据	实测数据			
测点序号				
累计沉降量/cm				
累计用时/min				
累计最大荷载值/kPa				
基本承载力/kPa				
极限承载力/kPa				
设计承载力/kPa	基本承载力/kPa		极限承载力/kPa	
检测结论：				

任务评价

（1）学生自评，见表 4-12。

表 4-12　学生自评表

序号	评价内容	考评要点	考评等级 优	良	中	及格	不及格	问题说明
1	学习准备工作	（1）按时完成； （2）准备工作						
2	职业素养	（1）团结协作； （2）自主学习，没有抄袭； （3）时间观念强，不迟到/早退/旷课						
3	收集资料信息情况	（1）收集了很多相关资料； （2）学习总结归纳						
4	学习工作页	（1）书写工整，无错别字； （2）按时完成，无错误						
5	小组角色完成情况	能很好地完成角色职责						
6	与组员合作情况	能和组员通力合作						
评价结果								
评价者签名：				日期：				

（2）教师评价，见表 4-13。

表 4-13　教师评价表

序号	实训内容	配分	评分标准	扣分	得分
1	考勤，课堂表现	20	小组点名，根据课堂表现情况打分，缺勤个人得分为零，有睡觉、玩手机等违反课堂纪律情况的视情节扣分		
2	根据所学知识，按要求完成任务	80	能正确归纳总结工程试验检测在实际工程中的目的和意义		
			合计		

任务二　桥梁桩基检测

任务背景

桩基础是桥梁工程的基础，桩基施工质量非常重要。从全面质量管理的角度来讲，质量检测不仅是对施工完成后的最终检测，也包括对生产全过程的质量检测。只有严格进行工序过程的质量监控，才可能保证桩的最终总体质量。通常施工过程中的质量检测应包括桩位偏差、孔径、孔形、孔斜、孔深、孔渣厚度、钢筋焊接强度、混凝土试块强度以及灌注过程混凝土面位置等项目。成桩后的检测包括桩的灌注质量、混凝土强度等。从工程质量监督来看，要保证灌注桩的成桩质量，最好的办法是从成孔开始进行严格的工序控制，推行全面质量管理（TQC）。

在桥梁钻孔灌注桩的施工过程中，灌注桩的成孔是在桩位处的地面下或水下完成的，施工工序多，质量控制难度大，易产生断桩等严重缺陷。据统计，国内外钻孔灌注桩的事故率高达 5%～10%，因此，灌注桩的质量检测格外重要。灌注桩成桩质量通常存在两个方面的问题：一是桩身完整性，常见的缺陷有夹泥、断裂、缩颈、扩颈、混凝土离析及桩顶混凝土密实度较差等；二是嵌岩桩，影响桩底支承条件的质量问题，主要是灌注混凝土前清孔不彻底，孔底沉淀厚度超过规定极限，影响承载力。

桥梁桩基施工完成后，需要对桩基做一个全面的检测来验收工程质量，如桩身完整性、地基承载力、桩基声测管、内部是否有缺损等都需要检测。

桥梁桩基检测使用的方法有很多：

低应变反射波法，适用于检测混凝土桩身缺陷位置和程度，判定桩身完整性类别，检测的基桩桩径小于 2.0 m，桩身不宜大于 40 m，检测仪器有信号采集、滤波、放大、显示、储存和信号处理分析等功能。

声波投射法，是在检测混凝土缺陷的基础上发展起来的。其方法是在桩的混凝土灌注前，沿桩的长度方向平行预埋若干根检测管道，作为超声检测和接收换能器的通道。检测时探头分别在两个管子中同步移动，沿不同深度逐点测出横断面上超声脉冲穿过混凝土时的各项参数，并按超声测缺原理分析每个断面上的混凝土质量。该法适用于检测混凝土灌注桩身缺陷位置、范围和程度，判定桩身完整性类别。其受限之处是施工时若没有预先埋设管道，则无法用此法进行检测。桩径≥2m，或桩长＞40m，或特殊结构物，或复杂地质条件下的基桩，应采用声波透射法检测。

高应变法，适用于检测预制桩及混凝土灌注桩的竖向抗压承载力和桩身完整性，检测预制桩打入时的桩身应力和锤击能量传递比，为沉桩工艺参数及桩长选择提供依据。进行灌注桩的竖向抗压承载力检测时，应有现场实测经验和本地区相近条件下的可靠验证资料。

单桩竖向抗压静载试验，适用于检测单桩的竖向抗压承载力。试验方法分为慢速和快速维持荷载法。为设计提供依据的单桩竖向抗压静载试验应采用慢速维持荷载法；当有成熟地区经验时，工程桩验收检测可采用快速维持荷载法。埋设有相应的测试元件时，抗压静载试验也可用于桩身应力、桩侧摩阻力和桩端阻力的测试。

单桩竖向抗拔静载试验，适用于检测单桩的竖向抗拔承载力，试验方法为慢速维持荷载法。桩身埋设应力、应变测量传感器或桩端埋设位移测量杆时，可直接测量桩侧抗拔侧阻力或桩端上拔量。

单桩水平静载试验，适用于检测桩顶自由时单桩的水平承载力，推定地基土水平抗力系数的比例系数。埋设桩身应变测量传感器时，可测量相应水平荷载作用下的桩身应力，并计算桩身弯矩。由于大直径钻孔灌注桩的设计荷载一般较大，用静力试桩法有许多困难，所以，可用地质钻机沿桩身长度方向钻取芯样，通过对芯样的观察和测试确定桩的质量。这种方法只能反映钻孔范围内的小部分混凝土质量，而且设备庞大、费工费时、价格昂贵，不宜作为大面积的检测方法，只能用于抽样检查，一般抽检总桩量的3%～5%，或作为无损检测结果的校核手段。

钻芯法，适用于检测混凝土灌注桩长、桩身混凝土强度、桩底沉渣厚度，鉴别桩端岩土性状，判定或验证桩身完整性类别等。判定或鉴别桩端持力层岩土性状时，钻探深度应满足设计要求。钻取基桩芯样采用液压操纵的高速钻机，钻头应采用金刚石钻头。

知识目标

（1）掌握桥梁桩基成孔质量检测的内容。
（2）掌握泥浆指标检测的内容和方法。
（3）掌握桩基完整性检测的原理和方法。
（4）掌握桩基施工质量控制的要素。

能力目标

（1）能进行桩基施工过程中孔径、孔位、垂直度、孔底沉渣厚度等的检测。
（2）能进行桩基完整性检测。
（3）能正确填写检测报告。

子任务一　钻孔桩基施工过程检测

知识准备

灌注桩是在桩位处成孔，放入钢筋骨架，再浇筑混凝土而成的桩。灌注桩按成孔方法的不同，有钻孔灌注桩、挖孔灌注桩、冲孔灌注桩、套管成孔灌注桩及爆扩成孔灌注桩等。钻孔灌注桩是指采用不同的钻孔方法，在土中形成一定直径的井孔，达到设计标高后，将钢筋骨架（笼）吊入井孔中，灌注混凝土形成的桩基础。目前，钻孔灌注桩已有比较成熟的施工方法，但是由于地质复杂或其他原因，容易出现质量事故。在施工过程中，要求施工单位加强施工过程的质量控制，对重要参数，如钻进速度、持力层判别、出浆情况、泥浆比重、钻孔深度、倾斜度、孔底清渣、下钢筋笼情况、混凝土用量及配比、混凝土坍落度和灌注情况及清桩顶混凝土情况等，应按要求作详细记录。对下钢筋笼过程和混凝土灌注过程等关键工序，监理部门要进行全过程监督，确保工程质量。

钢筋混凝土灌注桩缺陷产生的原因：

（1）在灌注混凝土过程中，导管埋入混凝土中的深度不够，致使新灌混凝土上翻，或提升导管速度过快，导致导管中翻水，造成两次灌注，使桩身形成水泥的断裂界面。

（2）由于意外情况导致混凝土浇筑过程间断时间较长（如混凝土供应跟不上等），发生混凝土凝结，与后浇筑的混凝土间形成断裂界面。

（3）孔中水头下降，对孔壁的静水压力减小，导致局部孔壁土层失稳坍落，造成混凝土桩身夹泥或缩颈。

（4）孔壁坍落部分留下的窟窿，成桩后形成扩颈。

（5）混凝土搅拌不均匀、运输路径太长、导管漏水，混凝土受水冲泡等，使粗骨料集中在一起，造成桩身混凝土离析。

（6）由于钻孔过程控制不严而出现斜孔、拓孔等现象发生，又没有及时发现，也会导致桩身缺陷。

钻孔灌注桩在终孔后，应对桩孔的孔位、孔径、孔形、孔深和倾斜度进行检测，清孔后，应对孔底的沉淀厚度进行检验；挖孔桩终孔并对孔底处理后，应对桩孔位、孔径、孔深、倾斜度及孔底处理情况等进行检验。孔径、孔形、倾斜度和孔底沉淀厚度宜采用专用仪器检测，孔深可采用专用测绳检测。钢筋检孔器仅可用于对中、小桥梁工程桩孔的检测，检孔器的外径应不小于桩孔直径，长度宜为外径的4~6倍；采用钻杆测斜法量测桩的倾斜度时，量测应从钻孔平台顶面起算至孔底。

根据《公路工程质量检验评定标准 第一册 土建工程》（JTG F80/1—2017），对钻孔灌注桩施工要求如下：

1. 基本要求

钻孔灌注桩应符合下列基本要求：

（1）成孔后必须清孔，测量孔径、孔深、孔位和沉淀层厚度，确认满足设计要求和施工技术规范要求后，方可灌注水下混凝土。

（2）水下混凝上应连续灌注，灌注时钢筋笼不应上浮。

（3）嵌入承台的锚固钢筋长度不得小于设计要求的锚固长度。

2. 实测项目

钻孔灌注桩实测项目有混凝土强度、桩位、孔深、孔径、钻孔倾斜度、沉渣厚度。挖孔桩实测项目有混凝土强度、桩位、孔深、孔径或边长、孔的倾斜度、桩身完整性。

此外，《公路桥涵施工技术规范》（JTG/T 3650—2020）还要求施工过程中检验筑岛、护筒、泥浆性能、灌注混凝土质量、钢筋笼与导管等项目。

3. 外观质量

钻孔灌注桩、挖孔桩外观质量应符合以下规定：

（1）凿除桩头预留混凝土后，桩顶应无残余的松散混凝土。

（2）外露混凝土表面不应存在缺陷。

任务学习

一、桩位偏差检查

桩位偏差是指实际成桩位置偏离设计位置的差值。桩基桩位的允许偏差是通过测量实际桩位与设计桩位之间的距离而得出的。

二、桩基孔径和垂直度检测

桩基孔径和垂直度的检测是成孔质量检测中的两项重要内容。目前，用于桩基孔径检测的仪器大多可同时测量垂直度，检测的方法大致分为简易法检测、伞形孔径仪检测和声波法检测。

1. 简易法检测

工程技术人员在多年的灌注桩施工、检测中，研究总结出了一些简易的孔径和垂直度的检测方法，它们适用于在没有专用孔径和垂直度仪条件下的成孔质量检测。检测设备为制作简单的器具，如钢筋笼式、圆球式、六边木条铰链式、卡尺式等类型的检孔器。其中，钢筋笼式是简易法检测中使用较广泛的一种检孔器具，其设备制作简单，检测方法方便、可行。

（1）检孔器。钢筋笼检孔器形似小型钢筋笼，其尺寸根据检测桩的设计桩径设计，外径 D 可参照表4-14设计（外径不大于钻头直径），长度 L 为 3.0~5.0 m（桩径较大时 L 取大值，还可适当加长）。检孔器采用钢筋制作，有一定的刚度，防止在使用过程中发生变形；同时，检孔器必须规则减少周壁凸出，防止在检孔过程中对孔壁造成破坏。

表4-14 检孔器外径尺寸 单位：cm

设计桩径	100	120	150	200	250	280	300
检孔器外径 D	98	118	148	197	246	276	296

（2）孔径、垂直度检测。

① 孔径检测。在钻孔成孔后，当孔深、清孔泥浆指标合格后，钻机移位，利用钻孔三脚架或吊车、龙门架等设备将检孔器放入孔内，在护筒顶放样十字线，通过吊绳进行检孔器对中。上吊点（吊车、三脚架、龙门架下落钢丝绳点）位置必须固定且在整个检孔过程中不能变位，否则须重新对中。检孔器在孔内靠自重下落，不得借助其他外力。如果检孔器能在自重作用下顺利下落至孔底（检孔器系有测绳），则表明孔径能满足设计桩径的要求；如果检孔器在自重作用下不能下落至孔底，则表明孔径小于设计桩径，应重新扫孔或重钻至设计孔径。

② 垂直度检测。当孔径器在孔顶对中下落后，通过在护筒顶观测吊绳相对于放样中心点的偏移情况，可计算成孔后桩孔的垂直度。

桩孔垂直度按下式计算：

$$K = \frac{E}{H} \times 100\% \qquad (4-1)$$

式中：K——桩孔垂直度（%）；

E——桩孔偏心距（m）；

H——孔径器下落深度（m）。

2. 伞形孔径仪检测

伞形孔径仪是指由孔径仪、孔斜仪、沉渣厚度测定仪3部分组成的一个测试系统。由于系统中孔径仪的孔中探测头形似伞形，且是系统中的主要部分，因此该系统常被称为伞形孔径仪。伞形孔径仪中测量孔径、孔斜、沉渣的孔中仪器是独立的，地面仪器为共用的。

（1）孔径测量。伞形孔径仪也称井径仪，是目前国内采用较多的一种孔径测量仪器。该仪器由孔径测头、自动记录仪、电动绞车等组成。仪器通过放入桩孔中的专用测头测得孔径的大小，通过在测头上安装的电路将孔径值转化为电信号，由电缆将电信号送到地面被仪器接收、记录，根据接收、记录的电信号值可计算或直接绘出孔径。

（2）检测仪器。常用的伞形孔径仪的主要型号有JJC-1A型灌注桩孔径检测系统和JJY-5型大口径孔径仪。仪器的主要技术指标见表4-15。

表4-15 伞形孔径仪型号、技术指标

项目	仪器型号	
	JJC-1A	JJY-5
孔径测量范围/mm	500～1 200	800～1 500 1 300～2 200
孔径测量误差/mm	±15	不大于±20
电缆长度/m	100	100
仪器耐压/MPa	20	300
孔径测量范围/mm	500～1 200	800～1 500 1 300～2 200
最大工作电流/mA	5	10
工作电源/V	220	220
总质量 （孔径仪、记录仪、绞车、电缆、孔口滑轮）/kg	77	80

上述两种仪器的工作原理基本相同。为了适应测量的要求，JJY-5型大口径孔径仪在测头、测腿构造上进行了特殊处理。测头仪器内注满变压器油，其下端装有压力平衡装置且与密封筒贯通，从而使仪器在深桩孔中不致因外压力不平衡而损坏。为了测量1 500 mm以上桩孔，4条测腿的前端装有扩展腿，扩展腿还可以伸长。仪器的电缆长度也可根据测量桩孔深度要求厂家进行特殊定制。JJC-1A、JJY-5型孔径仪的共同特点，是在检测的同时，可打印绘制出检测结果图。

（3）测量及操作方法。测量之前，需对仪器进行全面的刻度校正。校正方法可采用与仪器配套的校正架。因校正架携带不方便，在工地现场一般使用仪器附带的"现场刻度器"进行校正。将"现场刻度器"套在孔径仪张开的4条测腿上，用尺量出刻度值，调整记录仪的记录笔到相应的刻度位置，如记录仪测程为10 mV/cm，测腿量出的刻度值为ϕ800 mm，则可把记录幅度调节为 80 mm，此时记录的横向比例为 1∶10。由于桩的孔口尺寸是可以丈量的，有时检测人员也将孔口作为校正刻度值。仪器校正后将测头的 4 条测腿合拢套上开腿盒锁定，启动绞车将测头放入孔内，当电缆上的特殊标志下到钻进深度的起算面时停住，将深度显示值预置为 5.00 m，并在对应电缆上的某一深度记号处对应的地面钉下标志杆作为标准点，此后深度显示将直接指示仪器在孔中的测点位置，测头到达孔底后电缆就会松弛，在孔口快速上提电缆，泥浆的反力将使开腿盒与测腿脱开，测腿随即自动弹开并贴住孔壁，记录笔也随之右移，启动绞车上提电缆开始孔径测量。测量过程中，记录纸随电缆走动，记录笔随孔径大小变化左右移动。当电缆上的每一个深度记号经过标准点时，都要按动仪器的深度记号器，直到测头被提到孔口为止，这样带有深度标志的孔径曲线就会被自动描绘下来。如果做孔径的点测，可将测头提到每个预定的测点深度，在仪器上读出对应的孔径电压值，按照仪器厂家提供的电流设值 I 和仪器常数 K，计算出实际孔径值。测量时，如孔底泥浆密度过大，会阻碍测腿顺利弹到位，孔底测量值会偏小；如孔底冲刷时间过长，则孔径将偏大。测量时要结合桩孔施工情况对测量结果加以判断。

（4）垂直度测量。

① 测量原理与方法。采用伞形孔径仪测试系统中配套的专用测斜仪，在孔内不同深度连续多点测量其顶角和方位角，根据所测得的顶角、方位角可计算孔的倾斜度。测斜仪的顶角测量利用铅垂原理，测量系统由顶角电阻（电阻值已知）、顶角测量杆组成。顶角测量杆上装有一重块，可自由摆动，并使重块始终垂直于水平面。当钻孔倾斜时，顶角电阻和测量杆间就有一角度，仪器内部机构使得测量杆和顶角电阻接触，短路了一部分电阻，剩下的电阻值就是被测点的顶角。方位角测量依靠磁定向机构系统完成，系统中有定位电阻、接触片等，接触片始终保持指北状态，方位角变化时，接触片短路了一部分电阻，剩下的电阻值就是被测点的方位角。桩孔垂直度主要取决于桩孔在垂直方向上的偏移量。在实际工程检测中，一般以测量桩孔的顶角参数值为主，通过顶角值计算得到桩孔的垂直度。

② 检测仪器。根据用途、测量精度要求的不同，测斜仪有多种型号。例如，JJM-1 型高精度测斜仪是采用高分辨率传感器并配以计算机进行数据处理的精密测斜系统，使用时将仪器放入钻杆中逐点测量，并要求钻杆与孔壁的斜度保持一致。该仪器顶角测量精度优于一般测斜仪，但不用作方位测量。

三、清孔质量要求和检测方法

1. 清孔的质量要求

（1）摩擦桩：孔底沉淀土的厚度不大于设计规定；清孔后的泥浆性能指标应满足以下规定：

相对密度（比重）：清孔后，泥浆的相对密度（比重）应控制在 1.03～1.10 之间。对于冲击成孔的桩，相对密度可以适当提高，但不宜超过 1.15。

黏度：清孔后，泥浆的黏度宜为 17～20 Pa·s。

含砂率：清孔后，泥浆的含砂率应小于 2%。

（2）支承桩：灌注混凝土前，孔底沉淀土的厚度不大于设计规定。

2. 孔底沉渣厚度检测原理与方法

在钻孔灌注桩成孔过程中，采用循环泥浆液清洗孔底和护壁，将钻渣携带回地面。泥浆液携带钻渣的能力与其黏度、胶体率、含砂量等指标有关。桩成孔后总有一部分钻渣未带上地面而沉淀于孔底，成孔后至灌注混凝土的间隙过长，以及可能产生的孔壁坍塌等，也会造成孔底沉淀。孔底沉渣的厚薄会直接影响桩端的承载能力，沉渣太厚会使桩的承载能力大大降低。因此，在灌注桩孔混凝土之前必须对沉渣厚度进行检测，必要时须进行再次清孔，直到沉渣厚度满足要求。目前，测量沉渣厚度的方法大致有测锤法、电阻率法、电容法、声波法等。

四、泥浆性能指标检测

钻孔灌注桩施工时不同阶段的泥浆性能指标可参照表 4-16 选用。

表 4-16　钻孔施工不同阶段泥浆性能指标

性能	基浆 膨润土+碱	鲜浆 基浆+PHP	钻进 鲜浆与钻屑混合	回流 钻进净化+鲜浆	清孔 回流+鲜浆	弃用 回流沉淀中
相对密度	<1.05	<1.04	<1.2	<1.08	<1.06	>1.3
黏度/（Pa·s）	20~22	26~35	25~28	24~26	22~24	>42
含砂率/%	<0.3	<0.3	<4	0.5~1.0	<0.3	>10
胶体率/%	>98	100	96	98	100	<90
失水率/（mL/30min）	15	<10	<18	<15	<10	>25
泥皮厚/（mm/30min）	1.5	≤1	2	1.5	≤1	>5
酸碱度（pH）	9~10	10~12	9~10	9~10	8~9	<7或>14
静切力/Pa	2~4	4~6	3~5	3~5	3~5	<1
说明	可少量掺用 CMC 改善性能	要用专门的制浆设备及储存设备，用泵运输	钻进中出口泥浆指标不宜在回流泥浆中调整	通过除砂器后在循环池中沉淀，再加鲜浆回流孔内	清孔后用正循环法在桩底注入 5 m 高鲜浆作隔离层	在循环池中清除固相沉淀

直径大于 2.5 m 的大直径钻孔灌注桩对泥浆的要求较高，泥浆的选择应根据钻孔的工程地质情况、孔位、钻机性能、泥浆材料条件等确定。在地质复杂、覆盖层较厚、护筒下沉不到岩层的情况下，宜使用丙烯酰胺（PHP）泥浆，此泥浆的特点是不分散、低固相、高黏度。

1. 相对密度 γ_x

泥浆的相对密度是泥浆与 4 ℃时同体积水的质量之比。相对密度可用泥浆相对密度计测定。将泥浆装满泥浆杯，加盖并洗净从小孔溢出的泥浆，然后置于支架上，移动游码，使杠杆呈水平状态（即气泡处于中央），游码左侧所示刻度即为泥浆的相对密度。如工地无以上仪器，可用一个口杯先称其质量，设为 m_1，再装满清水称其质量为 m_2，然后倒去

清水，装满泥浆并擦去杯周溢出的泥浆，称其质量为 m_3，则

$$\gamma_x = \frac{m_3 - m_1}{m_2 - m_1} \quad\quad\quad (4\text{-}2)$$

2. 黏度 η

黏度是液体或混合液体运动时各分子或颗粒之间产生的内摩阻力。工地用标准漏斗黏度计测定黏度。用两端开口量杯分别量取 200 mL 和 500 mL 的泥浆，通过滤网滤去大砂砾后，将 700 mL 泥浆均注入漏斗，使泥浆从漏斗流出，流满 500 mL 量杯所需时间（s），即为所测泥浆的黏度。校正方法：漏斗中注入 700 mL 清水，流出 500 mL 所需时间应是 15 s，其偏差如超过±1 s，测量泥浆黏度时应校正。

3. 含砂率

含砂率是泥浆内所含的砂和黏土颗粒的体积百分比。工地用含砂率计测定含砂率。量测时，把调制好的泥浆 50 mL 倒进含砂率计，再倒入 450 mL 清水，使总体积为 500 mL。将仪器口塞紧，摇动 1 min，使泥浆与水混合均匀，再将仪器竖直静放 3 min，仪器下端沉淀物的体积（由仪器上刻度读出）乘以 2 即为含砂率（有一种大型的含砂率计，容积为 1 000 mL，从刻度读出的数无须乘以 2 即为含砂率）。

4. 胶体率

胶体率是泥浆静止后，其中呈悬浮状态的黏土颗粒与水分离的程度，以百分比表示。它反映泥浆中土粒保持悬浮状态的性能。测定方法是将 100 mL 的泥浆放入干净的量杯中，用玻璃板盖上，静置 24 h 后，若量杯上部的泥浆澄清为透明的水，量杯底部有沉淀物，以 100-（水+沉淀物）的体积即等于胶体率。

5. 失水量和泥皮厚

失水量是泥浆在钻孔内受内外水头压力差的作用，在一定时间内渗入地层的水量，以 mL/30 min 为单位。工地可用滤纸法测定，用一张 120 mm×120 mm 的滤纸，置于水平玻璃板上，中央画一个直径为 30 mm 的圆圈，将 2 mL 的泥浆滴于圆圈中心，30 min 后，量算湿润圆圈的平均半径，用其减去泥浆坍平成泥饼的平均半径（mm），即为失水量。在滤纸上量出泥饼厚度（mm），即为泥皮厚，一般不宜厚于 3 mm，泥皮愈平坦、愈薄，泥浆质量愈高。

任务实施

工程概况：某桥梁，桩基采用钻孔灌注桩，设计要求对锚桩 M9 号桩在灌注混凝土前进行成孔质量检测，以便核对地质资料、检验设备、施工工艺及技术是否适宜。检测内容包括孔径、孔深、孔垂直度和孔底沉渣厚度等。桩孔成孔质量设计要求：桩径为 800 mm，桩孔深 44 m，保证有效桩长 38 m，孔垂直度≤1/100，孔底沉渣厚度≤100 mm。

根据工程试验要求，进行钻孔桩基施工过程检测，完成实训任务，并填写表 4-17。

表 4-17　钻（挖）孔灌注桩成孔质量检查记录表

工程名称			施工日期		
施工单位			桩号		
序号	项目	质量检验值		备注	
		设计要求或规范规定	实测值		
1	孔位中心/mm	≤100			
2	孔径/mm	±50			
3	垂直度/%	<1			
4	孔底沉渣厚度/mm	≤50			
5	孔底标高/m	≤300			
6	扩大头尺寸/m	—			
7	清孔后泥浆比重	1.15～1.20			
8	桩类进入持力层情况	≥设计值（500 mm）			
施工单位	项目技术负责人	施工员	监理（建设）单位	监理工程师（建设单位项目专业技术负责人）	

任务评价

（1）学生自评，见表 4-18。

表 4-18　学生自评表

序号	评价内容	考评要点	考评等级					问题说明
			优	良	中	及格	不及格	
1	学习准备工作	（1）按时完成；（2）准备工作						
2	职业素养	（1）团结协作；（2）自主学习，没有抄袭；（3）时间观念强，不迟到/早退/旷课						
3	收集资料信息情况	（1）收集了很多相关资料；（2）学习总结归纳						
4	学习工作页	（1）书写工整，无错别字；（2）按时完成，无错误						
5	小组角色完成情况	能很好地完成角色职责						
6	与组员合作情况	能和组员通力合作						
评价结果								
评价者签名：						日期：		

（2）教师评价，见表4-19。

表4-19　教师评价表

序号	实训内容	配分	评分标准	扣分	得分
1	考勤，课堂表现	20	小组点名，根据课堂表现情况打分，缺勤个人得分为零，有睡觉、玩手机等违反课堂纪律情况的视情节扣分		
2	根据所学知识，按要求完成任务	80	能正确归纳总结工程试验检测在实际工程中的目的和意义		
			合计		

子任务二　钻孔桩基完整性检测

知识准备

检测桩基完整性的方法很多，一般可分为两类。一类是有损试验加静荷载试验，钻取桩身混凝土芯样，在桩身中钻一或两个孔，进行单孔或跨孔的声波测量。这类方法成本高，且试验周期长。另一类无损检测的方法，例如声脉冲反射波法、稳态和瞬态机械阻抗法、高应变应力波法等。一般来说，凡是在桩身中引起小变形的动力检测方法统称为低应变法；而在桩身中引起大应变的方法称为高应变法。

声波透射法是在桩身中预埋声测管，并在两声测管之间发射和接收超声波，通过实测声波在混凝土介质中传播的声时、频率和波幅衰减等声学参数的变化，对桩身完整性进行检测的方法。超声波法适用于直径不小于800 mm的混凝土灌注桩的完整性检测，它包括跨孔透射法和单孔折射法。

一、一般规定

（1）对于桩径小于0.6 m的桩，不宜采用本方法，因为桩径较小时声波换能器与检测管的声耦合会引起较大的相对测试误差。桩长不受限制。

（2）当出现下列情况之一时，不得采用本方法：
① 声测管未沿桩身通长配置。
② 声测管堵塞导致检测数据不全。
③ 声测管数量不符合要求。

（3）受检桩混凝土强度不应低于设计强度的70%，且不低于15 MPa。

二、检测的基本原理及方法

混凝土是由多种材料组成的多相非匀质体。对于正常的混凝土，声波在其中传播的速度有一定的范围，当传播路径遇到混凝土有缺陷时（如断裂、裂缝、夹泥和密实度差等），声波要绕过缺陷或在传播速度较慢的介质中通过，这时声波将发生衰减，造成传播时间延长，使声时增大，计算声速降低，波幅减小，波形畸变。该法即利用超声波在混凝土中传播的这些声学参数的变化，来分析判断桩身混凝土质量。

声波透射法检测桩身混凝土质量，是在桩身中预埋 2~4 根声测管。将超声波发射、接收探头分别置于 2 根导管中，进行声波发射和接收，使超声波在桩身混凝土中传播，用超声仪测出超声波的传播时间 t、波幅 A 及频率 f 等物理量，就可判断桩身结构的完整性。

任务学习

一、主要仪器设备

1. 试验装置

声波透射法试验装置包括超声检测仪、超声波发射及接收换能器（探头）、预埋测管等，也有加上换能器标高控制绞车和数据处理计算机的，其装置如图 4-3 所示。

图 4-3　声波透射法试验装置

2. 超声检测仪

超声检测仪的技术性能应符合以下规定：接收放大系统的频带宽度宜为 5~50 kHz，增益应大于 100 dB，并带有 0~60（或 80）dB 的衰减器，其分辨率应为 1 dB，衰减器的误差应小于 1 dB，其档间误差应小于 1%，发射系统应输出 250~1 000 V 的脉冲电压，其波形可为阶跃脉冲或矩形脉冲。显示系统应同时显示接收波形和声波传播时间，其显示时间宜大于 300 μs，计时精度应大于 1 μs，仪器必须稳定可行，2 h 中声时漂移不得大于 ±0.2 μs。

3. 换能器

应采用柱状径向振动的换能器，将超声仪发出的电脉冲信号转换成机械振动信号，其共振频率宜为 25~50 kHz，外形为圆柱形，外径为 30 mm，长度为 200 mm。换能器宜装有前置放大器，前置放大器的频带宽度宜为 5~50 kHz，绝缘电阻应达 5 MΩ，其水密性应满足在 1 MPa 水压下不漏水。桩径较大时，宜采用增压式柱状探头。

4. 声测管

声测管是声波透射法检测装置的重要组成部分，宜采用钢管或钢质波纹管，内径宜为 50~60 mm。

二、测试技术

1. 预埋声测管的规定

桩径 $D \leq 800$ mm，应埋设 2 根管；800 mm＜桩径 $D \leq 2\,000$ mm，应埋设不少于 3 根管；桩径 $D > 2\,000$ mm，应埋设不少于 4 根管。声测管布置方式如图 4-4 所示。声测管底端及接头应严格密封，保证管外泥水在 1 MPa 压力下不会渗入管内；下端应封闭、上端加盖、管内无异物；连接处应光滑过渡，管口应高出桩顶 100 mm 以上，且各管口高度宜一致。应采取适宜的方法固定声测管，使之成桩后相互平行。

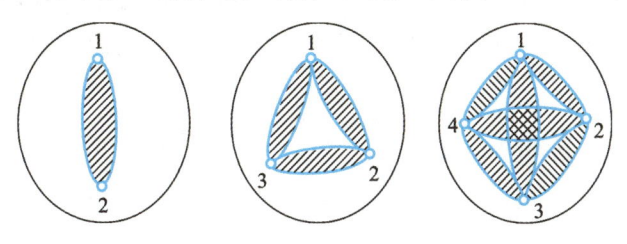

图 4-4　声测管布置方式

2. 现场检测

现场检测前应测定声波检测仪发射至接收系统的延迟时间 t_0，并应按下式计算声时修正值 t'：

$$t' = (D-d)/V_t + (d-d')/V_w \qquad (4-3)$$

式中：D——检测管外径（mm）；
　　　d'——检测管内径（mm）；
　　　d——换能器外径（mm）；
　　　V_t——检测管壁厚度方向声速（km/s）；
　　　V_w——水中的声速（km/s）；
　　　T——声时修正值（μs）。

将发射、接收换能器置于水中，间距 0.5 m 左右，接收信号波幅调节到 2 或 3 格，改变发射、接收换能器间距，测量不同距离的声时值，按时距曲线求出 t_0 值。

3. 检测步骤的要求

（1）接收及发射换能器应在装设扶正器后置于检测管内，并能顺利提升及下降。

（2）测量时，上述发射与接收换能器可置于同一标高，当发射与接收换能器置于不同标高时，水平测角可取 30°～40°。

（3）测量点距 20～40 cm。发现读数异常时，应加密测量点距，保证测点间声场可以覆盖，不致漏测。

（4）发射与接收换能器应同步升、降。各测点发射与接收换能器累计相对高差不应大于 2 cm，并应随时校正。

（5）检测宜由检测管底部开始，发射电压值应固定，并应始终保持不变，放大器增益值也应始终固定不变。调节衰减器的衰减量，使接收信号初至波幅度在荧光屏上为 2 或 3

格。由光标确定首波初至，读取声波传播时间及衰减器衰减量，依次测取各测点的声时及波幅并进行记录。

（6）一根桩有多根检测管时，应将每2根检测管编为一组，分组进行测试。

（7）每组检测管测试完成后，测试点应随机重复抽测10%~20%。其声时相对标准差不应大于5%，波幅相对标准差不应大于10%，并应对声时及波幅异常的部位重复抽测。

三、检测数据分析与判定

（1）各测点的声时 t_c、声速 v、波幅 A_p 及主频 f 应根据现场检测数据，按下列各式计算，并绘制声速-深度（v-z）曲线和波幅-深度（A_p-z）曲线，需要时可绘制辅助的主频-深度（f-z）曲线。

$$t_{ci} = t_i - t_0 - t' \tag{4-4}$$

$$v_i = \frac{l'}{t_{ci}} \tag{4-5}$$

$$A_{pi} = 20\lg\frac{a_i}{a_0} \tag{4-6}$$

$$f_i = \frac{1000}{T_i} \tag{4-7}$$

式中：t_{ci}——第 i 测点声时（μs）；

t_i——第 i 测点声时测量值（μs）；

t_0——仪器系统延迟时间（μs）；

t'——几何因素声时修正值（μs）；

l'——每检测剖面相应两声测管的外壁间净距离（mm）；

v_i——第 i 测点声速（km/s）；

A_{pi}——第 i 测点波幅值（dB）；

a_i——第 i 测点信号首波峰值（V）；

a_0——零分贝信号幅值（V）；

f_i——第 i 测点信号主频值（kHz），也可由信号频谱的主频求得；

T_i——第 i 测点信号周期（μs）。

（2）声速临界值应按下列步骤计算：

将同一检测剖面各测点的声速值 v_i 由大到小依次排序：

$$v_1 \geqslant v_2 \cdots v_{n-k} \cdots v_{n-1} \geqslant v_n \tag{4-8}$$

式中：v——按序排列后的第 i 个声速测量值（km/s）；

n——检测剖面测点数；

k——从零开始逐一去掉式（4-8）v_i 序列尾部最小数值的数据个数。

对从零开始逐一去掉式（4-8）v_i 序列中最小数值后余下的数据进行统计，当去掉最小

数值的数据个数为 k 时，对包括 v_{n-k} 在内的余下数据 $v_1 \sim v_{n-k}$ 按下列公式进行计算：

$$v_0 = v_m - \lambda S_x \tag{4-9}$$

$$v_m = \frac{1}{n-k} \sum_{i=1}^{n-k} v_i \tag{4-10}$$

$$S_x = \sqrt{\frac{1}{n-k-1} \sum_{i=1}^{n-k} (v_i - v_m)^2} \tag{4-11}$$

式中：v_0——异常判断值；

v_m——（$n-k$）个数据的平均值；

S_x——（$n-k$）个数据的标准差；

λ——由表 4-20 查得的与（$n-k$）相对应的系数。

表 4-20　统计数据个数（$n-k$）与对应的 λ 值

$n-k$	20	22	24	26	28	30	32	34	36	38
λ	1.64	1.69	1.73	1.77	1.80	1.83	1.86	1.89	1.91	1.94
$n-k$	40	42	44	46	48	50	52	54	56	58
λ	1.96	1.98	2.00	2.02	2.04	2.05	2.07	2.09	2.10	2.11
$n-k$	60	62	64	66	68	70	72	74	76	78
λ	2.13	2.14	2.15	2.17	2.18	2.19	2.20	2.21	2.22	2.23
$n-k$	80	82	84	86	88	90	92	94	96	98
λ	2.24	2.25	2.26	2.27	2.28	2.29	2.29	2.30	2.31	2.32
$n-k$	100	105	110	115	120	125	130	135	140	145
λ	2.33	2.34	2.36	2.38	2.39	2.41	2.42	2.43	2.45	2.46
$n-k$	150	160	170	180	190	200	220	240	260	280
λ	2.47	2.50	2.52	2.54	2.56	2.58	2.61	2.64	2.67	2.69

将 v_{n-k} 与异常判断值 v_0 进行比较，当 $v_{n-k} \leq v_0$ 时，v_{n-k} 及其以后的数据均为异常，去掉 v_{n-k} 及其以后的异常数据；再用数据 $v_1 \sim v_{n-k-1}$ 重复式（4-12）~式（4-14）的计算步骤，直到 v_i 序列中余下的全部数据满足：

$$v_i > v_0 \tag{4-12}$$

此时，v_0 为声速的异常判断临界值 v_c。

当声速异常时的临界值，判据为

$$v_i \leq v_c \tag{4-13}$$

当式（4-13）成立时，声速可判定为异常。

（3）当检测剖面 n 个测点的声速值普遍偏低且离散性很小时，宜采用声速低限值判据：

$$v_i < v_L \tag{4-14}$$

式中：v_i——第 i 测点声速（km/s）；

v_L——声速低限值（km/s），由预留同条件混凝土试件的抗压强度与声速对比试验的结果，结合本地区实际经验确定。

当式（4-14）成立时，可直接判定为声速低于低限值异常。

（4）波幅异常时的临界值判据应按下列公式计算：

$$A_\mathrm{m} = \frac{1}{n}\sum_{i=1}^{n} A_{\mathrm{p}i} \tag{4-15}$$

$$A_{\mathrm{p}i} < A_\mathrm{m} - 6 \tag{4-16}$$

式中：A_m——波幅平均值（dB）；

n——检测面测点数。

当式（4-16）成立时，波幅可判定为异常。

（5）当采用斜率法的 PSD 值作为辅助异常点判据时，PSD 值应按下列公式计算：

$$PSD = K \cdot \Delta t \tag{4-17}$$

$$K = \frac{t_{\mathrm{c}i} - t_{\mathrm{c}i-1}}{z_i - z_{i-1}} \tag{4-18}$$

$$\Delta t = t_{\mathrm{c}i} - t_{\mathrm{c}i-1} \tag{4-19}$$

式中：$t_{\mathrm{c}i}$——第 i 测点声时（μs）；

$t_{\mathrm{c}i-1}$——第（i-1）测点声时（μs）；

Z_i——第 i 测点深度（m）；

Z_{i-1}——第（i-1）测点深度（m）。

根据 PSD 值在某深度处的突变，结合波幅变化情况，进行异常点判定。

（6）当采用信号主频值作为辅助异常点判据时，主频-深度曲线上主频值明显降低可判定为异常。

（7）桩身完整性类别应结合桩身混凝土各声学参数临界值、PSD 判据、混凝土声速低限值以及桩身质量可疑点加密测试（包括斜测或扇形扫测）后确定缺陷范围，按相关标准的规定和特征进行综合判定，见表 4-21。

表 4-21　桩身完整性判定

类别	特　征
Ⅰ	各检测剖面的声学参数均无异常，无声速低于低限值异常
Ⅱ	某一检测剖面个别测点的声学参数出现异常，无声速低于低限值异常
Ⅲ	某一检测剖面连续多个测点的声学参数出现异常； 两个或两个以上检测剖面在同一深度测点的声学参数出现异常； 局部混凝土声速出现低于低限值异常
Ⅳ	某一检测剖面连续多个测点的声学参数出现明显异常； 两个或两个以上检测剖面在同一深度测点的声学参数出现明显异常； 桩身混凝土声速出现普遍低于低限值异常、无法检测首波或声波接收信号严重畸变

检测报告除应包括所引规范外，还应包括：

① 声测管布置图；

② 受检桩每个检测剖面声速-深度曲线、波幅-深度曲线，并将相应判据临界值所对应的标志线绘制于同一个坐标系；

③ 当采用主频值或 PSD 值进行辅助分析判定时，绘制主频-深度曲线或 PSD 曲线。

④ 缺陷分布图，如图 4-5 所示。

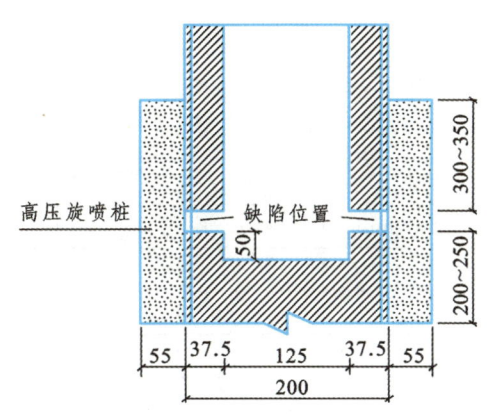

图 4-5　缺陷分布图（单位：mm）

任务实施

根据工程试验要求，在校企合作单位的协作下，用声波透射试验检测桩身完整性，完成质量评定和实训任务书，并填写表 4-22。

表 4-22　基桩完整性试验检测记录表（超声波法）

检测单位名称：		记录编号：JGLP04002a	
工程名称			
工程部位/用途			
样品信息			
试验检测日期		试验条件	
检测依据		判定依据	
主要仪器设备名称及编号			
桥梁中心桩号		左/右幅	
桩　号		浇筑日期	
设计桩型		成桩类型	
设计桩径/m		设计桩长/m	
设计桩顶端高/m		设计桩端标高/m	
实测桩顶标高/m		实测桩长/m	
设计强度等级		系梁/承台高度/m	

续表

测管平面布置示意图

路线前进方向

测区	测管距离/mm	测区	测管距离/mm
1-2		1-4	
2-3		3-4	
1-3		2-4	

附加声明：

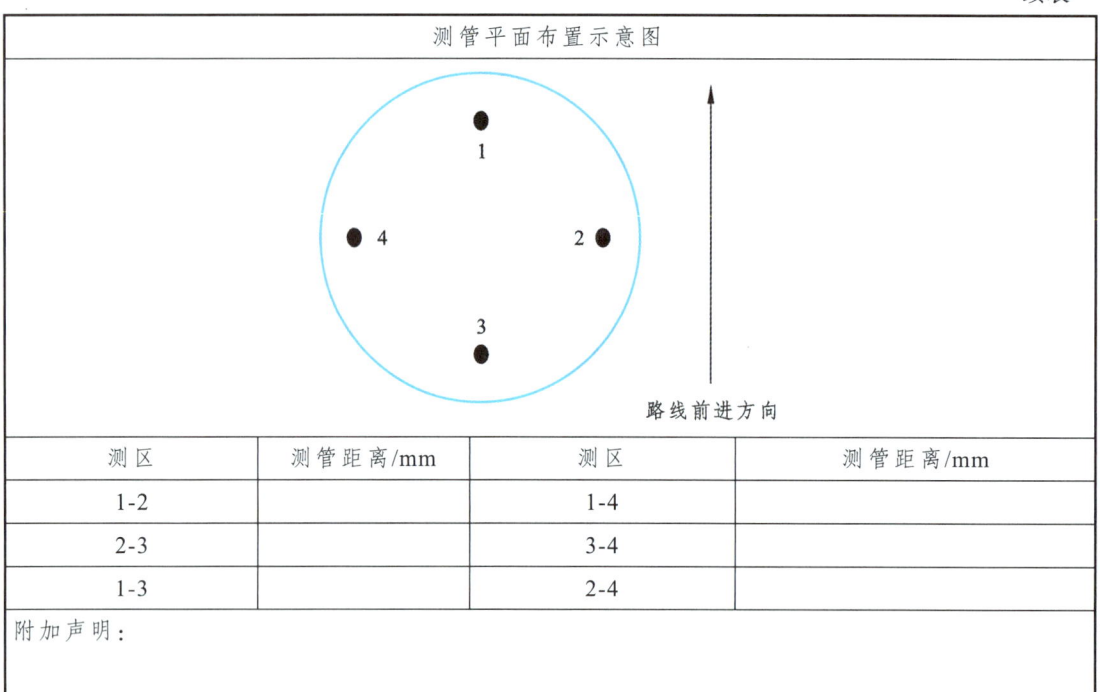

任务评价

（1）学生自评，见表4-23。

表4-23　学生自评表

序号	评价内容	考评要点	考评等级 优	良	中	及格	不及格	问题说明
1	学习准备工作	（1）按时完成； （2）准备工作						
2	职业素养	（1）团结协作； （2）自主学习，没有抄袭； （3）时间观念强，不迟到/早退/旷课						
3	收集资料信息情况	（1）收集了很多相关资料； （2）学习总结归纳						
4	学习工作页	（1）书写工整，无错别字； （2）按时完成，无错误						
5	小组角色完成情况	能很好地完成角色职责						
6	与组员合作情况	能和组员通力合作						
评价结果								
评价者签名：						日期：		

(2)教师评价，见表4-24。

表4-24 教师评价表

序号	实训内容	配分	评分标准	扣分	得分
1	考勤，课堂表现	20	小组点名，根据课堂表现情况打分，缺勤个人得分为零，有睡觉、玩手机等违反课堂纪律情况的视情节扣分		
2	根据所学知识，按要求完成任务	80	能正确归纳总结工程试验检测在实际工程中的目的和意义		
合计					

任务三　桥梁荷载试验

任务背景

桥梁荷载试验是对桥梁结构进行直接加载测试的一项科学试验工作，如图 4-6 所示。其目的是通过荷载试验，了解结构在荷载作用下的工作性能和实际工作状态，综合判断分析桥梁结构的安全承载能力和使用条件。当采用调查、检算的方法尚不足以测定桥梁承载能力时，可采用荷载试验，测定在荷载作用下的实际工作状况，结合调查、检算来评定桥梁承载能力。

图 4-6　荷载试验现场

一、荷载试验的目的

1. 新建桥梁

（1）检验桥梁设计施工质量。
（2）判定桥梁结构的实际承载力。
（3）验证桥梁结构的设计理论和设计方法。

2. 旧桥

（1）确定桥梁结构的承载能力及运营条件。
（2）分析桥梁病害原因及其变化规律。

3. 桥梁荷载试验主要解决的问题

（1）检验桥梁结构的设计与施工质量，验证结构的安全性与可靠性。对于大、中跨度桥梁，都要求在竣工之后，通过试验来具体鉴定其工程质量的可靠性，并将试验报告作为评定工程质量优劣的主要依据之一。

（2）验证桥梁结构的设计理论与计算方法，充实与完善桥梁结构的计算理论与施工技术，积累科学技术资料。随着交通事业的不断发展，采用新结构、新材料、新工艺的桥梁日益增多，这些桥梁在设计、施工中必然会遇到一些新问题，其设计计算理论或设计参数需要通过桥梁试验予以验证或确定，在大量试验检测数据积累的基础上，逐步建立或完善这类桥梁的设计理论与计算方法。

（3）掌握桥梁结构的工作性能，判断桥梁结构的实际承载能力。目前，我国已建成了数十万座各种形式的桥梁，在使用过程中，有些已不能满足通行荷载的要求，有些出于各种原因而产生不同程度的损伤与破坏，有些由于设计或施工的问题本来就存在各种缺陷。对于这些桥梁，通常要采用试验的方法，来确定其承载能力和使用性能，并由此确定限载方案或加固改造方案，特别是对于那些原始设计施工资料不全的既有桥梁，为了确定其承载能力与使用条件，静载试验是必不可少的。

二、一般桥梁荷载试验的任务

桥梁荷载试验是检验桥梁结构工作状态或实际承载能力的一种试验手段。荷载试验的目的、任务和内容通常由实际工程需要所决定。

1. 检验桥梁设计与施工的质量

对于一些新建的大、中型桥梁或具有特殊设计的桥梁，为保证桥梁建设质量，竣工时一般要求进行实际桥梁荷载试验，并把试验结果作为评定桥梁工程质量优劣的主要技术资料和依据。另外，对桥梁工程师来说，新建桥梁的荷载试验可以帮助他们理解活荷载作用下桥梁的正常使用和极限状态，验证原来分析得到的有关荷载分布、应力水平和变形的假设。

2. 评定桥梁结构的实际承载能力

国内许多早年建成的桥梁设计荷载等级偏低，难以满足现今交通发展的需要。在对这类桥梁进行加固、改建，或出于特殊原因（如超重型车过桥或结构遭意外损伤等）加固、改建后，有必要通过试验检测确定桥梁的实际承载能力时，也要用试验检测方法来评定桥梁的实际承载能力。

3. 验证桥梁结构设计理论和设计方法

桥梁工程中的新结构、新材料和新工艺创新不断，对一些理论问题的深入研究，对某种新方法、新材料的应用实践，往往都需要荷载试验数据。

4. 桥梁结构动力特性及动态反应的测试研究

对一些桥梁在动力荷载作用下的桥梁车致振动问题（包括动态增量和冲击系数），大跨径轻柔结构抗风稳定以及桥梁结构抗震性能等，都要求实测桥梁结构的动力特性和动态反应。《公路桥梁荷载试验规程》（JTG/T J21-01—2015）规定：新建桥梁和进行了加宽或加固后的桥梁，可通过荷载试验来检验桥梁结构的正常使用状态和承载能力是否符合设计要求。对在用桥梁,除按《公路桥梁承载能力检测评定规程》(JTG/T J21—2011)中第 3.2.4 条的规定("作用效应与抗力效应的比值在 1.0~1.2 时,应根据本规程的有关规定通过荷载试验评定承载能力")进行荷载试验外,存在下列情况之一时,可进行荷载试验:

(1)技术状态等级为四、五类。
(2)拟提高荷载等级。
(3)需要通过特殊重型车辆荷载。
(4)遭受重大自然灾害或意外事件。
(5)采用其他方法难以准确判断能否承受预定荷载。

这就明确了应进行荷载试验的只是少数桥梁,对绝大多数桥梁来说,按照桥梁管理养护要求,只须进行常规检查或定期检查和结构检算。因此,应理清荷载试验的适用性问题,哪些桥梁该做荷载试验,哪些桥梁不该做或没必要做。当采用调查、检算的方法不足以鉴定桥梁承载能力时,可采用荷载试验,测定桥梁在荷载作用下的实际工作状况,结合调查、检算来评定桥梁的承载能力。一般有下列情况时,可考虑做荷载试验:

(1)桥梁的施工质量合格,使用状况良好,检算主要指标虽然不符合要求,但超过幅度较小(30%以内),可能还有承载能力。
(2)桥梁的施工质量很差,可能存在隐患,仅用调查、检算难以确定桥梁的承载能力。
(3)桥梁在运营中损坏较严重,可能影响桥梁的承载能力。
(4)桥梁缺乏设计、施工资料或桥梁结构受力不明确,不便准确进行桥梁承载能力检算。
(5)为了科研或积累资料的需要。

事实上,桥梁荷载试验还存在风险问题。这可以用桥梁坍塌事故之一的英国威尔士桥(单跨预应力混凝土梁桥)的例子来说明。该桥因非常规后张预应力节段组合质量差,纵横向预应力筋严重锈蚀,造成截面削弱,使钢筋应力增至屈服点而突然断裂。对该桥的日常桥面变形监测没有检测出这种看不见的损伤(当然也不能检测出),它被假定一切完好并可继续使用。在事故发生前不久,有关方面已建议对该桥做补充荷载试验,如实施荷载试验,结果必将是灾难性的,极有可能造成人员严重伤害或丧失生命。因此,荷载试验之前了解桥梁实际技术状态、桥梁施工和可能隐藏的缺陷等准确信息,至关重要。

知识目标

(1)掌握桥梁荷载试验的基本原理。
(2)掌握桥梁荷载试验的分类和方法。
(3)掌握桥梁荷载试验的三个阶段。
(4)掌握桥梁荷载试验的仪器设备和试验内容。

能力目标

(1)能参与桥梁动静荷载试验。
(2)能从事粘贴应变片以及观测位移、倾角、应变等观测工作。
(3)能填写试验报告。

子任务一　桥梁静荷载试验

知识准备

桥梁静荷载试验应进行必要的、与试验有关的计算，如计算试验控制荷载、静力加载效率、试验荷载作用下主要测试断面的内力或变形控制值等。所有相关的计算结果是试验荷载大小、加载等级等的理论依据，也作为试验加载响应的期望值。

任务学习

一、试验荷载

1. 试验控制荷载确定

试验控制荷载根据与设计作用（或荷载）等级相应的活载效应控制值或有特殊要求的荷载效应值确定。以使控制截面或断面产生最不利荷载效应（内力和变形最大）作为试验控制荷载。

具体计算时，应选择设计计算荷载作用下能够产生最大截面应力和变形的控制截面或位置，某些特殊桥梁还须考虑对关键构件的专项加载计算。

试验控制荷载计算，通常根据桥梁设计图纸采用各种通用的有限元程序建立平面或空间有限元模型，简单结构也可采用手算确定。旧桥的控制荷载确定，还须结合实际桥梁技术状态评定结果。

2. 试验荷载效应

静荷载试验荷载效率是在试验荷载作用下，被检测部位的内力（或变形）计算值与包括动力扩大系数在内的标准设计荷载作用下同一部位的内力（或变形）计算值的比值，以η_q表示，按下式计算：

$$\eta_q = \frac{S_t}{S_d(1+\mu)} \qquad (4\text{-}20)$$

式中：S_t——静载试验荷载作用下，检测部位变形或内力的计算值；

　　　S_d——标准设计荷载作用下，检测部位变形或内力的计算值；

　　　μ——按规范取用的冲击系数值。

在实际工程中，选用车辆荷载进行加载时，要综合试验荷载效率、与设计活荷载的等效性、车辆的机动性等因素。

下面举一简支空心板梁旧桥确定试验荷载的例子，说明如何确定试验荷载效率。

20 m（计算跨径 19.3 m）单跨预应力混凝土空心板梁桥，梁宽 99 cm、高 75 cm，车行道宽 11 m，横向 12 片梁。原设计荷载汽车-超 20 级、挂车-120 验算；同时用公路I级校验（该桥改建后拟将荷载等级提到公路I级）。

（1）截面特性计算，见表 4-25。

表 4-25　空心板梁截面特性

截面类型	中轴至下缘的距离/m	惯性矩/m^4
毛截面	0.349	0.027 8

（2）控制内力计算。

① 荷载横向分布系数计算。

采用铰接板梁法计算板梁跨中荷载横向分布系数，分别输入各片梁的抗弯、抗扭惯性矩，桥抗扭惯矩，桥面板沿梁长方向单位长度的抗弯惯性矩和悬臂长度，结果见表 4-26。

表 4-26　荷载横向分布系数 m_c（按二车道）（跨中）

梁号	1	2	3	4	5	6
m_c	0.219	0.218	0.214	0.209	0.197	0.184
梁号	7	8	9	10	11	12
m_c	0.184	0.197	0.209	0.214	0.218	0.219

注：规范规定多车道折减后的效应不得小于二车道，本例三车道折减后系数值小于二车道。

② 控制内力计算。

计算上部结构成桥使用阶段汽车-超 20 级和公路I级（计冲击系数）主要控制截面的内力，如表 4-27 "设计控制值"一栏。

③ 试验加载效率计算。

采用计算控制内力同样的方法（也可利用表 4-26 横向分布系数手算）将选定的试验车辆加到桥跨上，算出试验荷载作用下控制截面内力和加载效率 η_g，见表 4-27 后两栏所示。

表 4-27　主要控制截面的内力

内力名称	跨中弯矩/（kN·m）		支点剪力/kN	
设计荷载等级	汽车-超 20 级	公路I级	汽车-超 20 级	公路I级
设计控制值	4 150	4 736	1 108	1 094
试验计算值	4 221		1 073	
加载效应 η_g	1.02	0.89	0.97	0.98

二、加载试验

正式加载试验是整个实际桥梁静载试验的核心内容，也是对试验准备工作的考核。考虑到加载时温度的变化和环境的干扰，实际桥梁静载试验一般在晚上进行。如果实际干扰不大或对试验数据不会产生影响，也可在其他合适的时间进行。

加载试验过程如下：

1. 静载初读数

静载初读数是指试验正式开始时的零荷载读数，不是准备阶段调试仪器的读数。从初读数开始，整个测试系统就开始运作，测量和读数记录人员各司其职。读数装置如图 4-7 所示。

图 4-7 读数装置

2. 加载

试验荷载应分级施加，加载级数应根据试验荷载总量和荷载分级增量确定，可分成 3~5 级。当桥梁的技术资料不全时，应递加分级；重点测试桥梁在荷载作用下的响应规律时，可适当加密加载分级。加载过程中，应保证非控制截面内力或位移不超过控制荷载作用下的最不利值。当试验条件限制时，附加控制截面可只进行最不利加载，时间间隔应满足结构反应稳定的时间要求，应在前一荷载阶段结构反应相对稳定、进行了有效测试及记录后，方可进行下一荷载阶段。当进行主要控制截面最大内力（变形）加载试验时，分级加载的稳定时间不应少于 5 min；对尚未投入营运的新桥，首个工况的分级加载稳定时间不宜少于 15 min。

3. 加载控制

《公路桥梁荷载试验规程》（JTG/T J21 01—2015）规定：应根据各工况的加载分级，对各加载过程结构控制点的应变（变形）、薄弱部位的破损情况等进行观测与分析，并与理论计算值对比。当试验过程中发生下列情况之一时，应停止加载，查清原因，采取措施后再确定是否进行试验：

(1) 控制测点应变值已达到或超过计算值。
(2) 控制测点变形（挠度）超过计算值。
(3) 结构裂缝的长度、宽度或数量明显增加。
(4) 实测变形分布规律异常。
(5) 桥体发出异常响声或发生其他异常情况。
(6) 斜拉索或吊索（杆）索力增量实测值超过计算值。

4. 卸载读零

一个工况结束，荷载退出桥面，各测点读回零值，同样要有一个稳定的过程。实际试验检测中，还需要观测结构残余应变（变形），当结构应变（变形）在卸载后不能正常恢复时，可能是结构承载能力不足或其他原因，需要仔细分析。

5. 重复加载要求

试验过程中必须随时关注几个控制点的数据情况，一旦发现问题（数据本身规律差或仪器故障等）要重新加载测试。对一些特大桥的主要加载工况，一般也要求重复加载。

三、试验数据整理

整理桥梁现场试验数据，不仅要有一份完整的原始记录，还要用到一些数据处理方面的知识，同时又要求整理者有桥梁专业方面的知识。总体上说，它还是每个试验程序的结束环节，必须充分重视。

通过静载试验得到的原始数据、曲线和图像等，是最重要的第一手资料，应该特别强调现场校验数据原始记录的重要性，对每一份现场记录（无论是数据还是信号）都要求完整、清晰、可靠。有些原始数据数量庞大，不直观，须进行处理分析后，方可用于结构评估。

1. 荷载

整理实际荷载的载重、加载工况时，因实际布载的位置、大小等可能与方案要求的不一样，整理出来的荷载数据，一方面用以结构分析，另一方面会与试验结果直接有关。

(1) 列出试验加载效率表，如采取分级加载方法，还须列出分级加载表。
(2) 制作实际载重明细表，表中详细列出加载车辆的型号、车号及试验时的编号、轮距、理论质量和实际载重（包括各轴轴重和总重）等。
(3) 绘制荷载的纵、横向（包括对称加载和偏心加载）布置图，并标明具体尺寸。

2. 位移

桥梁位移包括挠度和各种非竖向位移（如拱桥桥轴线的两维变位、斜拉桥索塔的水平变位等）。实测值和计算值一般都要求制成曲线并放在一起，或列成一张比较表等。有的桥梁挠度数据整理时，还应考虑支座位移的影响。

3. 应力和应变

（1）实测应变的修正。

在应变测试中，出现应变计灵敏系数、导线过长或过细使导线电阻不能忽略等情况时，需要对实测应变结果进行修正（一般这类因素对测值的影响小于1%时可不予修正）。在计算机控制的数据采集系统里，灵敏系数等修正都可以事先设定，直接得到。

（2）应力、应变的换算。

应变计测试结果一般为应变值，而人们感兴趣的往往是应力。对钢结构而言，弹性模量稳定，应力和应变关系是常数乘积关系；对钢筋混凝土或预应力混凝土结构来说，不管是混凝土上测得的应变，还是钢筋上测得的应变，换算成混凝土应力，都有一个实际弹性模量的取值问题。解决这个问题的办法，一是用取芯实测数据（对新建桥梁可采用回弹推算值或试块数据），二是取相关规范给出的混凝土弹模值。对有些试验（如极限破坏试验），有时直接以应变指标衡量。弹性模量确定以后，各种应力状态下的测点应力均可按材料力学公式进行计算。

（3）实测与计算的比较。

控制断面应力是衡量桥梁结构实际强度的重要指标。具体衡量指标为试验荷载作用下，各主要控制断面测点应力的实测值与计算值的比值。

由于实际桥梁试验往往是按设计基本荷载施加的，故计算截面上各点的应力，对钢结构或预应力混凝土结构一般仍用普通材料力学的弹性阶段方法。对钢筋混凝土结构，可根据断面内力的大小考虑断面开裂情况，并采用相应的计算方法。断面应力的计算值和实测值应列在同一张表内并做成曲线，以便比较。根据需要，还可绘制各加载工况下控制截面应变的分布图、截面应变沿高度分布图等。

混凝土结构应力实测值（和变形反映整体不一样）有时会发生局部偏大或偏小的问题。当实测值与计算值之间的差超出正常允许误差范围时，应仔细分析，找出原因。如一些大跨预应力混凝土桥梁跨中控制断面的应力校验系数有时会超过1或远小于1，原因是合龙段（或附近）混凝土存在裂缝（有时肉眼看不见），粘贴在其表面的应变计跨过或靠近该裂缝带，便会产生偏大或偏小的读数。

4. 残余位移（应变）

残余位移（应变）是一个加、卸载周期后结构上残留的位移（应变）。静载试验数据整理过程中，要关注各测点实测位移（应变）的残余值。

实际加载试验中产生的相对残余变形（应变），对预应力混凝土与组合结构一般不允许大于20%，对钢筋混凝土和圬工结构一般不允许大于25%。

5. 校验系数

校验系数应包括应变（应力）校验系数及挠度校验系数。

常见桥梁结构试验的应变（应力）、挠度校验系数应符合表4-28的常值范围。

表 4-28 常见桥梁结构校验系数常值

桥梁类型	应变（应力）校验系数	挠度校验系数
钢筋混凝土板桥	0.20~0.40	0.20~0.50
钢筋混凝土梁桥	0.40~0.80	0.50~0.90
预应力混凝土桥	0.60~0.90	0.70~1.00
圬工拱桥	0.70~1.00	0.80~1.00
钢筋混凝土拱桥	0.50~0.90	0.50~1.00
钢　桥	0.75~1.00	0.75~1.00

6. 裂缝

裂缝图应按试验过程中裂缝的实际情况进行测绘，当裂缝数量较少时，可根据试验前观测情况及裂缝观测表对裂缝状况进行描述；当裂缝发展较多时，应选择有代表性的结构部位描绘裂缝展开图，图上应注明各加载程序裂缝长度和宽度的发展。

任务实施

根据工程试验要求，在校企合作单位的协作下，分组完成荷载试验报告编写。

（1）工程概况。

（2）试验目的及依据。

（3）试验内容。

（4）试验仪器设备。

（5）静载试验（结构内力分析、测试截面的选择、应变及挠度测点布置、试验加载方式、试验工况及加载位置说明、结果及分析等）。

（6）试验结论。

任务评价

（1）学生自评，见表 4-29。

表 4-29 学生自评表

序号	评价内容	考评要点	考评等级					问题说明
			优	良	中	及格	不及格	
1	学习准备工作	（1）按时完成； （2）准备工作						
2	职业素养	（1）团结协作； （2）自主学习，没有抄袭； （3）时间观念强，不迟到/早退/旷课						

续表

序号	评价内容	考评要点	考评等级					问题说明
			优	良	中	及格	不及格	
3	收集资料信息情况	（1）收集了很多相关资料； （2）学习总结归纳						
4	学习工作页	（1）书写工整，无错别字； （2）按时完成，无错误						
5	小组角色完成情况	能很好地完成角色职责						
6	与组员合作情况	能和组员通力合作						
评价结果									
评价者签名：					日期：			

（2）教师评价，见表4-30。

表4-30　教师评价表

序号	实训内容	配分	评分标准	扣分	得分
1	考勤，课堂表现	20	小组点名，根据课堂表现情况打分，缺勤个人得分为零，有睡觉、玩手机等违反课堂纪律情况的视情节扣分		
2	根据所学知识，按要求完成任务	80	能正确归纳总结工程试验检测在实际工程中的目的和意义		
			合计		

子任务二　桥梁动荷载试验

知识准备

桥梁结构是承受自重和各种车辆为主要荷载的结构物。桥梁的振动荷载主要是车辆以一定速度在桥上通过而产生的，同时，车辆驶过桥梁时，由于桥面起伏不平或发动机的振动等，会使桥梁振动加剧。此外，人群荷载、风力、地震力、漂浮物或其他物体的撞击，都会引发桥梁的振动问题。影响因素复杂，只靠理论分析不易得到实用的结果，一般须采用与试验相结合的研究方法，而振动测试正是解决桥梁工程振动问题必不可少的手段。桥梁的动载试验是利用某种激振方法激起桥梁结构的振动，测定桥梁结构的固有频率阻尼比、振型、动力冲击系数、动力响应（加速度、动挠度）等参数的试验项目，从而宏观判断桥梁结构的整体刚度和运营性能。但桥梁的动载试验与静载试验相比具有其特殊性。首先是引起结构产生振动的振源（又称输入），如车辆、人群、风力或地震力等，和结构的振动响应（又称输出），都是随时间而变化的，而且结构在动荷载作用下的响应与结构本身的动力特性有密切关系。动荷载产生的动力效应一般大于相应的静力效应；有时，甚至在一个不大的动力作用下，也可能使结构受到严重的损坏。因此，用动载试验来确定桥梁在车辆荷载下的动力效应以及使用条件，对进一步给桥梁作出评价十分重要。

桥梁动载试验的目的与静载试验的目的基本一致，主要表现在以下几个方面。

（1）检验桥梁设计与施工的质量（新建桥）、施工中的监控和监测、成桥后进行现场荷载试验、竣工验收中提供重要资料。

（2）判断桥梁结构的实际承载能力（旧桥），为超龄、超载、有损伤的旧桥的加固改造提供依据。

（3）验证桥梁结构设计理论和方法（新桥型），为新桥型和桥梁中新结构、新材料、新工艺的创新发展提供实测数据。

任务学习

一、主要仪器设备及选择

动载试验量测动应变可采用动态电阻应变仪并配以记录仪器；量测振动可选用低频拾振器并配低频测振放大器及记录仪器；量测动挠度可选用电阻应变位移计配动态电阻应变仪及记录仪器。动力荷载试验的测试系统，一般可采用电磁式、压电式、电阻应变式或光电测试系统。

桥梁是承受动荷载的结构物，针对日常运营过程中各种各样的桥梁动态问题，我们不仅要研究桥梁结构本身的动力特性，还要研究由车辆移动荷载引起的车致振动，以及其他动力响应，等等。桥梁动载试验是一个重要手段，涉及的问题基本归纳为三个方面：

（1）桥梁外部振源是引起桥梁振动的外作用（包括移动车辆振动的激励或风、地震等）。

（2）结构动力特性是桥梁的固有特性，主要包括频率、振型和阻尼三个主要参数，它们是桥梁动态试验中最基本的内容。

（3）动力反应表示桥梁在特定动荷载作用下的动态输出，桥梁结构动力响应主要参数为动应力、动挠度、加速度。

二、动荷载试验内容

桥梁动荷载试验包括跑车试验、跳车试验、制动试验和脉动试验。试验时，宜从动力响应小的测试项目做起，即先进行脉动试验，然后进行跑车试验，再进行跳车试验，有需要时再进行制动试验。以下详细介绍这4种测试方法。

1. 跑车试验（无障碍行车试验）

跑车试验的试验荷载，采用接近于标准荷载的单辆载重汽车来充当。试验时，让单辆载重汽车分偏载和中载两种情形以不同车速匀速通过桥跨结构，测定桥跨结构主要控制截面测点的动应力和动挠度时间历程响应曲线。动载试验一般安排标准汽车车列（对小跨径桥也可用单排车）在不同车速时的跑车试验，跑车速度一般定为在最高设计车速下的若干等级，如 5 km/h、10 km/h、20 km/h、30 km/h、40 km/h、50 km/h、60 km/h 等。当车在桥上时为车桥联合振动，当车跨出桥后为自由衰减振动。应测量不同行驶速度下控制断面（一般取跨中或支点处）的动应变和动挠度，记录时间一般以波形完全衰减为止。测试时须记录轴重、车速，并在时程曲线上标出首车进桥和尾车出桥的对应时间。动载测试一般应试验3组，在临界速度时可增跑几趟。全面记录动应变和动位移。进行跑车试验时，要较准确地控制试验车辆的车速，并根据测试传感器的布置，确定试验车辆行驶途中进行数据采集的起止位置，以免测试数据产生遗漏。

2. 跳车试验（有障碍行车）

在预定激振位置设置一块 15 cm 高的直角三角木，斜边朝向汽车。一辆满载重车以不同速度行驶，后轮越过三角木由直角边落下后，立即停车。此时桥跨结构的振动是带有一辆满载重车附加质量的衰减振动。在数据处理时，附加质量的影响应给予修正。跳车的动力效应与车速和三角木放置的位置有关。随车速的增加，桥跨结构的动位移、动应力会增加，从而冲击系数也会加大，跳车记录时间与跑车相同。

3. 制动试验

按实际情况，有时须进行制动试验，测定桥梁结构在制动力作用下的响应，以了解桥梁承受活载水平力的性能。制动试验是以行进车辆突然停止作为激振源，可以以不同车速停在预定位置。制动可以顺桥向和横桥向进行。一般横桥向由于桥面较窄，难以加速到预定车速。制动试验数据同样需要进行附加质量影响的修正。制动的位移时程曲线可读取自振特性和阻尼特性数据。不过此时是有车的质量参与衰减振动，阻尼也非单纯桥跨结构的阻尼。制动记录项与跑车相同，对记录的信号（包括振幅、应变或挠度等）进行频谱分析，可以得到相应的强迫振动频率等一系列参数。在进行制动试验时,对车辆荷载的行驶速度及制动位置等均应作专门的考虑。

4. 脉动试验

脉动试验是在桥面无任何交通荷载以及桥址附近无规则振源的情况下,测定桥跨结构由于桥址处风荷载、地脉动、水流等随机荷载激振而引起桥跨结构的微幅振动响应,测得结构的自振频率、振型和阻尼比等动力学特征。脉动试验是使用高灵敏度的传感器和放大器,测量结构在环境振动作用下的振动,然后对其进行谱分析,求出结构自振特性的一种方法,其记录时间一般不宜少于 40 min。环境振动是随机的,多种振动的叠加,输出的能量在相当宽的频段是差不多相等的,而结构在环境的激励下振动时,出于相位原因,使得和结构自振频率相同或者接近的振动被放大,所以对记录到的数据进行多次平均谱分析,即可得到结构的自振频率及振型。

三、桥梁动荷载试验结果的评定与分析

桥梁结构动力性能的各参数,如固有频率、阻尼比、振型、动力冲击系数等,以及动力响应的大小,是宏观评价桥梁结构的整体刚度和运营性能的重要指标,也是一些规范评价桥梁安全运营性能的主要尺度。普遍认为,桥梁结构的动力特性反映了结构的整体刚度、桥面平整度及耗散外部振动能量输入的能力,同时,过大的动力响应会影响车辆的安全行驶,引起乘客的不舒服,应予以避免。在实际测试中,通常通过以下几个方面来评价桥梁结构的动力性能。

(1)比较桥梁结构频率的理论值和实测值,如果实测值大于理论值,说明桥梁结构的实际刚度较大,反之则说明桥梁结构的实际刚度偏小,可能存在开裂或者其他不正常现象。

(2)根据动力冲击系数的实测值来评价桥梁结构的行车性能,测试冲击系数较大,说明桥梁结构的行车性能差,桥面平整度不良。

(3)实测阻尼比的大小反映桥梁结构耗散外部能量输入的能力,阻尼比大,说明桥梁耗散外部能量输入的能力大,阻尼振动衰减快;阻尼比小,说明桥梁耗散外部能量输入的能力小,阻尼振动衰减慢。过大的阻尼比可能是由于桥梁结构存在开裂或支座工作不正常等现象。

任务实施

根据工程试验要求,在校企合作单位的协作下,分组完成荷载试验报告编写。
(1)工程概况。
(2)试验目的及依据。
(3)试验内容。
(4)试验仪器设备。
(5)动载试验(结构动力分析、测试截面的选择及传感器测点布置、试验荷载选择、试验工况、结果及分析等)。
(6)试验结论。

任务评价

（1）学生自评，见表4-31。

表4-31　学生自评表

序号	评价内容	考评要点	考评等级					问题说明
			优	良	中	及格	不及格	
1	学习准备工作	（1）按时完成； （2）准备工作						
2	职业素养	（1）团结协作； （2）自主学习，没有抄袭； （3）时间观念强，不迟到/早退/旷课						
3	收集资料信息情况	（1）收集了很多相关资料； （2）学习总结归纳						
4	学习工作页	（1）书写工整，无错别字； （2）按时完成，无错误						
5	小组角色完成情况	能很好地完成角色职责						
6	与组员合作情况	能和组员通力合作						
评价结果									
评价者签名：						日期：			

（2）教师评价，见表4-32。

表4-32　教师评价表

序号	实训内容	配分	评分标准	扣分	得分
1	考勤，课堂表现	20	小组点名，根据课堂表现情况打分，缺勤个人得分为零，有睡觉、玩手机等违反课堂纪律情况的视情节扣分		
2	根据所学知识，按要求完成任务	80	能正确归纳总结工程试验检测在实际工程中的目的和意义		
			合计		

学习情境五　竣工验收阶段试验检测

情境概述

一、职业能力分析

通过本情境的学习，期望学生达到下列目标：

1. 知识目标

（1）熟悉路基工程验收阶段的试验检测。
（2）熟悉路面基层、底基层竣工验收阶段的试验检测。
（3）熟悉路面工程验收阶段的试验检测。
（4）熟悉桥涵工程竣工验收阶段的试验检测。

2. 素质目标

（1）分小组任务实施，培养学生团队协作能力。
（2）严格记录，文明操作，培养良好的职业操守和安全环保意识。
（3）共同解决实际工程问题，培养学生的自信心和沟通能力。

3. 技能目标

（1）能够进行路面基层、底基层竣工验收阶段的试验检测与质量评定。
（2）能够进行路面工程验收阶段的试验检测与质量评定。
（3）能够进行桥梁竣工验收阶段的试验检测并进行质量评定。
（4）能够执行标准作业程序，完成工程实训任务。
（5）能根据情境化的任务要求，制订试验实施方案，完成数据处理与质量评定。

二、学习情境描述

接某公路工程检测中心委托，对竣工验收路段进行道路竣工验收试验检测，制订试验检测实施方案，并在竣工验收前对待测路段和桥梁进行实体检测、外观检查、内业资料审查等，综合评价公路工程项目的质量状况，判定工程项目是否符合竣工验收条件，并给出质量评定结果。

三、学习环境要求

学习环境要求在专业的校内实习实训基地进行，或是在校企合作的实际项目场地进行。要求有竣工待验收路段、竣工待检测桥梁，配备专业试验室和实训设备。同时，提供实训指导书和任务单等资料。

学生4人一个小组，以"专业检测试验队"模式独立开展项目，课程完成后需提交任务书。

任务一　道路竣工验收阶段检测

知识准备

路基工程竣工验收阶段试验检测工作如下：
（1）按照 1~3 km 为一个单元对路基工程压实度进行整体评定。
（2）按照 1 km 为一个单元对路基工程弯沉值进行整体评定。
（3）按照竣工资料编制办法要求，及时准确地完成试验资料的整理归档工作，主要包括以下几个方面：
① 路基原地面各项常规试验记录和汇总表的收集、整理及归档。
② 路基取土场各项常规试验记录和汇总表的收集、整理及归档。
③ 现场检测压实度记录和评定表的收集、整理及归档。
（4）现场检测弯沉值记录和评定表的收集、整理及归档。

任务学习

一、路面基层、底基层竣工验收阶段的试验检测

（1）对基层、底基层工程应进行整体评定。
（2）按照竣工资料编制办法的要求及时准确地完成试验资料的整理归档工作，具体包括以下内容：
① 原材料各项常规试验记录和汇总表的收集、整理及归档。
② EDTA 滴定法测水泥、石灰剂量试验记录的收集、整理及归档。
③ 击实试验记录的收集、整理及归档。
④ 压实度试验记录和评定表的收集、整理及归档。无侧限抗压强度记录和评定表的收集、整理及归档。
⑤ 路面基层、底基层弯沉值记录和评定表的收集、整理及归档。

二、路面工程验收阶段的试验检测

（1）沥青路面工程应进行整体评定。
（2）按照竣工资料编制办法的要求及时准确地完成试验资料的整理归档工作，具体包括以下内容：
① 原材料各项常规试验记录和汇总表的收集、整理及归档
② EDTA 滴定法测水泥、石灰剂量试验记录的收集、整理及归档。

③ 马歇尔稳定度试验记录的收集、整理及归档。

④ 压实度试验记录和评定表的收集、整理及归档。无侧限抗压强度记录和评定表的收集、整理及归档。

⑤ 路面弯沉值记录和评定表的收集、整理及归档。

⑥ 路面平整度记录和评定表的收集、整理及归档。

任务实施

学生 4 人一组，查阅给定工程资料，按要求编写道路竣工验收报告，报告包括下列内容：

1. 工程概况
2. 工程竣工验收实施情况
（1）验收组织。
（2）验收程序。
3. 工程质量评定
4. 验收人员签名
5. 工程验收结论

任务评价

（1）学生自评，见表 5-1。

表 5-1　学生自评表

序号	评价内容	考评要点	考评等级 优	良	中	及格	不及格	问题说明
1	学习准备工作	（1）按时完成； （2）准备工作						
2	职业素养	（1）团结协作； （2）自主学习，没有抄袭； （3）时间观念强，不迟到/早退/旷课						
3	收集资料信息情况	（1）收集了很多相关资料； （2）学习总结归纳						
4	学习工作页	（1）书写工整，无错别字； （2）按时完成，无错误						
5	小组角色完成情况	能很好地完成角色职责						
6	与组员合作情况	能和组员通力合作						
评价结果								
评价者签名：			日期：					

（2）教师评价，见表5-2。

表 5-2　教师评价表

序号	实训内容	配分	评分标准	扣分	得分
1	考勤，课堂表现	20	小组点名，根据课堂表现情况打分，缺勤个人得分为零，有睡觉、玩手机等违反课堂纪律情况的视情节扣分		
2	根据所学知识，按要求完成任务	80	能正确归纳总结工程试验检测在实际工程中的目的和意义		
合计					

任务二　桥梁竣工验收阶段检测

知识准备

桥涵工程竣工验收阶段试验检测工作包括：

（1）对桥涵工程应进行整体评定。

（2）按照资料编制办法的要求及时准确地完成试验资料的整理归档工作，主要包括以下内容：

① 原材料各项常规试验记录和汇总表的收集、整理及归档。
② 配合比报告的收集、整理及归档。
③ 混凝土强度记录和评定表的收集、整理及归档。
④ 桥涵工程基础承载力现场检测记录表的收集、整理及归档。
⑤ 桥涵工程桩基础桩身完整性报告的收集、整理及归档。

任务学习

一、外观检查

1. 上部结构

（1）主梁混凝土有无裂缝、渗水、表面风化、剥落、露筋和钢筋锈蚀，有无碱集料反应引起的整体龟裂现象。

（2）支座组件是否完好、清洁，有无断裂、错位、脱空。

（3）橡胶支座是否老化、破裂，有无过大的剪切变形或压缩变形，各夹层钢板之间的橡胶层外凸是否均匀。

2. 下部结构

（1）墩台及基础有无滑动、倾斜、下沉。

（2）台背填土有无沉降或挤压隆起。

（3）混凝土墩台有无风化、开裂、剥落、露筋等；石砌墩台有无砌块断裂、通缝脱开、变形，砌体泄水孔是否堵塞，防水层是否损坏。

（4）基础下是否发生不许可的冲刷或淘空现象，扩大基础的地基有无侵蚀。桩基础顶段在水位涨落、干湿交替变化处有无冲刷磨损、颈缩、露筋，有无环状冻裂，是否受到污水、咸水或生物的腐蚀。

3. 桥面系

（1）桥面是否平顺，有无磨光、脱皮、露骨、错台、坑洞、剥落、拱起、接缝料损坏、裂缝等。

（2）伸缩缝有无堵塞、翘曲变形、碎边、高差、漏水等。

（3）泄水管是否完整，有无缺失、残缺、堵塞等。

（4）栏杆、护栏有无撞坏、破损和缺失。

（5）标志是否损坏、老化、缺失。

二、实体检查

根据《公路工程竣（交）工验收办法实施细则》（交公路发〔2010〕65号）的相关要求，依据外观检查结果，选取桥梁有代表性的构件对上部结构、下部结构的混凝土强度、钢筋保护层厚度、主要结构尺寸进行检测，对墩台垂直度、桥面系的桥面铺装平整度、桥面横坡、伸缩缝与桥面高差、桥面抗滑构造深度等指标进行检测。

三、静动载试验

1. 静力试验

通过测量桥梁结构在静力试验荷载作用下各控制截面的应变以及结构变形，从而掌握桥梁结构实际工作状态，评价桥梁结构的使用性能。

2. 动力试验

测定试验桥跨结构自振特性和测试部位行车动力响应，评价试验桥跨的结构动力性能。桥梁自振特性包括固有频率、阻尼比；测试截面动力响应包括动应变、冲击系数等。

四、实体检测

1. 抽样频率

《公路工程竣（交）工验收办法实施细则》（交公路发〔2010〕65号）要求："特大桥、大桥逐座检查；中桥抽查不少于总数的30%且每种桥型抽查不少于1座。桥梁下部工程抽查不少于墩台总数的20%且不少于5个，墩台数量少于5个时全部检测，每种结构形式抽查不少于1个。桥梁上部工程抽查不少于总孔数的20%且不少于5个，孔数少于5个时全部检测，每种结构形式抽查不少于1个。"

2. 检测方法

采用回弹仪进行混凝土强度检测；采用钢筋位置测定仪进行钢筋保护层厚度检测；采用钢卷尺、钢尺等刻度尺进行构件尺寸测量；采用吊垂线对桥台进行两个方向的垂直度检测；采用3 m直尺对桥面铺装进行平整度检测；采用水准仪对桥面横坡进行检测；采用铺砂法对桥面抗滑性能进行检测；利用3 m直尺对伸缩缝与桥面高差进行逐条检测。

任务实施

学生4人一组，查阅给定工程资料，按要求编写桥梁竣工验收报告，报告包括下列内容：

1. 工程概况
2. 工程竣工验收实施情况

（1）验收组织。

（2）验收程序。

3. 工程质量评定

4. 验收人员签名

5. 工程验收结论

任务评价

（1）学生自评，见表5-3。

表5-3　学生自评表

序号	评价内容	考评要点	考评等级					问题说明
			优	良	中	及格	不及格	
1	学习准备工作	（1）按时完成； （2）准备工作						
2	职业素养	（1）团结协作； （2）自主学习，没有抄袭； （3）时间观念强，不迟到/早退/旷课						
3	收集资料信息情况	（1）收集了很多相关资料； （2）学习总结归纳						
4	学习工作页	（1）书写工整，无错别字； （2）按时完成，无错误						
5	小组角色完成情况	能很好地完成角色职责						
6	与组员合作情况	能和组员通力合作						
评价结果								
评价者签名：						日期：		

（2）教师评价，见表5-4。

表5-4　教师评价表

序号	实训内容	配分	评分标准	扣分	得分
1	考勤，课堂表现	20	小组点名，根据课堂表现情况打分。缺勤个人得分为零，有迟到、睡觉、玩手机等违反课堂纪律情况的视情节扣分		
2	分组进行桥梁竣工资料整理，根据试验检测结果，编写桥梁竣工验收报告，给出质量评定	80	查阅整理资料正确得20分；编写桥梁竣工验收报告得60分		
合计						

参考文献

[1] 交通运输部公路科学研究院. 公路工程质量检验评定标准,第一册,土建工程 JTG F80/1—2017[S]. 北京：人民交通出版社股份有限公司，2017.

[2] 交通运输部公路局,中交第一公路勘察设计研究院有限公司. 公路工程技术标准：JTG B01—2014[S]. 北京：人民交通出版社股份有限公司，2014.

[3] 交通运输部公路科学研究院. 公路路基路面现场测试规程：JTG 3450—2019[S]. 北京：人民交通出版社股份有限公司，2019.

[4] 交通部公路科学研究院. 公路工程无机结合料稳定材料试验规程：JTG E51—2009[S]. 北京：人民交通出版社，2009.

[5] 交通运输部公路科学研究院. 公路工程沥青及沥青混合料试验规程：.JTG E20—2011[S]. 北京：人民交通出版社，2011.

[6] 交通运输部公路科学研究院. 公路工程水泥及水泥混凝土试验规程：JTG 3420—2020[S]. 北京：人民交通出版社股份有限公司，2020.

[7] 交通运输部公路科学研究院. 公路土工试验规程：JTG 3430—2020[S]. 北京：人民交通出版社股份有限公司，2020.

[8] 交通运输部公路科学研究院. 公路工程集料试验规程：JTG 3432—2004[S]. 北京：人民交通出版社股份有限公司，2024.

[9] 长安大学. 公路桥梁荷载试验规程：JTG/T J21-01—2015[S]. 北京：人民交通出版社股份有限公司，2015.

[10] 白福祥,韩仁海,赵立冬,等. 道路与铁路工程试验检测技术[M]. 2版. 北京：人民交通出版社股份有限公司，2016.

[11] 邓超,吴继峰. 桥梁现场检测[M]. 北京：人民交通出版社股份有限公司，2015.

[12] 张小利. 路基路面试验与检测[M]. 北京：人民交通出版社股份有限公司，2014.

[13] 周德军. 公路与桥梁检测技术[M]. 北京：人民交通出版社，2005.

[14] 金桃,张美珍. 公路工程检测技术[M]. 北京：人民交通出版社，2009.

[15] 周烨,赵同峰. 路基路面试验与检测[M]. 北京：人民交通出版社股份有限公司，2019.

[16] 张超,支喜兰. 公路水运工程试验检测专业技术人员职业资格考试用书 道路工程[M]. 北京：人民交通出版社股份有限公司，2016.

[17] 蒋玲. 道路建筑材料检测与应用[M]. 北京：机械工业出版社，2015.

[18] 谢松平. 公路工程检测技术[M]. 北京：机械工业出版社，2017.

[19] 中交路桥技术有限公司. 公路沥青路面设计规范：JTG D50—2017[S]. 北京：人民交通

通出版社股份有限公司，2017.

[20] 张俊平. 桥梁检测与维修加固[M]. 2版. 北京：人民交通出版社，2011.

[21] 杜建华. 公路与桥梁试验检测[M]. 北京：中国电力出版社，2009.

[22] 武恒，吕悦孝. 工程检测与试验[M]. 北京：中国林业出版社，2018.

[23] 王愉龙. 公路检测技术[M]. 北京：中国林业出版社，2019.

[24] 董连成，宋高嵩. 公路工程检测技术[M]. 北京：化学工业出版社，2013.

[25] 孙舒，贺新春. 路桥工程检测技术[M]. 北京：机械工业出版社，2019.